高职汽车检测与维修技术专业立体化教材

Qiche Baoxian yu Lipei

汽车保险与理赔

（第2版）

中国交通教育研究会职业教育分会　组织编写
上海景格科技股份有限公司　技术支持
吴冬梅　主　编
高丽英　李　华　副主编

人民交通出版社股份有限公司

北　京

内 容 提 要

本书是高职汽车检测与维修技术专业立体化教材之一,主要内容包括:汽车保险营销、汽车保险承保、汽车保险理赔。

本书可作为高等职业学校汽车检测与维修技术专业核心教材,也可作为汽车服务人员在职培训及自学指导书。

图书在版编目(CIP)数据

汽车保险与理赔/吴冬梅主编. —2 版. —北京:
人民交通出版社股份有限公司,2022.9
ISBN 978-7-114-18200-6

Ⅰ.①汽… Ⅱ.①吴… Ⅲ.①汽车保险—理赔—中国—高等职业教育—教材 Ⅳ.①F842.634

中国版本图书馆 CIP 数据核字(2022)第 164793 号

书　　名:汽车保险与理赔(第 2 版)
著　作　者:吴冬梅
责任编辑:张一梅
责任校对:席少楠
责任印制:张　凯
出版发行:人民交通出版社股份有限公司
地　　址:(100011)北京市朝阳区安定门外外馆斜街 3 号
网　　址:http://www.ccpcl.com.cn
销售电话:(010)59757973
总　经　销:人民交通出版社股份有限公司发行部
经　　销:各地新华书店
印　　刷:北京市密东印刷有限公司
开　　本:787×1092　1/16
印　　张:14.25
字　　数:330 千
版　　次:2018 年 4 月　第 1 版
　　　　　2022 年 9 月　第 2 版
印　　次:2022 年 9 月　第 2 版　第 1 次印刷　累计第 5 次印刷
书　　号:ISBN 978-7-114-18200-6
定　　价:39.00 元

(有印刷、装订质量问题的图书,由本公司负责调换)

高职汽车检测与维修技术专业立体化教材
编委会

主　任：魏庆曜

副主任：吴宗保　李　全　解福泉

委　员：陈瑞晶　陈　斌　刘　焰

　　　　高进军　崔选盟　曹登华

　　　　曹向红　官海兵　李　军

　　　　刘存香　缑庆伟　袁　杰

　　　　朱学军

秘　书：钟　媚

前言

《国家中长期教育改革和发展规划纲要(2010—2020年)》的发布,为中国近十年的教育改革和发展提供了明确的前进方向。围绕《纲要》实施,"适应经济社会发展和科技进步的要求,推进课程改革,加强教材建设,建立健全教材质量监管制度"是职业院校教学改革的重要内容。如何实现教材建设和课程改革相结合,满足学生职业生涯发展和社会经济发展相适应,十分关键。

本套教材以中国交通教育研究会职业教育分会汽车运用工程专业委员会制订的汽车检测与维修技术专业人才培养方案和课程标准为依据,以行业典型工作任务为课程内容参照点,以完整任务为单元组织内容,以任务实施为主要学习方式,满足高职汽车检测与维修类专业培养技术技能人才的教学需求,具有以下特点:

1. 学习任务工作化。以任务驱动为导向,按照典型工作任务、完整过程和工作情境设计教学内容。从岗位需求出发,实现教学内容融合工作任务,通过任务实施巩固学习过程,为学生提供全面的学习和培养。

2. 教学内容专业化。在中国交通教育研究会职业教育分会汽车运用工程专业委员会的指导下,组织教育专家设计、行业专家指导、技术专家和院校教学专家团队编写,保证了教学理念的先进性及教材内容的专业性。

3. 教材形式立体化。以"高职汽车检测与维修技术专业资源库"为支撑,资源库中含有丰富的动画、视频、优秀图书、论文、知识拓展等素材资源,教材中的相关知识点附近配有二维码,扫码可观看动画或视频资源,使课程更加形象化、情景化、动态化、生活化。

4. 课程内容全面化。课程全面覆盖各层次学生学习需求,不仅涵盖重要知识内容和关键操作步骤,而且配套资源库中推荐众多优秀图书、论文、知识拓展链接,为各层次学生精选、设计匹配学习方法,丰富学习渠道,满足学生多种场景学习要求。

5. 教学形式信息化。课程采用教材与网络资源库同步呈现模式,实现网络云端数据访问,教学素材实时更新,满足各院校信息化教学需求。

6. 教学质量可视化。课程不仅设计有全面的考核项目和海量题库,同时配套景格云立方教学管理平台。实现教学全过程信息化管理,有效地把控教学效果。

本套教材是中国交通教育研究会职业教育分会汽车运用工程专业委员会组织,四川交通职业技术学院、广西交通职业技术学院、天津交通职业学院、广东交通职业技术学院、湖北交通职业技术学院、江西交通职业技术学院、陕西交通职业技术学院、北京交通运输职业学院、河南交通职业技术学院(院校排名不分先后)及上海景格科技股份有限公司深度合作,在行业专家、教学专家的指导下共同开发的"汽车类专业教学资源库"配套教材。希望通过本套教材的使用,使学生能够学到扎实的基础知识、练就娴熟的专业技能、掌握实践操作经验,让学生决胜于职场,创造出一个美好的未来。

《汽车保险与理赔》是本套教材中的一本,本教材按工作手册模式进行编写,与"国家职业教育汽车车身维修技术专业教学资源库"配套,全面支撑本课程的线上线下混合式教学。教材以汽车保险服务从业人员所需保险知识为内容,兼顾知识的系统性和实用性,将汽车保险服务流程这条主线分为汽车保险营销、汽车保险承保、汽车保险理赔三个项目,设置了为客户介绍保险产品、设计保险方案、事故车查勘定损以及协助客户索赔等典型工作任务,充分体现"工学结合"的教学模式和理念。

2020年9月,中国银保监会下发《关于实施车险综合改革的指导意见》,宣布正式启动车险综合改革。在银保监会的指导下,中国保险行业协会组织行业力量对2014版商业车险示范条款进行了修订完善,在征求多方意见的基础上,形成了《中国保险行业协会机动车商业保险示范条款(2020版)》。2021年12月,中国保险行业协会在广泛调研、反复论证的基础上发布了《新能源汽车商业保险专属条款(试行)》,进一步推动了车险的改革与创新。本教材结合目前车险综合改革的内容以及近年来车险业务的变革和服务的提升,进行了修订再版。

本书由四川交通职业技术学院吴冬梅担任主编,四川交通职业技术学院高丽英、李华担任副主编。本书的编写分工为:吴冬梅编写项目一和项目二,高丽英编写项目三(不含学习任务3中子任务3和学习任务4中子任务3),李华编写项目三的学习任务3中子任务3和学习任务4中子任务3。中国人寿财险大邑支公司总经理唐玮海、四川交通职业技术学院杜晶、李臻参与本书编写。

在本书编写过程中,作者参阅了大量国内外文献,未能一一说明,在此对文献的作者一并致谢!

由于作者水平有限,加上时间仓促,书中疏漏与不妥之处在所难免,敬请有关专家和读者批评指正。

作　者

2022年2月

目 录

项目一 汽车保险营销 … 1
学习任务 1　汽车使用风险分析与管理 … 1
学习任务 2　汽车保险产品介绍 … 13
学习任务 3　汽车保险投保方案确定 … 34

项目二 汽车保险承保 … 51
学习任务 1　汽车保险合同认知 … 51
学习任务 2　汽车保险合同的签订 … 62
学习任务 3　汽车保险合同的履行 … 82
学习任务 4　汽车保险合同纠纷处理 … 92

项目三 汽车保险理赔 … 100
学习任务 1　汽车保险理赔流程 … 100
学习任务 2　接报案 … 111
学习任务 3　事故查勘 … 121
学习任务 4　事故定损 … 150
学习任务 5　核损 … 185
学习任务 6　赔款理算 … 194
学习任务 7　核赔与赔付 … 206
学习任务 8　欺诈案件处理 … 213

参考文献 … 220

项目一　汽车保险营销

 项目概述

汽车给人们带来方便的同时,也带来了诸多风险。对汽车的使用者来讲,应该准确了解汽车使用风险,并做好风险管理。而作为保险公司或者代理机构的专业保险营销人员,我们需要帮助客户准确分析需求,并做出正确的投保选择,才能获得客户的满意,实现成功营销。为此,保险服务营销人员应懂得保险理论知识,熟悉保险产品和保险承保业务,并在保险业务流程中做到诚信服务、专业服务,指导客户正确选择投保途径、选择保险公司、确定投保方案。

 主要学习任务

1. 汽车使用风险分析与管理。
2. 汽车保险产品介绍。
3. 汽车保险投保方案确定。

学习任务1　汽车使用风险分析与管理

 **任务描述**

李明先生刚买了新车,销售顾问给他推销了汽车保险、汽车质量延保、汽车菜单式维护计划等一系列产品,他突然感觉自己买了车以后,好像出现了很多问题,想听听朋友的建议,看看自己是否需要这些东西。你能帮助李明先生分析他买车后面临的风险,并为其提供专业建议吗?

 **学习目标**

知识目标
1. 能对汽车使用风险进行列举和归类。
2. 能描述汽车保险对管理汽车使用风险的作用。

能力目标
1. 能与客户有效沟通,帮助客户对汽车使用风险进行分析。
2. 能为客户提供恰当的汽车使用风险管理方案。

素质目标
1. 能在客户服务过程中保持良好的外在形象及服务态度和语言的专业性。
2. 树牢诚信服务的意识。

建议学时:4 学时。

 知识准备

一、风险认知

人类社会发展过程中,自然灾害和意外事故等风险使人们遭受各种伤害和损失,也促进了人们对风险及风险管理办法的深入研究。在商品经济发展的社会背景下,有概率论、大数法则等理论基础和大数据技术的支撑,人们对风险的认知水平和管理能力不断提升。应该说,风险是保险产生和发展的基础,我们研究保险必须要从认识风险开始。

1. 风险的概念

在保险领域,我们研究的风险是指某种损失发生的不确定性。也就是说,某一风险事件的发生和发展,可能会给人们带来损失,而风险事件发生的时间、状况以及结果却是不确定的。

2. 风险的特征

根据内在本质和外在表现形态,保险学中所研究和处理的风险一般具有以下特征。

(1)客观性。风险是不以人的意志为转移的客观存在。由于受科学技术或人类认知能力的限制,某些风险还没有被人类完全了解,但这丝毫不影响其客观性。同时,尽管人们在一定程度上可以发挥主观能动性,降低风险发生的频率或者减少风险损失,但是从总体上讲,风险是不可能被完全消除的。

(2)普遍性。无论国家、集体还是个人,每天都要面临各种各样的风险。可以说,风险无处不在,它充斥在整个自然界和人类社会的每一个角落。

(3)不确定性。风险发生是一种随机现象,对于每一个面临该种风险的个体来讲,风险是否发生不确定,风险发生的时间、地点、原因及造成的损失程度不确定。

(4)损失性。保险学中研究的风险一旦发生,必然会给人们的利益造成损害,带来损失。这种损失是不确定的,且非现在或过去已存在的损失。

(5) 可变性。可变性也称发展性,是指风险并非一成不变。随着自然环境的变化和人类社会的发展,风险发生的概率在改变,风险的种类也在改变。从某种程度上讲,人类社会发展史也是一部风险变化史。人类的进步让某些风险在得到管理的同时,也创造和发展了新的风险。例如,汽车的使用给人们带来新的风险。

(6) 规律性。对于风险的个体而言,其发生是一种随机现象,但是对于风险整体而言,保险所处理的风险一般应具有一定的规律性。当然,这种规律性需要通过一定的科学手段进行认知。

3. 风险的构成要素

风险因素、风险事故和风险损失构成了风险的三要素。

1) 风险因素

风险因素是指引起或促使危险事故发生、损失增加或扩大的原因和条件。根据风险因素的性质,一般可分为实质风险因素和无形风险因素,见表1-1。

风险因素分类　　　　　表1-1

分　类		概　念	举　例
实质性风险因素		是指增加风险事故发生的机会或者扩大损失严重程度的物质条件,是一种有形的风险因素	自然灾害、汽车制动系统故障等都是造成汽车损失的风险因素
无形风险因素	道德风险因素	是指属于个人道德缺失而出现的无形的风险因素,通常表现为恶意行为或者不良企图	盗窃、纵火是造成汽车损失的风险因素
	心理风险因素	是指产生于人主观上的疏忽或者过失的无形风险因素,通常表现为盲目自信或者对事物的错误判断	超速行驶、忽视交通法规是造成交通事故的风险因素

2) 风险事故

风险事故也称风险事件,是指引起损失或损失增加的直接的或外在的事件。如制动系统失灵导致交通事故,其中制动系统失灵是风险因素,交通事故是风险事故;又如木屋起火燃烧,房屋材质是木质,是实质风险因素,起火燃烧是风险事故。

3) 风险损失

风险损失是指偶然发生的、非预期的、非计划性的经济价值的减少或灭失。损失分为直接损失和间接损失。直接损失也称事故现场损失,是指发生风险事故时直接导致的财产本身的损失和人身的伤害。间接损失也称关联损失,是指风险事故发生后,受其影响而发生的损失。

风险三要素之间存在因果关系,风险以风险因素为基础,通过风险事故来表现,以风险损失来度量,如图1-1所示。

图1-1　风险三要素之间的关系

二、汽车使用风险分析

汽车明显地改变了人类的生活方式,极大地刺激了世界经济快速发展,但同时也引发了环境污染、交通事故等风险。而汽车在使用的过程中,会给使用者带来哪些具体风险呢?这些风险又具有怎样的特征呢?这是汽车保险营销及服务人员在保险服务过程中应该首先明确的问题。

1. 从风险因素的角度分析汽车使用风险

准确识别汽车使用风险因素对提升车险业务质量有非常重要的意义。引发汽车事故的风险因素很多,包括车、驾驶人、环境等方面。目前,车险定价系统主要考虑的是从人和从车因素。

就汽车本身而言,其风险程度与车辆的类别、使用性质、日常行驶区域、车型、车龄、安全配置、车辆维护和使用状况等密切相关。比如,一般来说,营业用车发生事故和损失风险比一般家庭自用汽车要大,车龄较长的车辆,其危险程度也会有所增加,有关调查数据表明,年行驶里程较高的车辆出险概率会成倍增加。某些车型因配件价格或售后服务问题,造成维修成本偏高,相对而言,事故造成的车辆损失将比其他车型大。

近年来,新能源汽车使用日趋广泛,与传统燃油车相比,其使用风险因素有很多相同之处,但其风险特征也存在显著差异。新能源汽车的风险主要集中在电池和电气系统。蓄电池类型、蓄电池管理系统、蓄电池安装位置等均是新能源汽车本身存在的风险因素,而充电故障、特殊天气、意外碰撞等外界因素给蓄电池及车辆本身带来的损失很可能是灾难性的。据有关行业数据统计,新能源汽车近几年的出险频率和赔付率在整体上都高于传统燃油车。当然,不同使用性质、不同类型的新能源汽车的出险频率差异较大。其中,新能源家用汽车的出险频率明显高于传统燃油车。新能源汽车的保险理赔中,涉及动力蓄电池损失大大高于发动机全损事故,而动力蓄电池受损基本上是碰撞造成的。

相对而言,目前汽车技术的发展和私家车数量增加,使得汽车事故与人的因素关联越来越紧密。在车险定价系统中,会更多地考虑来自车辆使用者的风险因素,即从人因子。汽车风险事故的发生与驾驶人的生理、心理状况等有很大关系,也就是说,驾驶人性别、年龄、驾龄、婚姻状况、职业以及生活、行为习惯等都直接影响汽车使用风险。不同年龄段的驾驶人,事故频率大不相同。有关研究表明,年龄越小或越大,事故频率越高。20岁左右青年人的交通事故频率最高,比老年人还危险。50岁左右中年人的交通事故频率是最低的。某国外事故调查数据表明:30岁之前,男性驾驶人更容易出险,但超过30岁之后,婚姻家庭让男人变成熟,男女性别不同对事故的影响变小,两者事故率基本拉平。不过,超过60岁的老年群体中,男性因为体重明显增长,事故频率再次超过女性。而从国内某保险公司的数据来看,女性整体交通事故频率比男性高一些,但是女性交通事故严重程度比男性的低,二者赔付率接近。毋庸置疑,驾驶经验越少、交通安全意识越淡薄的驾驶人,其风险越大。尽管人的因素对汽车事故风险的影响较大,但目前我国车险定价还是从车为主、从人为辅,定价方式相对单一。不过,相信大数据时代的到来,将会很快改变这一现状。

造成汽车事故的另一个重要风险因素来自汽车的使用环境,包括天气、道路等。雨、雪、雾、扬沙等恶劣天气以及路面结冰,都会不同程度地直接对汽车行驶产生影响,甚或发生汽车事故。而道路的设计、路面质量、交通辅助设施等因素更是直接影响车辆行驶安全的重要因素。

2. 从事故类型的角度分析汽车使用风险

使用汽车可能遭遇的风险事故包括三大类:道路交通事故、自然灾害事件以及其他风险事故。

我国如今已经是名副其实的汽车大国,但随着汽车保有量的增加,交通事故发生的频率也开始增加。据有关数据统计,我国每年都发生近20万起交通事故,追尾、变道、转弯发生剐擦、倒车不慎发生碰撞等事故发生频率都较高,常常发生在高速公路、城市道路以及停车场等汽车通行的地方。而近年来,暴雨等自然灾害造成的汽车损毁事件每年都有发生,且车辆遭遇水淹造成的损失往往都比较严重,新能源汽车更是如此。此外,车辆在使用过程中,还常常面临被盗抢、被高空坠物砸伤、被人为恶意破坏等其他风险事故。

3. 从事故损失的角度分析汽车使用风险

按照汽车事故损失的不同,汽车使用风险按分为汽车自身风险和汽车对外风险。汽车自身风险是指事故中造成的车辆本身的损失风险,而对外风险是指汽车事故造成的人员及车外财产的损失风险。

三、汽车保险认知

风险无处不在,我们可以根据车辆自身特点及其使用情况,有针对性地采取控制措施,消除或者减少风险可能会带来的损失。比如,对于没有固定停车位的车辆,其被盗概率较高,可以采用在车上安装防盗装置、停放于收费停车场并签订车辆保管协议等方法,降低车辆被盗的概率,或者转移车辆被盗风险。当然,也可以采用风险自留的方式靠自身力量解决。不过,通过购买保险的方式将风险损失转移给保险公司,是大多数车主的选择。

汽车保险是指保险公司对汽车使用过程中由于自然灾害或意外事故所造成的人身伤亡或财产损失负责赔偿责任的一种保险。它是以机动车、特种车、摩托车、拖拉机等各种类型的车辆,包括新能源汽车等作为保险标的的一系列保险产品的总称,是财产保险的第一大类险种。

汽车保险有效地管理了汽车的使用风险,对社会经济的发展起到重要作用,具体体现在以下三个方面。

第一,促进汽车工业的发展,扩大对汽车的需求。尽管汽车价格已经有较大幅度的降低,但是用车成本并不单单取决于车价,其中不能被消费者忽视掉的主要一项,就是事故造成损失后所需要的各种费用。汽车保险很大程度上帮助用车人解决了这一后顾之忧,促使人们敢于在汽车上消费。汽车的消费促进了汽车工业以及其他相关产业的发展,也带动了国民经济的增长。

第二,稳定社会公共秩序。即便没有汽车保险,有些人迫于各种原因也会开车,一旦发生较大交通事故,将把车辆的使用人、所有人、受害人置于较为危险的境地,车辆的使用人、拥有人很有可能为了赔偿付出自己所有积蓄还不够,而受害人则可能因为没有及时得到赔偿,造成更大的损失。汽车保险有利于保证所有交通参与者的合法权利,从而达到稳定社会公共秩序的目的。

第三,促进汽车安全性能的提高。在汽车保险业务中,其经营管理与汽车维修行业及其价格水平密切相关。事故车辆的维修费用是保险赔偿的重要组成部分,保险公司出于有效控制经营成本和风险的需要,除了加强自身的经营业务管理外,必然会加大事故车辆修复工作的管理。这对汽车维修的工时费、配件费的合理定价,以及事故车维修质量起到了积极的作用。另外,保险公司是车辆出险后理赔的直接参与人,方便积累各种事故数据及处理经验,可给汽车制造厂家优化车辆安全设计提供帮助。

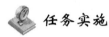

一、任务目的

运用所学风险理论知识,帮助李明先生分析其车辆使用风险,提出风险管理及安全用车建议。

二、计划与决策

(1)确定分组及分工:3人一组,小组成员分别扮演李明先生、保险服务人员和观察员。

(2)作为保险服务人员,给客户留下的第一印象将在很大程度上决定你是否能与客户建立融洽的沟通氛围,赢得客户的信任。所以,你需要有一个良好的职业形象,包括外在形象和内涵素养。本任务中,首先需要结合专业特点明确保险服务人员仪容仪表及客户接待礼仪标准。

(3)要为客户提供专业建议,需要有详细的调查、分析、判断和建议的过程,需要了解客户及车辆信息和需求,利用所学的理论知识进行归纳总结和分析,本着为客户负责的态度,实事求是地给出风险管理建议,切忌盲目主观臆断。本学习任务中,需要就如何完成客户咨询拟定自己的工作步骤。

三、实施与控制

(1)仪容仪表是判断保险服务人员专业素养和任职资格的基本要素,保持良好的职业形象能体现对客户的尊重。请检查自己在着装、面容、头发等方面是否符合保险服务人员的专业要求。

○是

○否,需要改进内容:＿＿＿＿＿＿＿＿＿＿＿＿＿＿＿＿＿＿＿＿＿＿＿＿＿

(2)按照服务礼仪要求热情接待客户,引导客户就座,观察员进行检查记录,观察保险服务人员的服务意识是否体现在礼仪规范中。

①微笑礼仪要求：_____

　需要改进内容：_____

②握手礼仪要求：_____

　需要改进内容：_____

③名片礼仪要求：_____

　需要改进内容：_____

④引导让座礼仪要求：_____

　需要改进内容：_____

(3)成功的营销往往是以客户需求为前提的，营销人员应认真确认客户需求或者帮助客户发现其潜在需求。为此，首先要做的就是收集客户信息。请通过小组讨论，完成以下方案并实施。

①需要收集的信息：_____

②收集信息的渠道：_____

　操作提示：保险服务人员与客户初次沟通，一定要善于倾听。具体做法包括不谈对方隐私、不要做演讲、切忌妄下结论、不要与客户争论以及_____

(4)根据风险理论，帮助客户分析其使用汽车将面临的风险，并提出风险处理办法建议。

①风险因素：_____
　可能造成的风险事故和风险损失：_____

风险处理方法建议：_____
②风险因素：_____
可能造成的风险事故和风险损失：_____
_____
风险处理方法建议：_____
③风险因素：_____
可能造成的风险事故和风险损失：_____
风险处理方法建议：_____
④风险因素：_____
可能造成的风险事故和风险损失：_____
_____
风险处理方法建议：_____
⑤风险因素：_____
可能造成的风险事故和风险损失：_____
_____
风险处理方法建议：_____
⑥风险因素：_____
可能造成的风险事故和风险损失：_____
_____
风险处理方法建议：_____

操作提示：帮助客户分析风险应客观、具体，在分类概括的基础上使用案例进行说明。操作中，应以诚信为本，不能采用欺瞒、诱骗等手段或者话术。

选择风险管理办法可以参考本学习任务知识拓展内容。要注意的是，无论什么管理手段，都需要提示客户建立遵纪守法、安全用车的意识。

(5) 如果李明先生购买的是新能源汽车，请为其提供用车风险分析和风险管理建议。

新能源汽车特殊风险：_____
_____
_____
_____

风险处理方式建议：_____
_____
_____
_____

四、总结与评价

综合评价表见表1-2。

综合评价表   表1-2

综合考评		自我评价	小组互评	教师评价	企业导师评价
素质考评 (40分)	能保持干净整齐的个人仪容仪表,保持良好仪态(8分)				
	能正确遵守服务礼仪(8分)				
	与客户交谈的语气、语速、语调恰当(8分)				
	能保持诚实、耐心和热情(8分)				
	正确提示客户遵纪守法、安全用车(8分)				
技能考评 (60分)	能正确核实客户信息、车辆信息(15分)				
	能正确帮助客户进行风险分析(15分)				
	能正确为客户提供风险管理建议(15分)				
	能正确运用理论知识回答客户咨询(15分)				
本次得分(总分100分)					
最终得分(平均得分)					

知识拓展——风险管理理论

一、风险的分类

人们通常所讲的风险是指在从事某种活动或决策过程中,预期未来结果的不确定性。这种不确定性可分为正面效应的不确定性和负面效应的不确定性。从经济学角度讲,正面效应是收益的不确定,负面效应是损失的不确定。根据这种对未来结果的不确定性,可将风险分为三类:收益风险、投机风险和纯粹风险,见表1-3。

风险类型   表1-3

类 别	内 容	特 点	举 例
收益风险	只会产生收益而不会导致损失的可能性,只是具体的收益规模无法确定	具体收益的时间、地点、形式等都是不确定的	受教育的风险
投机风险	既可能产生收益,也可能造成损失的风险	由于其具有收益性,人们往往在投资过程中放大收益性而忽略可能带来的损失	股票投资、房地产开发投资

续上表

类别	内容	特点	举例
纯粹风险	只会产生损失而不会有收益可能性的风险	发生的时间、地点、损失规模等,都具有不确定性	自然灾害

讨论风险的目的在于管理风险。收益风险由于没有损失,没有紧迫的危险性,所以人们往往不太关注,或者说较少进行专门的研究。投机风险和纯粹风险是风险管理的主要研究方向,而相对于投机风险,人们对纯粹风险的管理起步较早,在保险领域,人们研究的风险一般是指纯粹风险。

二、风险管理理论

风险管理是指当事人通过对风险进行识别和量度,采用合适的经济和技术手段,以尽量小的成本去获得最大的安全保障和经济利益的行为。

风险管理的过程通常包括风险管理目标的确定、风险识别、风险评估、风险处理和风险管理效果的评价。风险管理流程如图1-2所示。

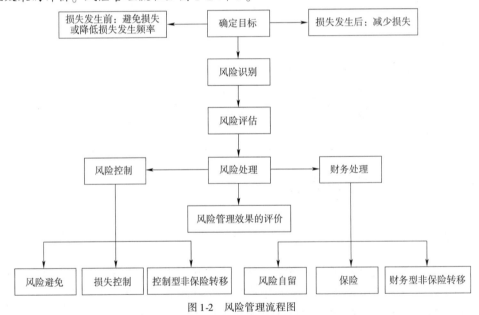

图1-2 风险管理流程图

1. 确定目标

风险管理目标的确定,包括损失发生前和损失发生后。损失发生前的目标是减少或避免损失的发生,将损失发生的可能性和严重性降至最低,减轻和消除精神压力。损失发生后的目标是尽可能减少直接和间接损失,使其快速恢复到损失前的状况。

2. 风险识别

风险识别,是指人们既要通过感性认知和历史经验判断来找到风险并尽可能地去发现其规律,又要通过客观的经营管理资料、风险事故记录及专家访问等方式来进行补充及完善,找出各种风险及其损失规律。

3. 风险评估

风险评估，是对某种特定风险的损失概率及损失程度进行估算，来评价风险对预定目标的不利影响及程度，为选择风险管理方法提供依据。风险评估与风险识别过程不能截然分开，是交叉进行的。

4. 风险处理

风险处理是指在经过风险识别和风险评估后，采取控制措施，降低风险事故发生概率或减少损失程度的过程。风险处理方式分成两大类：一类是旨在防止和减少损失发生频率及控制风险损失扩大的技术性措施，如风险回避、损失控制、控制型非保险转移；另一类是通过财务计划筹集资金，以便对已造成的风险损失进行补偿，如风险自留、保险、财务型非保险转移。

（1）风险回避是指通过放弃而达到消除某种风险带来损失的可能性。回避方式有两种：一种是一开始就放弃，另一种是在中途放弃某些危险行为。它是一种消极的处理风险方式，如为避免发生交通事故就不出门、怕被水淹就远离江河湖海等。但你能怕被噎就不吃饭吗？显然不能。风险无处不在，单靠消极的躲避，是不能解决问题的，甚至可能让你因此而陷入新的危险之中，因此风险避免这种消极的风险处理方式仅在一定范围内一定程度上可行。

（2）损失控制是指通过降低风险发生的频率，或缩小损失程度来达到目的的一种风险处理方式，包括损失预防和损失抑制。与风险回避不同的是，它是降低风险发生的概率和损失而不是回避风险。损失预防是指在损失发生前为了消除或减少可能引起损失的各项因素所采取的具体措施，损失抑制是在危险事故发生时或发生后，采取措施缩小损失发生的范围或降低损失程度的行为。对于汽车碰撞风险而言，在汽车上设计安装车辆制动防抱死系统、车身稳定系统、倒车雷达等，或者定期对车辆进行检查和维护，可以有效减少事故发生，属于损失预防。而在汽车上安装安全气囊、安全带、头颈保护等装置，可以在发生车辆碰撞事故时，降低人身伤害程度，这是损失抑制。

（3）控制型非保险转移是通过非财务方式将损失发生的不确定性进行转移，一般通过转移可能发生损失的财产来实现。如将自己的老旧车辆转卖，使自己不再面临车辆的机械和电器老化带来的高风险。对于风险本身来讲，这种风险处理方式既不能消除风险，或者降低风险发生概率，也不会减小风险损失程度，只是改变了承受风险的主体。

（4）风险自留是指由经济单位自身来承担风险事故所造成的损失。通常来讲，当某种风险所造成的损失程度低时，可以采用风险自留的方式。如有些车辆价值及维修成本不高，车主会选择将事故造成自身车辆损失的风险进行自留，而拒绝保险。这是一种主动自留。而某些车主是因为没有充分意识到风险的存在而未采取其他管理办法，造成了风险的被动自留。

（5）财务型非保险转移是通过外部资金来支付可能发生的损失，转移财务负担，如发行股票、债券等。

（6）保险是集合具有同类风险的众多单位和个人，以合理计算风险分担金额的形式，对其中少数因该风险发生而受到经济损失的成员提供经济保障的一种风险管理办法。随着社会经济的发展，保险已经成为最主要的风险转移手段之一。

5. 风险管理评估

不管应用何种方式或各种方式组合来对风险进行处理，都需要有个反馈机制，来监控跟踪执行情况，评价前期对风险的处理是否得当、是否有改进空间等，并且不断地修正和调整风险管理计划。

三、风险与保险

1. 保险的概念

从经济的角度看，保险是一种金融服务、一种金融行为，也是一种再分配机制。大量投保人通过交纳少量保险费组成保险基金，保险基金的运营由保险人负责，一旦某被保险人遭受损失，则由保险人从保险基金中拿出一部分对其进行补偿。这样，保险这种分摊损失的财务安排就在被保险人之间起到了收入再分配的作用。

从法律的角度看，保险是合同行为，且一般为双务要式合同。《中华人民共和国保险法》将其所要规范的保险定义为："本法所称保险，是指投保人根据合同约定，向保险人支付保险费，保险人对于合同约定的可能发生的事故因其发生所造成的财产损失承担赔偿保险金责任，或者当被保险人死亡、伤残、疾病或者达到合同约定的年龄、期限时承担给付保险金责任的商业保险行为。"

从风险管理的角度看，保险是风险管理的有效手段之一。与其他风险管理方法相比，不仅主动，而且高效。在现代商业社会，保险常常与其他风险处理的方式共同分摊风险。

2. 可保风险

保险虽然是一种非常高效的风险管理手段，但并不是所有风险都可以通过保险的方式来转嫁。只有具有某些特质的风险才可以用保险的方式进行有效管理，此类风险叫作可保风险。大致来讲，理想的可保风险应具备如下条件。

(1) 风险应当是纯粹风险。纯粹风险事故发生给当事人带来的结果只有损失的机会，绝无获利的可能。保险公司承保纯粹风险是由保险的本质决定的。

(2) 风险应当具有不确定性。风险的不确定性包含三层含义：风险是否发生不确定、风险发生的时间不确定、风险发生的原因和结果不确定。即对单个的主体而言，风险的发生与损失程度是未知的、偶然的、非故意的、不可预测的。对于必定会发生的风险，投保人、被保险人故意导致的损失，保险人是不予承保的。如车辆的自然磨损、贬值等就不属于可保范围。

(3) 风险应当是大量标的都有遭受损失的可能，即有大量同质风险的集合。保险需要将大数法则作为保险人建立保险基金的数理基础，在大量风险事故的基础上，保险人才能利用大数法则，计算风险概率和损失程度，确定保费。

(4) 风险应有导致重大损失的可能性。从经济角度讲，如果可能的损失程度是轻微的，就不需要用保险来进行分摊。用保险来处理的风险，应该是人们很难承担或者不愿意承担的。

(5)风险损失可以用货币来计量。保险是一种财务型的风险处理手段,风险的转移与责任的承担都是通过相应的货币来衡量的。这决定了不能用货币来计量其损失的风险是不可保风险。

(6)风险应当具有现实的可测性。保险经营要求制订准确的费率,而费率的计算是基于对风险发生概率及其导致损失的概率厘算出来的。所以,就大量风险构成的集合而言,其必须具有可测性。

(7)风险不能使大多数保险对象同时遭受损失。这一条件要求损失的发生必须具有分散性。保险是以多数人支付的小额保费来分摊少数人遭受的大额损失。如果大多数保险对象同时遭受损失,则保险人通过收取保费建立的保险基金就无法补偿所有损失。

值得注意的是,在现实生活中,符合可保风险条件的风险并不多,往往需要将不可保风险转化为可保风险进行承保。即当一种风险不满足可保风险的条件时,我们可以创造条件让其变成可保风险,如人的生命是无价的,因此人的死亡这种风险是不可保风险。但是,人们希望找到一种途径去分摊这种风险给自己及家人带来的损失,那么,在订立保险合同时把赔偿的限额确定下来,就使这种不可保风险变成了可保风险。

学习任务2　汽车保险产品介绍

任务描述

李明先生决定为爱车购买保险,但是对目前的汽车保险产品不够了解,不知道哪些保险对自己有用。你能给李明先生做详细介绍吗?

学习目标

知识目标
1. 能准确描述交强险的作用。
2. 能准确描述机动车商业保险的作用。
3. 能准确描述新能源汽车商业保险的作用。
4. 能简单描述驾乘人员责任险的作用。

能力目标
1. 能为客户介绍交强险的保险责任。

2. 能为客户介绍机动车商业保险的险种组成及保险责任。
3. 能为客户介绍新能源汽车商业保险的险种组成及保险责任。
4. 能为客户介绍驾乘人员责任保险。
5. 能为客户说明汽车各保险产品的免责事项。

素质目标

1. 能保持认真负责的客户服务态度。
2. 树牢诚信服务的意识。
3. 养成严谨务实的工作作风。

建议学时：14 学时。

子任务1　交强险介绍

李明先生来买汽车保险,他知道买汽车都要购买强制险,但却不知道这个险具体是怎样的保险,能为自己提供哪些保障。你该怎样为李明先生介绍呢?

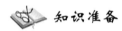

一、交强险概述

交强险,全称为机动车交通事故责任强制保险,是我国于2006年7月1日发布实行的针对机动车的强制性责任保险。

按照我国《机动车交通事故责任强制保险条例》的规定,在中华人民共和国境内道路上行驶的机动车的所有人或者管理人,都应当依照《中华人民共和国道路交通安全法》的规定投保机动车交通事故责任强制保险。凡是有机动车参与的交通事故,涉及受害人的人身伤亡、财产损失,无论机动车方责任如何,保险公司都应根据交强险合同在交强险赔偿限额内予以赔偿。

交强险合同中的受害人是指因被保险机动车发生交通事故遭受人身伤亡或者财产损失的人,但不包括被保险机动车本车车上人员、被保险人。由此可见,交强险实施的目的是让机动车道路交通事故受害人能够得到及时的救助和赔偿,发挥保险的社会保障功能,维护社会稳定。

交强险实行统一的保险条款和基础保险费率,交强险费率实行与被保险机动车道路交通安全违法行为、交通事故记录相联系的浮动机制。银保监会按照机动车交通事故责任强制保险业务总体上不盈利不亏损的原则审批保险费率。

二、交强险的保险责任

在中华人民共和国境内(不含港、澳、台地区),被保险人(投保人及其允许的合法驾驶人)在使用被保险机动车过程中发生交通事故,致使受害人遭受人身伤亡或者财产损失,依法应当由被保险人承担的损害赔偿责任,保险人按照交强险合同的约定对每次事故的损失在责任限额内予以赔偿。合同中的责任限额是指被保险机动车发生交通事故,保险人对每次保险事故所有受害人的人身伤亡和财产损失所承担的最高赔偿金额。

交强险实行"无过错责任"赔付原则,不管被保险人在事故中是有责还是无责,保险公司都应在相应的死亡伤残赔偿、医疗费用赔偿、财产损失赔偿三个分项限额内予以赔偿(表1-4)。

2020版交强险赔偿责任限额 表1-4

事故责任	死亡伤残赔偿限额(元)	医疗费用赔偿限额(元)	财产损失赔偿限额(元)
有责	180000	18000	2000
无责	18000	1800	100

死亡伤残赔偿限额项下,负责赔偿丧葬费、死亡补偿费、受害人亲属办理丧葬事宜支出的交通费用、残疾赔偿金、残疾辅助器具费、护理费、康复费、交通费、被扶养人生活费、住宿费、误工费、被保险人依照法院判决或者调解承担的精神损害抚慰金。

医疗费用赔偿限额项下,负责赔偿医药费、诊疗费、住院费、住院伙食补助费,必要的、合理的后续治疗费、整容费、营养费。

财产损失赔偿限额项下,负责赔偿事故造成被保险机动车外的财产损毁的直接损失。

三、交强险的垫付与追偿

被保险机动车发生交通事故,造成受害人受伤需要抢救,有以下情形之一的,保险人在接到公安机关交通管理部门的书面通知和医疗机构出具的抢救费用清单后,按照相关标准进行核实:

(1)驾驶人未取得驾驶资格的;
(2)驾驶人醉酒的;
(3)被保险机动车被盗抢期间肇事的;
(4)被保险人故意制造交通事故的。

对于符合规定的抢救费用,根据被保险人在交通事故中是否有无责任分别在有责或无责医疗费用赔偿限额内垫付。对于垫付的抢救费用,保险人有权向致害人追偿。

抢救费用是指被保险机动车发生交通事故导致受害人受伤时,医疗机构对生命体征不平稳和虽然生命体征平稳但如果不采取处理措施会产生生命危险,或者导致残疾、器官功能障碍,或者导致病程明显延长的受害人,参照国务院卫生主管部门组织制定的交通事故人员创伤临床诊疗指南和国家基本医疗保险标准,采取必要的处理措施所发生的医疗费用。对于抢救费用以外的其他损失和费用,保险人不负责垫付和赔偿。

四、交强险的责任免除

交强险的赔偿范围相对比较广泛,只有下列损失和费用,交强险不负责赔偿和垫付:

(1)因受害人故意造成的交通事故的损失;
(2)被保险人所有的财产及被保险机动车上的财产遭受的损失;
(3)被保险机动车发生交通事故,致使受害人停业、停驶、停电、停水、停气、停产、通信或者网络中断、数据丢失、电压变化等造成的损失,以及受害人财产因市场价格变动造成的贬值、修理后因价值降低造成的损失等其他各种间接损失;

(4)因交通事故产生的仲裁或者诉讼费用以及其他相关费用。

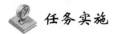 **任务实施**

一、任务目的

运用掌握的交强险知识,为李明先生介绍交强险的作用,让其理解购买交强险的必要性以及交强险能为其带来的风险保障。

二、计划与决策

(1)确定分组及分工:3人一组,小组成员分别扮演李明先生、保险服务人员和观察员。

(2)向客户介绍保险产品是保险营销的主要工作之一,服务人员不仅需要有诚实、耐心、严谨的工作态度,还需要有较强的沟通表达能力,要完成本任务不仅需要有知识准备,还要有积极的心态准备。交强险虽然属于强制购买险种,但是服务人员应有服务意识,从客户利益出发,让客户知道交强险的用处,并向其宣传安全及守法意识,而不是简单告之必须买。

(3)本子任务是要让客户通过服务人员的介绍知道交强险的性质,了解交强险的作用。为了让客户容易理解,服务人员使用的语言应清晰、简洁、专业且富有逻辑性。所以,与客户面谈前,应对沟通内容进行梳理。

三、实施与控制

(1)针对向客户介绍交强险的工作,确定你需要准备的资料。

_____

(2)向客户介绍交强险的特点。

_____

(3)向客户介绍交强险的保险责任。

_____

操作提示:介绍内容应包括赔偿条件、赔偿对象、赔偿项目、赔偿限额,此外,还应向客户解释无责赔付的问题,部分客户可能对此有异议,应当耐心处理。

(4)向客户介绍交强险的保险责任免除。

_____

操作提示:介绍语言应通俗易懂,可以通过案例进行说明。

(5)回答客户关于无证驾驶、醉酒驾驶或者盗抢期间肇事造成受害人损失能否得到交强险赔偿的疑问。

操作提示：回答此类问题，还需要向客户解释抢救费用垫付与追偿的问题，并适时对客户进行遵纪守法、安全驾驶的宣传。保险行业是风险处理的经营者，更承担着风险处理的社会责任，保险服务人员应该运用专业知识，结合岗位优势，主动为国家的防灾防损工作贡献自己的力量。

（6）小组成员按照分工，就以上内容进行角色扮演，观察员做好记录。

操作提示：演练过程应符合服务礼仪规范，语言简洁，逻辑清晰，让客户体会到你的热情与诚信。

（7）小组经验分享：为了让客户更愿意听你的介绍，或者更容易听懂你的介绍，沟通过程中你需要注意的沟通礼仪和技巧。

四、总结与评价

综合评价表见表1-5。

综合评价表   表1-5

综合考评		自我评价	小组互评	教师评价	企业导师评价
素质考评 (40分)	能保持干净整齐的个人仪容仪表，保持良好仪态(5分)				
	能正确遵守服务礼仪(5分)				
	与客户交谈的语气、语速、语调恰当(10分)				
	能保持诚实、耐心和热情(10分)				
	积极向客户宣传遵纪守法、安全驾驶(10分)				
技能考评 (60分)	能正确介绍交强险的特点(15分)				
	能正确介绍交强险的保险责任(15分)				
	能正确介绍交强险的责任免除(15分)				
	能正确介绍交强险的垫付与追偿(15分)				
本次得分(总分100分)					
最终得分(平均得分)					

子任务 2 机动车商业保险介绍

除了必须要购买的交强险,商业险的险种繁多,保险责任描述的内容相对复杂,很多车主都搞不清楚。李明先生对于商业险更是一无所知。你会怎样介绍让他在较短的时间内比较清楚地认识商业险的保障范围呢?

知识准备

与交强险不同,机动车商业保险是一种非强制性保险,保障风险涉及各类自然灾害和意外事故,投保人可自愿选择投保。

机动车是指在中华人民共和国境内(不含港、澳、台地区)行驶,以动力装置驱动或者牵引,上道路行驶的供人员乘用或者用于运送物品以及进行专项作业的轮式车辆(含挂车)、履带式车辆和其他运载工具,但不包括摩托车、拖拉机、特种车。

在机动车商业险中,针对不同性质和特征的风险设置了不同险种,分为两大类,即基本险和附加险。基本险又称主险,是针对汽车使用过程中的普遍的基础风险设置的险种,保险条款内容完善、要素齐全,可以单独投保。而附加险是针对一些特殊风险或者部分被主险除外的风险设置的险种,需附加在其对应的主险上投保。

在《中国保险行业协会机动车商业保险示范条款(2020 版)》中,机动车商业保险产品设置了 3 个主险和 11 个附加险,见表 1-6。

表 1-6　2020 版机动车商业保险示范产品

主险	机动车损失保险	附加险	附加修理期间费用补偿险
	机动车第三者责任保险		附加发动机进水损坏除外特约条款
	机动车车上人员责任保险		附加车上货物责任险
附加险	附加绝对免赔率特约条款		附加精神损害抚慰金责任险
	附加车轮单独损失险		附加法定节假日限额翻倍险
	附加新增加设备损失险		附加医外医疗费用责任险
	附加车身划痕损失险		附加机动车增值服务特约条款

一、机动车损失保险

1. 机动车损失保险的保险责任

(1)保险期间内,被保险人或被保险机动车驾驶人(以下简称驾驶人)在使用被保险机动车过程中,因自然灾害、意外事故造成被保险机动车直接损失,且不属于免除保险人责任的范围,保险人依照保险合同的约定负责赔偿。

(2)保险期间内,被保险机动车被盗窃、抢劫、抢夺,经出险地县级以上公安刑侦部门立案证明,满 60 天未查明下落的全车损失,以及因被盗窃、抢劫、抢夺受到损坏造成的直接损失,且不属于免除保险人责任的范围,保险人依照保险合同的约定负责赔偿。

(3)发生保险事故时,被保险人或驾驶人为防止或者减少被保险机动车的损失所支付的必要的、合理的施救费用,由保险人承担;施救费用数额在被保险机动车损失赔偿金额以外另行计算,最高不超过保险金额。

2. 机动车损失保险的责任免除

1)情形除外

上述保险责任范围内,下列情况下,不论任何原因造成被保险机动车的任何损失和费用,保险人均不负责赔偿:

(1)事故发生后,被保险人或驾驶人故意破坏、伪造现场、毁灭证据。

(2)驾驶人有下列情形之一者:交通肇事逃逸;饮酒、吸食或注射毒品、服用国家管制的精神药品或者麻醉药品;无驾驶证,驾驶证被依法扣留、暂扣、吊销、注销期间;驾驶与驾驶证载明的准驾车型不相符合的机动车。

(3)被保险机动车有下列情形之一者:发生保险事故时被保险机动车行驶证、号牌被注销;被扣留、收缴、没收期间;竞赛、测试期间,在营业性场所维修、改装期间;被保险人或驾驶人故意或重大过失,导致被保险机动车被利用从事犯罪行为。

2)原因除外

下列原因导致的被保险机动车的损失和费用,保险人不负责赔偿:

(1)战争、军事冲突、恐怖活动、暴乱、污染(含放射性污染)、核反应、核辐射;

(2)违反安全装载规定;

(3)被保险机动车被转让、改装、加装或改变使用性质等,导致被保险机动车危险程度显著增加,且未及时通知保险人,因危险程度显著增加而发生保险事故的;

(4)投保人、被保险人或驾驶人故意制造保险事故。

3)损失和费用除外

下列损失和费用,保险人不负责赔偿:

(1)因市场价格变动造成的贬值、修理后因价值降低引起的减值损失;

(2)自然磨损、朽蚀、腐蚀、故障、本身质量缺陷;

(3)投保人、被保险人或驾驶人知道保险事故发生后,故意或者因重大过失未及时通知,致使保险事故的性质、原因、损失程度等难以确定的,保险人对无法确定的部分,不承担赔偿责任,但保险人通过其他途径已经知道或者应当及时知道保险事故发生的除外;

(4)因被保险人违反《中国保险行业协会机动车商业保险示范条款(2020版)》第十五条约定,导致无法确定的损失;

(5)车轮单独损失,无明显碰撞痕迹的车身划痕,以及新增加设备的损失;

(6)非全车盗抢、仅车上零部件或附属设备被盗窃。

二、机动车第三者责任保险

1. 机动车第三者责任险的保险责任

保险期间内,被保险人或其允许的驾驶人在使用被保险机动车过程中发生意外事故,致使第三者遭受人身伤亡或财产直接损毁,依法应当对第三者承担的损害赔偿责任,且不属于免除保险人责任的范围,保险人依照保险合同的约定,对于超过机动车交通事故责任强制保险各分项赔偿限额的部分负责赔偿。

第三者是指因被保险机动车发生意外事故遭受人身伤亡或者财产损失的人,但不包括被保险机动车本车车上人员、被保险人。

保险人依据被保险机动车一方在事故中所负的事故责任比例,承担相应的赔偿责任。被保险人或被保险机动车一方根据有关法律法规选择自行协商或由公安机关交通管理部门处理事故,但未确定事故责任比例的,按照下列规定确定事故责任比例,见表1-7。涉及司法或仲裁程序的,以法院或仲裁机构最终生效的法律文书为准。

被保险机动车事故责任比例　　　　　　表1-7

事故责任类型	责任比例(%)	事故责任类型	责任比例(%)
主要事故责任	70	次要事故责任	30
同等事故责任	50		

2. 机动车第三者责任险的责任免除

1)情形除外

在上述保险责任范围内,下列情况下,不论任何原因造成的人身伤亡、财产损失和费用,保险人均不负责赔偿:

(1)事故发生后,被保险人或驾驶人故意破坏、伪造现场,毁灭证据。

(2)驾驶人有下列情形之一者:交通肇事逃逸;饮酒、吸食或注射毒品、服用国家管制的精神药品或者麻醉药品;无驾驶证,驾驶证被依法扣留、暂扣、吊销、注销期间;驾驶与驾驶证载明的准驾车型不相符合的机动车。

(3)被保险机动车有下列情形之一者:发生保险事故时被保险机动车行驶证、号牌被注销的;被扣留、收缴、没收期间;竞赛、测试期间,在营业性场所维修、改装期间;全车被盗窃、被抢劫、被抢夺、下落不明期间。

2)原因除外

下列原因导致的人身伤亡、财产损失和费用,保险人不负责赔偿:

(1)战争、军事冲突、恐怖活动、暴乱、污染(含放射性污染)、核反应、核辐射;

(2)第三者、被保险人或驾驶人故意制造保险事故、犯罪行为,第三者与被保险人或其他致害人恶意串通的行为;

(3)被保险机动车被转让、改装、加装或改变使用性质等,导致被保险机动车危险程度显著增加,未及时通知保险人,因危险程度显著增加而发生保险事故的。

3)损失和费用除外

下列人身伤亡、财产损失和费用,保险人不负责赔偿:

(1)被保险机动车发生意外事故,致使任何单位或个人停业、停驶、停电、停水、停气、停产、通信或网络中断、电压变化、数据丢失造成的损失以及其他各种间接损失;

(2)第三者财产因市场价格变动造成的贬值,修理后因价值降低引起的减值损失;

(3)被保险人及其家庭成员、驾驶人及其家庭成员所有、承租、使用、管理、运输或代管的

财产的损失,以及本车上财产的损失;

(4)被保险人、驾驶人、本车车上人员的人身伤亡;

(5)停车费、保管费、扣车费、罚款、罚金或惩罚性赔款;

(6)超出《道路交通事故受伤人员临床诊疗指南》和国家基本医疗保险同类医疗费用标准的费用部分;

(7)律师费,未经保险人事先书面同意的诉讼费、仲裁费;

(8)投保人、被保险人或驾驶人知道保险事故发生后,故意或者因重大过失未及时通知,致使保险事故的性质、原因、损失程度等难以确定的,保险人对无法确定的部分,不承担赔偿责任,但保险人通过其他途径已经知道或者应当及时知道保险事故发生的除外;

(9)因被保险人违反《中国保险行业协会机动车商业保险示范条款(2020版)》第二十八条约定,导致无法确定的损失;

(10)精神损害抚慰金;

(11)应当由机动车交通事故责任强制保险赔偿的损失和费用;保险事故发生时,被保险机动车未投保机动车交通事故责任强制保险或机动车交通事故责任强制保险合同已经失效的,对于机动车交通事故责任强制保险责任限额以内的损失和费用,保险人不负责赔偿。

三、机动车车上人员责任保险

1. 机动车车上人员责任险的保险责任

保险期间内,被保险人或其允许的驾驶人在使用被保险机动车过程中发生意外事故,致使车上人员遭受人身伤亡,且不属于免除保险人责任的范围,依法应当对车上人员承担的损害赔偿责任,保险人依照保险合同的约定负责赔偿。

车上人员是指发生意外事故的瞬间,在被保险机动车车体内或车体上的人员,包括正在上下车的人员。

保险人依据被保险机动车一方在事故中所负的事故责任比例,承担相应的赔偿责任。被保险人或被保险机动车一方根据有关法律法规选择自行协商或由公安机关交通管理部门处理事故,但未确定事故责任比例的,按照表1-5确定事故责任比例。涉及司法或仲裁程序的,以法院或仲裁机构最终生效的法律文书为准。

2. 机动车车上人员责任险的责任免除

1)情形除外

在上述保险责任范围内,下列情况下,不论任何原因造成的人身伤亡,保险人均不负责赔偿:

(1)事故发生后,被保险人或驾驶人故意破坏、伪造现场,毁灭证据。

(2)驾驶人有下列情形之一者:交通肇事逃逸;饮酒、吸食或注射毒品、服用国家管制的精神药品或者麻醉药品;无驾驶证,驾驶证被依法扣留、暂扣、吊销、注销期间;驾驶与驾驶证载明的准驾车型不相符合的机动车;非被保险人允许的驾驶人。

(3)被保险机动车有下列情形之一者:发生保险事故时被保险机动车行驶证、号牌被注销的;被扣留、收缴、没收期间;竞赛、测试期间,在营业性场所维修、改装期间;全车被盗窃、被抢劫、被抢夺、下落不明期间。

2)原因除外

下列原因导致的人身伤亡,保险人不负责赔偿:

(1)战争、军事冲突、恐怖活动、暴乱、污染(含放射性污染)、核反应、核辐射;

(2)被保险机动车被转让、改装、加装或改变使用性质等,导致被保险机动车危险程度显著增加,且未及时通知保险人,因危险程度显著增加而发生保险事故的;

(3)投保人、被保险人或驾驶人故意制造保险事故。

3)损失和费用除外

下列人身伤亡、损失和费用,保险人不负责赔偿:

(1)被保险人及驾驶人以外的其他车上人员的故意行为造成的自身伤亡;

(2)车上人员因疾病、分娩、自残、斗殴、自杀、犯罪行为造成的自身伤亡;

(3)罚款、罚金或惩罚性赔款;

(4)超出《道路交通事故受伤人员临床诊疗指南》和国家基本医疗保险同类医疗费用标准的费用部分;

(5)律师费、未经保险人事先书面同意的诉讼费、仲裁费;

(6)投保人、被保险人或驾驶人知道保险事故发生后,故意或者因重大过失未及时通知,致使保险事故的性质、原因、损失程度等难以确定的,保险人对无法确定的部分,不承担赔偿责任,但保险人通过其他途径已经知道或者应当及时知道保险事故发生的除外;

(7)精神损害抚慰金;

(8)应当由机动车交通事故责任强制保险赔付的损失和费用。

四、附加险

1. 附加绝对免赔率特约条款

附加绝对免赔率特约条款是一个减轻主险保险责任的附加险。投保时,投保人和保险人协商确定5%、10%、15%或20%的绝对免赔率。保险期间内,一旦被保险机动车发生主险约定的保险事故,保险人按照主险的约定计算赔款后,将扣减本附加险约定的免赔。

2. 附加车轮单独损失险

保险期间内,被保险人或被保险机动车驾驶人在使用被保险机动车过程中,因自然灾害、意外事故,导致被保险机动车未发生其他部位的损失,仅有车轮(含轮胎、轮毂、轮毂罩)单独的直接损失,且不属于免除保险人责任的范围,保险人依照该附加险合同的约定负责赔偿。但是,车轮(含轮胎、轮毂、轮毂罩)的自然磨损、朽蚀、腐蚀、故障、本身质量缺陷,或未发生全车盗抢,仅车轮单独丢失,本附加险不负责赔偿。

3. 附加新增加设备损失险

如果被保险机动车投保了本附加险,保险期间内,因发生机动车损失保险责任范围内的事故,造成车上新增加设备的直接损毁,保险人将在保险单载明的本附加险的保险金额内,按照实际损失计算赔偿。

4. 附加车身划痕损失险

附加车身划痕损失险赔偿的是车身划痕的修复费用。要注意的是,这里的划痕损失是指保险期间内,被保险机动车在被保险人或被保险机动车驾驶人使用过程中,发生的无明显碰撞痕迹的车身划痕损失。对以下损失不负责赔偿:

(1)被保险人及其家庭成员、驾驶人及其家庭成员的故意行为造成的损失;
(2)因投保人、被保险人与他人的民事、经济纠纷导致的任何损失;
(3)车身表面自然老化、损坏、腐蚀造成的任何损失。

5. 附加修理期间费用补偿险

投保了修理期间费用补偿险这一附加险,保险期间内,被保险机动车在使用过程中,发生机动车损失保险责任范围内的事故,造成车身损毁,致使被保险机动车停驶,保险人按保险合同约定,在保险金额内向被保险人补偿修理期间费用,作为代步车费用或弥补停驶损失。但是,不赔偿因机动车损失保险责任范围以外的事故而致被保险机动车的损毁或修理,或者非在保险人认可的修理厂修理时,因车辆修理质量不合要求造成返修,以及被保险人或驾驶人拖延车辆送修期间。

6. 附加发动机进水损坏除外特约条款

附加发动机进水损坏除外特约条款属于减责类的附加险。保险期间内,投保了本附加险的被保险机动车在使用过程中,因发动机进水后导致的发动机的直接损毁,保险人不负责赔偿。

7. 附加车上货物责任险

附加车上货物责任险是营业货车(含挂车)第三者责任保险的附加险。保险期间内,发生意外事故致使被保险机动车所载货物遭受直接损毁,依法应由被保险人承担的损害赔偿责任,保险人负责赔偿。对以下损失不负责赔偿:

(1)偷盗、哄抢、自然损耗、本身缺陷、短少、死亡、腐烂、变质、串味、生锈、动物走失、飞失、货物自身起火燃烧或爆炸造成的货物损失;
(2)违法、违章载运造成的损失;
(3)因包装、紧固不善,装载、遮盖不当导致的任何损失;
(4)车上人员携带的私人物品的损失;
(5)保险事故导致的货物减值、运输延迟、营业损失及其他各种间接损失;
(6)法律、行政法规禁止运输的货物的损失。

8. 附加精神损害抚慰金责任险

保险期间内,被保险人或其允许的驾驶人在使用被保险机动车的过程中,发生投保的主险约定的保险责任内的事故,造成第三者或车上人员的人身伤亡,受害人据此提出精神损害赔偿请求,保险人依据法院判决及保险合同约定,对应由被保险人或被保险机动车驾驶人支付的精神损害抚慰金,在扣除机动车交通事故责任强制保险应当支付的赔款后,在本附加险赔偿限额内负责赔偿。对于以下损失不负责赔偿：

(1) 根据被保险人与他人的合同协议，应由他人承担的精神损害抚慰金；

(2) 未发生交通事故，仅因第三者或本车人员的惊恐而引起的损害；

(3) 怀孕妇女的流产发生在交通事故发生之日起30天以外的。

9. 附加法定节假日限额翻倍险

保险期间内，被保险人或其允许的驾驶人在法定节假日期间使用被保险机动车发生机动车第三者责任保险范围内的事故，并经公安部门或保险人查勘确认的，被保险机动车第三者责任保险所适用的责任限额在保险单载明的基础上增加一倍。

法定节假日包括：中华人民共和国国务院规定的元旦、春节、清明节、劳动节、端午节、中秋节和国庆节放假调休日期，以及星期六、星期日，具体以国务院公布的文件为准。不包括：因国务院安排调休形成的工作日、国务院规定的一次性全国假日、地方性假日。

10. 附加医保外医疗费用责任险

保险期间内，被保险人或其允许的驾驶人在使用被保险机动车的过程中，发生主险保险事故，对于被保险人依照中华人民共和国法律（不含港澳台地区法律）应对第三者或车上人员承担的医疗费用，保险人对超出《道路交通事故受伤人员临床诊疗指南》和国家基本医疗保险同类医疗费用标准的部分负责赔偿。对在相同保障的其他保险项下可获得赔偿的部分、所诊治伤情与主险保险事故无关联的医疗和医药费用、特需医疗类费用，保险人不负责赔偿。

11. 附加机动车增值服务特约条款

附加机动车增值服务特约条款原本是之前很多保险公司的增值服务内容，现加以规范，设计为一个附加险。包括道路救援服务特约条款、车辆安全检测特约条款、代为驾驶服务特约条款、代为送检服务特约条款四个独立的特约条款，投保人可以选择投保全部特约条款，也可以选择投保其中部分特约条款。保险人依照保险合同的约定，按照承保特约条款分别提供增值服务。

道路救援服务特约条款的服务范围是：保险期间内，被保险机动车在使用过程中发生故障而丧失行驶能力时，保险人或其受托人根据被保险人请求，向被保险人提供送油、送水、送防冻液、搭电、轮胎充气、更换轮胎、车辆脱离困境所需的拖拽、吊车及单程50公里以内拖车的道路救援服务。

车辆安全检测特约条款的服务范围是：保险期间内，为保障车辆安全运行，保险人或其受托人根据被保险人请求，为被保险机动车提供车辆安全检测服务，包括：发动机、变速器、转向系统、底盘、轮胎、汽车玻璃、汽车电子系统、车内环、蓄电池及车辆综合安全检测。

代为驾驶服务特约条款的服务范围是：保险期间内，保险人或其受托人根据被保险人请求，在被保险人或其允许的驾驶人因饮酒、服用药物等原因无法驾驶或存在重大安全驾驶隐患时提供单程30公里以内的短途代驾服务。

代为送检服务特约条款的服务范围是：保险期间内，按照《中华人民共和国道路交通安全法实施条例》，被保险机动车需由机动车安全技术检验机构实施安全技术检验时，根据被保险人请求，由保险人或其受托人代替车辆所有人进行车辆送检。

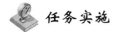 任务实施

一、任务目的

运用掌握的机动车商业保险知识,为李明先生介绍机动车商业保险的作用,让其理解购买机动车商业保险的必要性以及机动车商业保险能为其带来的风险保障。

二、计划与决策

(1)确定分组及分工:3 人一组,小组成员分别扮演李明先生、保险服务人员和观察员。

(2)机动车商业险属于客户自由选择购买的保险,客户在不知道产品内容的情况下是很难做出正确选择的。本子任务就是要让客户充分理解商业险提供的风险保障范围,包括保险公司要赔的内容,以及不赔的情况。

(3)与交强险不同的是,机动车商业险险种较多,让客户在短时间内完全了解是很困难的,服务人员在介绍时,语言表达应逻辑清晰、重点突出,要有耐心,以客户需求为基础,本着对客户负责的态度,对相关险种的保险责任做出全面、正确、严谨的解读,可以采用概括描述和案例说明结合的办法进行介绍。

三、实施与控制

(1)针对向客户介绍机动车商业险的工作,确定你需要准备的资料。

_____

_____

(2)向客户介绍机动车商业保险的产品结构。

_____

操作提示:符合服务礼仪规范,语言简洁,逻辑清晰,让客户体会到你的热情与诚信。

(3)向客户介绍机动车损失险的保险责任及责任免除。

_____

_____

操作提示:与客户沟通态度要诚实,语言表述要严谨,要让客户充分了解车损险的保障责任,不能模糊讲解而夸大了保险责任范围。尤其要注意免责事项的提示与解释,无须逐条解释,但要提醒客户阅读,并向客户强调容易出现的问题。

(4)向客户介绍机动车第三者责任险的保险责任及责任免除。

_____

_____

操作提示:讲解态度要诚实,语言表述要严谨。介绍时应对比交强险,提示两者的异同点。

(5)向客户介绍机动车车上人员责任险的保险责任及责任免除。

操作提示:讲解态度要诚实,语言表述要严谨。介绍时应强调该险种与第三者责任险的区别。

(6)向客户介绍常用附加险的保险责任及责任免除的话术要点。

操作提示:讲解态度要诚实,语言表述要严谨。介绍时需要结合客户需求,重点突出。

(7)向客户简单介绍他不常用的附加险的保险责任及责任免除。

操作提示:讲解态度要诚实,语言表述要严谨。

(8)小组分享:为了让客户更愿意听你的介绍,或者更容易听懂你的介绍,沟通过程中你需要注意哪些沟通礼仪和技巧?

四、总结与评价

综合评价表见表1-8。

综合评价表　　　　　　　　　　　　　表1-8

综合考评		自我评价	小组互评	教师评价	企业导师评价
素质考评 (40分)	能保持干净整齐的个人仪容仪表,保持良好仪态(5分)				
	能正确遵守服务礼仪(5分)				
	与客户交谈的语气、语速、语调恰当(10分)				
	能保持诚实、耐心和热情(10分)				
	积极向客户宣传遵纪守法、安全驾驶(10分)				
技能考评 (60分)	能正确介绍机动车商业保险的产品结构(10分)				
	能正确介绍机动车损失险的保险责任及责任免除,举例恰当(10分)				
	能正确介绍机动车第三者责任险的保险责任及责任免除,举例恰当(10分)				

续上表

综合考评		自我评价	小组互评	教师评价	企业导师评价
技能考评 (60分)	能正确介绍机动车车上人员责任险的保险责任及责任免除,举例恰当(10分)				
	能正确介绍机动车商业险附加险的保险责任及责任免除,举例恰当(10分)				
	介绍话术逻辑清晰,通俗易懂(10分)				
本次得分(总分100分)					
最终得分(平均得分)					

子任务3　新能源汽车商业保险介绍

如果李明先生之前买的是燃油车,对机动车商业保险有所了解,现在换的是一辆新能源汽车。你又该如何向其推荐新能源汽车的商业保险呢?

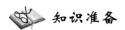 知识准备

一、新能源汽车商业保险的发展

近年来,我国新能源汽车产业发展突飞猛进,产销量一直位居全球首位,新能源汽车在成为我国经济社会发展的新动能之一的同时,也给汽车保险行业带来了新的挑战。新能源汽车以动力蓄电池作为储能装置,在车辆使用过程中,除了传统的交通意外风险外,动力蓄电池及充电设施起火、爆燃引发的重大事故构成新的风险因素,对于这些风险,需要进行产品创新,在保险保障和保险服务上实现升级换代。但是,因为新能源汽车总体保有量小、车型迭代快、产业化时间短、潜在风险尚未完全显现,行业掌握的新能源汽车的承保理赔数据有限,影响了对新能源车险风险保费的测算,新能源汽车商业保险一直使用传统燃油车的商业保险条款。

为了充分发挥保险保障功能,支持国家新能源汽车产业发展,在银保监会的指导下,中国保险行业协会于2021年底开发完成行业《新能源汽车商业保险专属条款(试行)》,进一步推进了车险综合改革,为新能源汽车消费者提供了更加有效和有针对性的保险保障。与传统机动车商业险条款相比,新开发的新能源汽车商业保险的产品,既为新能源汽车"三电"系统提供了保障,又全面涵盖新能源汽车行驶、停放、充电及作业的使用场景。比如,新能源汽车停放时遭受包括电池原因在内的车辆损失及对第三者的赔偿责任都属于保险责任,新能源汽车的附加险包含了新能源汽车充电的相关风险(包括外部电网、充电桩等风险)及火灾事故责任限额翻倍险。下一步,行业还将继续以科技赋能为途径,充分发挥保险辅助社会治理、服务经济社会功能的作用,不断满足人民群众日益增长的保险保障需求,持续创新优化产品和服务。

二、新能源汽车商业保险产品

中国保险行业协会开发的《新能源汽车商业保险示范条款(试行)》的产品结构与传统机动车商业保险产品结构相似(表1-9),同样设置了3个主险。其中,车损险保险责任与传统机动车车损险有较大差别,而第三者责任险和车上人员责任险与传统机动车商业险保险责任相同。附加险设置了13个,在传统机动车商业险的基础上减掉了"附加发动机进水损坏除外特约条款",并增加了"附加外部电网故障损失险""附加自用充电桩损失保险""附加自用充电桩责任保险"。

新能源汽车商业保险示范产品(试行) 表1-9

主险	新能源汽车损失保险	附加险	附加车上货物责任险
	新能源汽车第三者责任保险		附加精神损害抚慰金责任险
	新能源汽车车上人员责任保险		附加法定节假日限额翻倍险
附加险	附加绝对免赔率特约条款		附加医保外医疗费用责任险
	附加车轮单独损失险		附加外部电网故障损失险
	附加新增加设备损失险		附加自用充电桩损失保险
	附加车身划痕损失险		附加自用充电桩责任保险
	附加修理期间费用补偿险		附加新能源汽车增值服务特约条款

保险合同中的被保险新能源汽车是指在中华人民共和国境内(不含港、澳、台地区)行驶,采用新型动力系统,完全或主要依靠新型能源驱动,上道路行驶的供人员乘用或者用于运送物品以及进行专项作业的轮式车辆、履带式车辆和其他运载工具,包括插电式混合动力(含增程式)汽车、纯电动汽车和燃料电池汽车等,但不包括摩托车、拖拉机、特种车。

1. 新能源汽车保险主险

在《新能源汽车商业保险示范条款(试行)》中,主险的保险责任约定与《机动车商业保险示范条款(2020版)》相似,不同之处在于关于意外事故和自然灾害的保险责任。

对于新能源汽车损失保险,保险责任包括:保险期间内,被保险人或被保险新能源汽车驾驶人在使用被保险新能源汽车过程中,因自然灾害、意外事故(含起火燃烧)造成被保险新能源汽车的车身、蓄电池及储能系统、电机及驱动系统、其他控制系统及其他所有出厂时的设备的直接损失,且不属于免除保险人责任的范围,保险人依照保险合同的约定负责赔偿。使用包括行驶、停放、充电及作业期间。此外,盗抢责任和施救费用责任与传统机动车车损险保险责任相同。

针对新能源汽车的风险特征,新能源汽车损失保险的责任免除增加了因电池衰减、充电期间因外部电网故障导致被保险新能源汽车的损失。

新能源汽车第三者责任险和车上人员责任险的保险责任约定与传统机动车保险相同,只是专门明确了意外事故包含起火燃烧。

2. 新能源汽车保险附加险

新能源汽车保险使用了《机动车商业保险示范条款(2020版)》中的附加绝对免赔率特

约条款、附加车轮单独损失险、附加新增加设备损失险、附加车身划痕损失险、附加修理期间费用补偿险、附加车上货物责任险、附加精神损害抚慰金责任险、附加法定节假日限额翻倍险、附加医保外医疗费用责任险以及汽车增值服务特约条款10个附加险种，删除了完全不适用的附加发动机进水损坏除外特约条款以及增值服务特约条款中的蓄电池检测。此外，开发了3种针对新能源汽车特殊风险的附加险。

(1)附加外部电网故障损失险。

附加外部电网故障损失险承保了保险期间内，被保险新能源汽车在充电期间，因外部电网故障，导致被保险新能源汽车的直接损失，且不属于免除保险人责任的损失。同时，承担被保险人为防止或者减少被保险新能源汽车的损失所支付的必要的、合理的施救费用。施救费用数额在被保险新能源汽车损失赔偿金额以外另行计算，最高不超过主险保险金额。

(2)附加自用充电桩损失保险。

保险期间内，保险单载明地址的，被保险人的符合充电设备技术条件、安装标准的自用充电桩，因自然灾害、意外事故、被盗窃或遭他人损坏导致的充电桩自身损失，保险人在保险单载明的本附加险的保险金额内，按照实际损失计算赔偿。当然，本附加险不赔偿投保人、被保险人或驾驶人故意制造保险事故导致的损失。

(3)附加自用充电桩责任保险。

保险期间内，保险单载明地址的，被保险人的符合充电设备技术条件、安装标准的自用充电桩造成第三者人身伤亡或财产损失，依法应由被保险人承担的损害赔偿责任，保险人负责赔偿，但不赔偿因被保险人的故意行为导致的损失。

一、任务目的

运用掌握的传统机动车及新能源汽车商业保险知识，为购买了新能源汽车的李明先生介绍新能源汽车专属的商业保险，让其理解购买新能源汽车商业保险的必要性以及新能源汽车商业保险能为其带来的风险保障。

二、计划与决策

(1)确定分组及分工：3人一组，小组成员分别扮演李明先生、保险服务人员和观察员。

(2)新能源汽车商业险属于客户自由选择购买的保险，客户在不知道产品内容的情况下是很难做出正确选择的。本子任务就是要让客户充分理解新能源汽车商业险提供的风险保障范围，包括保险公司要赔的内容，以及不赔的情况。

(3)与交强险不同的是，新能源汽车商业险险种较多，让客户在短时间内完全了解是很困难的，服务人员在介绍时，语言表达应逻辑清晰、重点突出，要有耐心，以客户需求为基础，本着对客户负责的态度，对相关险种的保险责任做出全面、正确、严谨的解读，可以采用概括描述和案例说明结合的办法进行介绍。

(4)在总结前几次任务实施的基础上，思考并不断实践如何在与客户沟通的过程中，用诚信感动客户,用专业精神和能力打动客户。

三、实施与控制

(1)针对向李明先生介绍新能源汽车商业险的工作,确定你需要准备的资料。

_____

(2)向李明先生介绍新能源汽车商业保险的产品结构。

_____

_____

(3)向李明先生介绍新能源汽车损失险的保险责任及责任免除。

_____

_____

操作提示:与客户沟通态度要诚实,语言表述要严谨,要让客户充分了解车损险的保障责任,不能模糊讲解而夸大了保险责任范围。尤其要注意免责事项的提示与解释,无须逐条解释,但要提醒客户阅读,并向客户强调容易出现的问题。

(4)向李明先生介绍新能源汽车第三者责任险的保险责任及责任免除。

_____

_____

操作提示:与客户沟通态度要诚实,语言表述要严谨。介绍时应对比交强险,提示两者的异同点。

(5)向李明先生介绍新能源汽车车上人员责任险的保险责任及责任免除。

_____

_____

操作提示:与客户沟通态度要诚实,语言表述要严谨。介绍时应强调其与第三者责任险的区别。

(6)向李明先生介绍常用附加险的保险责任及责任免除。

_____

_____

操作提示:与客户沟通态度要诚实,语言表述要严谨。

(7)向李明先生简单介绍他不常用的附加险的保险责任及责任免除。

_____

_____

操作提示:与客户沟通态度要诚实,语言表述要严谨。

(8)小组分享:任务完成过程中,你的诚信、专业精神和专业能力是如何体现的?

四、总结与评价

综合评价表见表1-10。

综 合 评 价 表　　　　　表1-10

综合考评		自我评价	小组互评	教师评价	企业导师评价
素质考评(40分)	能保持干净整齐的个人仪容仪表,保持良好仪态(5分)				
	能正确遵守服务礼仪(5分)				
	与客户交谈的语气、语速、语调恰当(10分)				
	能保持诚实、耐心和热情(10分)				
	积极向客户宣传遵纪守法、安全驾驶(10分)				
技能考评(60分)	能正确介绍新能源汽车商业保险的产品结构(10分)				
	能正确介绍新能源汽车损失险的保险责任及责任免除,举例恰当(10分)				
	能正确介绍新能源汽车第三者责任险的保险责任及责任免除,举例恰当(10分)				
	能正确介绍新能源汽车车上人员责任险的保险责任及责任免除,举例恰当(10分)				
	能正确介绍新能源汽车商业险附加险的保险责任及责任免除,举例恰当(10分)				
	介绍话术逻辑清晰,通俗易懂(10分)				
本次得分(总分100分)					
最终得分(平均得分)					

知识拓展——现行汽车保险产品

一、中国保险行业协会商业车险产品

2020年9月19日,车险综合改革正式实施。对交强险而言,此次改革将总责任限额从12.2万元提高到20万元,同时优化了交强险道路交通事故费率浮动系数。

对于商业险而言,行业发布了新的商业车险示范产品(图1-3)和费率。新产品进一步理顺了商业车险主险和附加险的责任,合理删减了实践中容易引发理赔争议的免责条款,优化了费率调整系数。同时,新增了驾乘人员意外伤害保险示范条款。

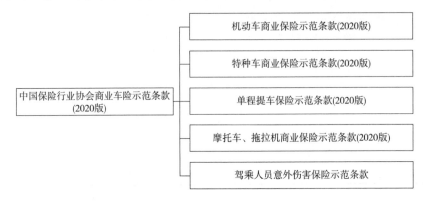

图1-3 商业车险示范产品(2020版)

2021年12月14日,中国保险行业协会发布《新能源汽车商业保险专属条款》(试行)(图1-4),插电式混合动力(含增程式)汽车、纯电动汽车和燃料电池汽车均适用。

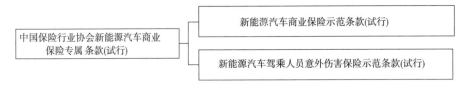

图1-4 新能源汽车商业保险专属条款(试行)

传统机动车的驾乘人员意外伤害保险一直属于各家保险公司的特色车险,不过基本上所有保险公司的驾乘人员意外伤害险都大同小异。中国保险行业协会此次推出的新能源汽车专属驾乘人员意外伤害险,在保险条款上与传统机动车的驾乘人员意外伤害保险也基本相同。

二、驾乘人员意外伤害保险产品(以《中国保险行业协会驾乘人员意外伤害保险示范条款(2020版)》为例)

驾乘人员意外伤害保险属于人身意外险的一种,不同于作为责任险的车上人员责任险。车上的驾驶人以及乘车人员均可以作为被保险人,在遭遇车辆意外事故之时,驾驶人或乘车人员发生意外身故、意外伤残或者意外医疗时可以享受保险赔付。

1. 驾乘人员意外伤害保险的保险责任

保险期间内,被保险人驾驶或乘坐保险单载明车牌号码的机动车辆,在车辆使用过程中因遭受自然灾害、意外事故导致身故、伤残或医疗费用支出的,保险人依照下列约定给付保险金。

(1) 身故保险责任。

在保险期间内,被保险人驾驶或乘坐保险单载明车牌号码的机动车辆,在车辆使用过程中因遭受自然灾害、意外事故,并自事故发生之日起180日内因该事故身故的,保险人按意外伤害保险金额给付身故保险金,对该被保险人的保险责任终止。被保险人因遭受道路交通事故且自该事故发生日起下落不明,后经人民法院宣告死亡的,保险人按意外伤害保险金额给付身故保险金。但若被保险人被宣告死亡后生还的,保险金受领人应于知道或应当知道被保险人生还后30日内退还保险人给付的身故保险金。

(2) 伤残保险责任。

在保险期间内,被保险人驾驶或乘坐保险单载明车牌号码的机动车辆,在车辆使用过程中因遭受自然灾害、意外事故,并自该事故发生之日起180日内因该事故造成《人体损伤致残程度分级》所列伤残之一的,保险人按该表所列给付比例乘以意外伤害保险金额给付伤残保险金。如第180日治疗仍未结束的,以治疗终结、伤情稳定后进行客观评残,其结果为依据给付保险金。当同一保险事故造成两处或两处以上伤残时,应首先对各处伤残程度分别进行评定,如果几处伤残等级不同,以最重的伤残等级作为最终的评定结论;如果最重的两处或两处以上伤残等级相同,伤残等级在原评定基础上最多晋升一级,最高晋升至第一级。同一部位和性质的伤残,不应采用《人体损伤致残程度分级》条文两条以上或者同一条文两次以上进行评定。被保险人如在本次保险事故之前已有伤残,保险人按合并后的伤残程度在《人体损伤致残程度分级》所对应的给付比例给付伤残保险金,但应扣除原有伤残程度在《人体损伤致残程度分级》所对应的给付比例给付伤残保险金。

(3) 医疗保险责任。

保险期间内,被保险人驾驶或乘坐保险单载明车牌号码的机动车辆,在车辆使用过程中因遭受自然灾害、意外事故导致意外伤害,并因此在符合保险合同释义的医院(以下简称释义医院)进行治疗,保险人就其自事故发生之日起180日内实际支出的未超出《道路交通事故受伤人员临床诊疗指南》和国家基本医疗保险同类医疗费用标准的必要、合理的医疗费用,在意外伤害医疗保险金额内负责赔偿。

2. 驾乘人员意外伤害保险的责任免除

1) 情形除外

被保险人作为驾驶人时存在下列情形之一的,保险人对该被保险人不承担给付保险金责任:

(1) 饮酒、吸食或注射毒品、服用国家管制的精神药品或者麻醉药品;

(2) 无驾驶证,驾驶证被依法扣留、暂扣、吊销、注销期间;

(3) 驾驶与驾驶证载明的准驾车型不相符合的机动车;

(4) 竞赛、测试期间;

(5) 发生保险事故时保险单载明车牌号码的机动车行驶证、号牌被注销。

2) 原因除外

下列原因导致的被保险人身故、伤残的,保险人不承担给付保险金责任:

(1) 投保人、被保险人或驾驶人故意制造保险事故;

(2) 被保险人自致伤害或自杀,但被保险人自杀时为无民事行为能力人的除外;

(3) 因被保险人挑衅或故意行为而导致的打斗、被袭击或被谋杀;

(4) 被保险人妊娠、流产、分娩、疾病、药物过敏、中暑、猝死;

(5) 被保险人故意犯罪或者抗拒依法采取的刑事强制措施;

(6) 保险单载明车牌号码的机动车被转让、改装、加装或改变使用性质等,导致保险单载明车牌号码的机动车危险程度显著增加,且未及时通知保险人,因危险程度显著增加而发生保险事故的。

3) 损失和费用除外

下列损失和费用,保险人不承担给付保险金责任:

(1) 所诊治伤情与保险事故无关联的医疗、医药费用;

(2) 超出《道路交通事故受伤人员临床诊疗指南》和国家基本医疗保险同类医疗费用标准的费用部分;

(3) 不以器官功能恢复为目的的整容、矫形手术、植入材料支付的医疗费用;

(4) 预防类、保健类、心理治疗类医疗费用;

(5) 交通费、伙食费、误工费、丧葬费;

(6) 投保人、被保险人或受益人知道保险事故发生后,故意或者因重大过失未及时通知,致使保险事故的性质、原因、损失程度等难以确定的,保险人对无法确定的部分,不承担赔偿责任,但保险人通过其他途径已经及时知道或者应当及时知道保险事故发生的除外;

(7) 保险金申请人未能提供有关材料,导致保险人无法核实该申请的真实性的,保险人对无法核实部分不承担给付保险金的责任。

3. 驾乘人员意外伤害保险与车上人员责任险的异同

驾乘人员意外伤害保险与车上人员责任险一样,都是在被保险车辆发生意外事故,导致车上驾驶人和乘客人身伤亡后,保险公司进行赔付。但是,两者也存在很大的区别,车上人员责任保险属于责任保险,赔偿的前提条件是由于本车驾驶人的责任造成的事故导致车上人员伤亡,按责任比例计算赔偿。如果是对方车辆的全部责任,那就不在车上人员责任险的赔偿范围了。而驾乘人员意外险属于人身意外保险,事故责任方是谁不重要,只要是乘坐被保险车辆出事故,均能获得赔偿,而且不受车险赔偿的影响。

学习任务3 汽车保险投保方案确定

任务描述

李明先生大致了解了汽车保险,想尽快为爱车购买保险。近几天,很多人都在给他打电

话,并且给他提供了不同的方案和报价。4S 店建议他就在本店买保险,也有人建议他在网上买,妻子说有朋友可以帮忙买,这让他无所适从。你能为李明先生提出建议吗?

 学习目标

知识目标

1. 能描述不同汽车保险投保渠道的优劣势。
2. 能描述汽车保险各险种的投保规则。

能力目标

1. 能为客户介绍恰当的投保渠道。
2. 能为客户推荐恰当的投保方案。

素质目标

1. 能保持认真负责的客户服务态度。
2. 树牢诚信服务的意识。
3. 养成严谨务实的工作作风。

建议学时:6 学时。

 知识准备

客户买保险,实际上就是与保险公司签订汽车保险合同,也就是我们常说的投保。作为投保人,要投保汽车保险,就涉及选择投保途径、选择保险公司、选择保险险种、填写投保申请等问题。

一、汽车保险投保渠道选择

随着我国信息产业的发展,消费者购买汽车保险的渠道越来越多,各渠道因其经营管理模式的不同,形成了在服务、价格等方面的不同优势。目前,普通消费者购买汽车保险的渠道可以分为两类,即线上投保和线下投保。线上投保主要是指在保险公司网上投保,线下投保主要包括保险公司店内投保、保险公司电话投保、通过专业代理机构投保、通过兼业代理机构投保、通过经纪公司(人)投保等。

不过，随着互联网科技的发展，传统的纸质投保方式也逐渐"无纸化"，大多数投保环节可通过互联网完成操作。线下、线上的差别主要在于资料填写方式、是否需要签名、是否支持人工核保等方面，选择哪个购买渠道都各有利弊。

1. 保险公司店内投保

作为保险公司，直接销售自己的产品，最让人觉得专业、可靠。消费者可以在公司门店就投保险种、保险条款、投保方式等得到详细正确的介绍，能在公司专业人员的指导下，选择到更适合自己的保险产品，顺利完成投保手续。

但是，在保险公司店内投保的客户几乎要事事自己去操办，特别是出险索赔时，要自己去完成很多人都认为繁杂的索赔流程。

2. 保险公司电话投保

电话销售是前些年消费者比较认可的汽车保险购买渠道。保险公司利用电话销售节省了部分销售成本，并将其直接让利给客户，能在正常优惠的基础上再优惠15%，所以在价格上颇具优势。同时，消费者足不出户就可以购买汽车保险，并享受保险单送上门的服务。

当然，电话沟通不如面对面沟通的效果好，尤其是对汽车保险不太了解的客户来讲，不排除了解不充分甚至被误导的可能。而且，通过电话购买保险的客户同样面临自己亲自操办索赔的问题。

3. 保险公司网上投保

与保险公司门店销售、电话销售一样，网上销售也是保险公司的直销渠道。网上购买车险是现今比较流行的线上购买方式，可以在保险公司官网、App或者第三方平台上直接下单。在网上投保，流程便捷、价格便宜、节约时间，还可以享受各种车主专属服务，查询各种保险信息。但是，该渠道自助性更强，需要自行录入投保信息，选择投保方案，比较适合对汽车保险产品和服务网络的使用以及车险理赔都比较熟悉的客户。

4. 通过专业代理机构投保

专业代理机构一般代理多家保险公司的产品，可以为客户提供多种选择。同时，为吸引客户，许多代理机构通常都会为客户提供上门办理投保、协助出险索赔等相关服务。

我国保险代理市场虽然在监管部门的监管下不断规范，但还是存在个别商家为了招揽业务违规操作，或者销售保险时给客户许下诸多承诺，到时却不能兑现，甚至为达到目的采用欺骗的手段损害消费者利益。

5. 通过兼业代理机构投保

目前，汽车4S店和汽车修理厂是汽车保险最常见的兼业代理机构。它们在汽车维修、理赔方面经验丰富，所以，消费者有机会在此得到较适用的投保方案建议。它们通常还为客户提供所谓"一条龙"服务，消费者会因此而省去投保和索赔流程中的不少麻烦。

然而，兼业代理机构的服务人员毕竟不是保险专业人员，可能会因其专业技能不足不能给客户提供准确的服务。此外，还要特别注意某些兼业代理机构利用客户的车进行保险欺诈的行为。这些问题在一些修理厂、快修店出现过，因为其缺乏有效的管理和监督，所以保险公司也在不断规范兼业机构的代办理赔服务。

6. 通过经纪公司(人)投保

通过经纪公司投保的优缺点与通过专业代理机构投保相近，但是，在我国目前保险市场上，汽车保险经纪公司(人)还较少，所以供消费者选择的余地也较小。

在以上投保渠道的选择中，消费者需考虑产品是否可靠、价格是否优惠、服务是否周到等因素。不可一味贪图便宜或方便，反而使自己的合法权益受到侵害。尤其在选择通过中介机构购买汽车保险时，一定要确认其是否有合法的经营资格，包括执业资格和代理资格。

二、汽车保险公司的选择

我国保险市场上大小保险公司众多，为扩大自己的市场占有率，相互间的竞争异常激烈。作为消费者，在选择保险公司时应注意以下几点。

1. 应选择有经营汽车保险合法资格的保险公司

近年来，互联网保险产品众多，某些产品其实根本不属于保险范畴，也不是由合法保险机构提供，投保人需注意辨别。特别是对一些自己没有怎么听说过的保险公司，其是否有经营汽车保险的资格，作为消费者应该予以了解。

2. 选择信誉及口碑好的保险公司

信誉及口碑好的保险公司不一定是规模大的、知名度高的保险公司。大型保险公司虽然有着诸多优势，但也可能存在所谓"店大欺客"的情况。小型保险公司知名度虽不高，但也有为了获得发展机会而将自己的服务做得很周到的。

3. 选择服务好的保险公司

保险公司服务好坏是一个全方位、多层次的评价体系。首先，要关注保险公司服务是否高效、准确，尤其是理赔环节。这就要求服务流程的高效运转和服务人员的专业和诚信。其次，要关注服务网络是否健全，是否有"异地出险，就地赔付"的全国通赔服务；再次，可以参考其个性化服务。

4. 选择其产品适合自己的保险公司

虽然一直以来保险公司提供的汽车保险产品功能大体一致，但是，随着商业车险条款费率管理制度改革不断推进，国家鼓励财产保险公司积极开发商业车险创新型条款，相信不久的将来，各财产保险公司会为保险消费者提供多样化、个性化、差异化的商业车险保障和服务，满足社会公众不同层次的保险需求。所以，消费者应根据自己的情况和对产品的需求来选择适合自己的保险公司。

三、汽车保险投保险种的选择

1. 交强险的投保

1) 交强险必须投保

《中华人民共和国道路交通安全法》规定：国家实行机动车第三者责任强制保险制度。

相关法律要求在中华人民共和国境内道路上行驶的机动车的所有人或者管理人,需按规定投保机动车交通事故责任强制保险。

对未参加机动车交通事故责任强制保险的机动车,机动车管理部门不得予以登记;机动车安全技术检验机构不得予以检验;公安机关交通管理部门将扣留机动车,通知机动车所有人、管理人依照规定投保,并处依照规定投保最低责任限额应缴纳的保险费的2倍罚款。

所以,交强险是必须投保的,且投保人无法选择赔偿限额。同时,保险机构也不得拒保交强险。

2)交强险保险期限

机动车交通事故责任强制保险的保险期间为1年,但有下列情形之一的,投保人可以投保短期机动车交通事故责任强制保险:

(1)境外机动车临时入境的;

(2)机动车临时上道路行驶的;

(3)机动车距规定的报废期限不足1年的;

(4)银保监会规定的其他情形。

2. 机动车商业险的投保

以《中国保险行业协会机动车商业保险示范条款(2020版)》为例。

1)主险的投保

机动车商业保险主险共3个独立的险种,投保人可以选择投保全部险种,也可以选择投保其中部分险种。

(1)机动车损失保险的投保。

机动车损失保险是所有险种中对机动车损失保障最全面的险种,尤其在2020年的车险改革后,机动车全车盗抢、玻璃单独破碎、自燃、发动机涉水、不计免赔率、无法找到第三方特约等保险责任全部纳入了机动车损失保险的保障范围,为消费者提供了更加全面完善的车险保障服务。

在投保机动车损失保险时,首先需要确定保险金额,保险金额即双方约定的最高赔偿限额。机动车损失保险的保险金额按投保时被保险机动车的实际价值确定。投保时被保险机动车的实际价值由投保人与保险人根据投保时的新车购置价减去折旧金额后的价值协商确定或其他市场公允价值协商确定。

折旧金额可根据机动车参考折旧系数表(表1-11)确定。

机动车参考折旧系数表(2020版)　　表1-11

车辆种类	月折旧系数(%)			
	家庭自用	非营业	营业	
			出租	其他
9座以下客车	0.60	0.60	1.10	0.90
10座以上客车	0.90	0.90	1.10	0.90

续上表

车辆种类	月折旧系数(%)			
	家庭自用	非营业	营业	
			出租	其他
微型载货汽车	—	0.90	1.10	1.10
带拖挂的载货汽车	—	0.90	1.10	1.10
低速货车和三轮汽车	—	1.10	1.40	1.40
其他车辆	—	0.90	1.10	0.90

折旧按月计算,不足一个月的部分,不计折旧。最高折旧金额不超过投保时被保险机动车新车购置价的80%。

折旧金额 = 新车购置价 × 被保险机动车已使用月数 × 月折旧系数

(2)机动车商业第三者责任险的投保。

商业第三者责任险与交强险的保险责任性质相同,同样投保的是被保险车辆致使第三者遭受人身伤亡和财产直接损毁所应承担的赔偿责任,但是,尽管投保了交强险,第三者责任险也很有必要。

我们知道,交强险的有责赔偿限额总共20万元,其中有责赔付的财产损失赔偿限额只有2000元,在稍微严重一点的事故中,这样的赔偿显然是不够的。所以,应该说,交强险只是满足了最基本的交通事故赔偿要求,而商业第三者责任险则是交强险的必要而有力的补充。

与交强险不一样的是,商业第三者责任险每次事故的责任限额由投保人和保险人在签订保险合同时协商确定,可在10万~1000万元中选择。投保人在选择责任限额时,需要考虑自己的风险与产品性价比的问题,但实际上,责任限额50万元、100万元与200万元,其对应的保险费差距不是很大,所以目前一般城市的私家车选择100万元、200万元投保的较多。

(3)机动车车上人员责任险的投保。

机动车车上人员责任险必须将驾驶人和乘客分别选择投保(图1-5),且需要选择各自赔偿限额,通常每座至少1万元。因该险种的保险责任与人身意外伤害险有重叠,所以,投保人可以根据车上人员是否投保其他意外伤害险、两类保险"性价比"及两类保险的保险责任范围等问题选择投保。

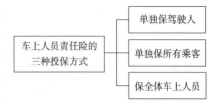

图1-5 车上人员责任险的投保方案

2)附加险的投保

附加险是指附加在各基本险上的附加险种,要投保附加险,必须先投保其相应的基本险。如要投保附加车轮单独损失险、附加新增加设备损失险、附加车身划痕损失险、附加修理期间费用补偿险、附加发动机进水损坏除外特约条款,就必须要在已投保机动车损失保险的前提下投保。

附加险承保的一般都是一些特殊风险,所以在投保时应衡量其购买价值大不大的问题。

比如，2020版商业保险附加险种中有两个减费险种，即附加绝对免赔率特约条款及附加发动机进水损坏除外特约条款。选择投保这两个附加险，会因此少缴保费，但也减少了保险公司的赔付责任，投保时需要慎重考虑。再如，附加机动车增值服务特约条款虽然作为一个附加险，但是对于其中的4个服务，投保人是可以选择投保的。尤其要注意，保险公司往往都有针对这一条款的赠送，比如赠送一年七次一百公里以内道路救援、代驾两次等，所以，投保时需要考虑花钱买这样的附加险是否必要。而对于经常在节假日外出游玩的车主来讲，附加法定节假日限额翻倍险就是一个非常值得购买的附加险。对于营业货车来讲，附加车上货物责任险就非常实用。对于新车或者维修成本较高的车辆，车轮单独损失险、车身划痕损失险都是值得考虑的附加险种。

部分附加险投保时，需要确定保险金额或者责任限额。附加车轮单独损失险的保险金额由投保人和保险人在投保时协商确定。附加新增加设备损失险的保险金额根据新增加设备投保时的实际价值确定。新增加设备的实际价值是指新增加设备的购置价减去折旧金额后的金额。而附加车身划痕损失险的保险金额为2000元、5000元、10000元或20000元，由投保人和保险人在投保时协商确定。附加修理期间费用补偿险的保险金额＝补偿天数×日补偿金额。补偿天数及日补偿金额由投保人与保险人协商确定并在保险合同中载明，保险期间内约定的补偿天数最高不超过90天。而附加车上货物责任险、附加精神损害抚慰金责任险、附加医保外医疗费用责任险的责任限额由投保人和保险人在投保时协商确定，并在保险单中载明。

3. 新能源汽车商业险的投保

以《中国保险行业协会新能源汽车商业保险示范条款（试行）》为例。

1）主险的投保

主险包括新能源汽车损失保险、新能源汽车第三者责任保险、新能源汽车车上人员责任保险3个独立的险种，投保人可以选择投保全部险种，也可以选择投保其中部分险种。

目前来讲，新能源汽车在技术上没有完全成熟，存在的安全隐患也相对较多，且车辆维修费用较高，尤其涉及"三电"损失，所以投保车损险可以有效降低车主的损失。

新能源汽车损失保险的保险金额按投保时被保险新能源汽车的实际价值确定。投保时被保险新能源汽车的实际价值由投保人与保险人根据投保时的新车购置价减去折旧金额后的价格协商确定或其他市场公允价值协商确定，新车购置价一般按照车辆补贴前的指导价格确定，折旧金额可根据保险合同列明的参考折旧系数表（表1-12）确定。

新能源汽车参考折旧系数表（试行版） 表1-12

车辆种类	月折旧系数(%)			
	家庭自用	非营业	营业	
			出租	其他
9座以下客车	见下表	见下表	1.10	0.90
10座以上客车	0.90	0.90	1.10	0.90

续上表

车辆种类	月折旧系数(%)			
	家庭自用	非营业	营业	
			出租	其他
微型载货汽车	—	0.90	1.10	1.10
带拖挂的载货汽车	—	0.90	1.10	1.10
低速货车和三轮汽车		1.10	1.40	1.40
其他车	—	0.90	1.10	0.90
新车购置价格区间（万元）	9座以下客车家庭自用和非营业纯电动新能源汽车月折旧系数(%)		9座以下客车家庭自用和非营业插电式混合动力与燃料电池新能源汽车月折旧系数(%)	
0～10	0.82		0.63	
10～20	0.77			
20～30	0.72			
30以上	0.68			

新能源汽车有噪声小、加速快的优点，但同时也构成了交通事故的安全隐患，如果引发事故，除了被保险车辆的损失外，第三者及车上人员的损失不容忽视，尤其涉及人伤。比如，对于网约车来讲，出险概率高，车上人员责任险非常重要。投保新能源汽车第三者责任保险及车上人员责任险首先要确定责任限额，投保规则与传统机动车商业保险相同。

2）附加险的投保

新能源汽车在使用中，同样面临车身划痕、车轮单独损失、新增设备损失等车身损失以及与传统机动车同样的责任风险，所以，车主应根据自身车辆使用情况和风险管理目标来合理选择。

对于新能源汽车而言，商业保险中三个专门针对新能源汽车使用辅助设施风险的附加险尤其值得购买。

（1）投保附加外部电网故障损失险可有效地解决因电网故障造成的车辆充电自燃等问题。

（2）一些有固定车位的车主安装了自用充电桩，这些充电桩可能会因意外事故、自然灾害造成自身损坏，也可能被盗或被人为损坏，而其本身价值不低，这时可以考虑购买附加自用充电桩损失保险。保险金额一般分为2000元、5000元、10000元或20000元，由投保人和保险人在投保时协商确定。

（3）有自用充电桩的车主要注意，自家安装的充电桩即便符合充电设备技术条件、安装标准，也可能发生意外造成他人人身伤害和财产损失，而一旦发生火灾、触电等事故，损失将会是极大的，所以建议购买附加自用充电桩责任保险。当然，对于责任险的投保，需要投保人与保险公司在投保时协商确定责任险额。

4.常见汽车商业保险投保误区

(1)重复投保。

重复投保是指投保人对同一保险标的、同一保险利益、同一保险事故分别与两个以上保险人订立保险合同,且保险金额总和超过保险价值。

有些消费者以为多买几份保险,就可以在车辆出险时多获得几份赔偿。《中华人民共和国保险法》规定:"重复保险的各保险人赔偿保险金的总和不得超过保险价值。除合同另有约定外,各保险人按照其保险金额与保险金额总和的比例承担赔偿保险金的责任。"所以,不管是交强险还是商业险,重复保险没有任何作用。

(2)车险保费越低越好。

商业险险种较多,并可以自由选择。有些车主为了节省保费,想少买几种保险。其实无论基本险还是附加险,都有各自的作用,虽然全部选择投保是没有必要的,但应尽量让自己获得的保障更全面。

另外,有些渠道的营销员用非常低的价格吸引消费者,而这时,消费者需要仔细辨别该产品是否通过购买相应附加险、约定免赔额、减少投保险种等手段来达到低价的效果。

(3)不及时续保。

有些消费者在保险合同到期后不及时续保,但天有不测风云,万一车辆就在这几天出了事故,岂不是悔之晚矣。同时,脱保超过一定期限还可能造成下一期保费优惠的减少。

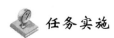
任务实施

一、任务目的

运用所掌握的保险行业信息和汽车保险产品知识、投保知识,帮助李明先生制定车险投保方案,让李明先生在保险渠道、保险公司及要投保险种的选择上做出正确的决定。

二、计划与决策

(1)确定分组及分工:3人一组,小组成员分别扮演李明先生、保险服务人员和观察员。

(2)帮助客户做出投保选择,需要结合相关知识要点和目前保险市场信息,在确认客户需求的基础上进行分析。

(3)交强险虽然是必须购买的险种,但客户在准备投保时还是会有各种问题,服务人员应耐心解答。

(4)商业险是自由选择购买的,影响客户做出选择的因素很多,包括个人经济状况、风险意识、对产品的认知程度等,甚至包括服务人员的沟通表达能力。所以,服务人员推荐保险方案的过程也是协调解决这些问题的过程。要完成这个任务,服务人员除了专业知识要熟悉,语言表达要专业、流畅外,还要学会正确处理客户的拒绝。

三、实施与控制

(1) 针对为李明先生制定投保方案的工作,确定你需要准备的资料和设备。

_____

_____

操作提示:保险服务工作一定要有责任心,要一丝不苟,营销不能靠"耍嘴皮子"。服务人员为客户提供信息和建议前,一定要保证自己拥有此项专业知识和技能,如果没有,那就抓紧学。本学习任务实施中,与客户沟通前,请组织小组分工,通过网络及其他渠道,调查投保渠道及保险公司信息等,汇总分析。

(2) 成功的保险营销一定是基于客户需求的,你将从哪些方面了解和分析李明先生的需求?

_____

_____

(3) 向李明先生介绍不同的保险渠道,建议李明先生在本 4S 店购买车险。

_____

_____

操作提示:对于保险渠道的建议,需要保险服务人员实事求是,以诚信的态度,从客户的利益和需求出发,对推荐的投保渠道所具备的优势应进行客观介绍。

(4) 向李明先生推荐保险公司。

_____

_____

(5) 如果李明先生买的是传统燃油车,请向其详细推荐你的投保方案。
①险种名称:_____
保险金额/责任限额:_____
推荐理由:_____
②险种名称:_____
保险金额/责任限额:_____
推荐理由:_____
③险种名称:_____
保险金额/责任限额:_____
推荐理由:_____
④险种名称:_____
保险金额/责任限额:_____

推荐理由：_____
⑤险种名称：_____
保险金额/责任限额：_____
推荐理由：_____
⑥险种名称：_____
保险金额/责任限额：_____
推荐理由：_____
⑦险种名称：_____
保险金额/责任限额：_____
推荐理由：_____
⑧险种名称：_____
保险金额/责任限额：_____
推荐理由：_____
⑨险种名称：_____
保险金额/责任限额：_____
推荐理由：_____

操作提示：向客户推荐投保方案的过程最能展现保险营销人员的专业态度和专业水平。对保险所能提供的保障，客户的期望往往是比较高的，都希望以最小的价格获得最大的保障。尤其对没有汽车保险经历的客户，或者新车客户，服务人员应向其提供较全面的险种选择建议，并结合车主实际情况仔细向客户解释这些险种的作用。此外，沟通态度要诚恳，话术一定要严谨，避免造成客户误解，在后续理赔过程中出现客户不满意。

(6) 如果李明先生买的是新能源汽车，请向其推荐你的投保方案。
①险种名称：_____
保险金额/责任限额：_____
推荐理由：_____
②险种名称：_____
保险金额/责任限额：_____
推荐理由：_____
③险种名称：_____
保险金额/责任限额：_____
推荐理由：_____
④险种名称：_____
保险金额/责任限额：_____
推荐理由：_____
⑤险种名称：_____
保险金额/责任限额：_____
推荐理由：_____

⑥险种名称：_____
保险金额/责任限额：_____
推荐理由：_____
⑦险种名称：_____
保险金额/责任限额：_____
推荐理由：_____
⑧险种名称：_____
保险金额/责任限额：_____
推荐理由：_____
⑨险种名称：_____
保险金额/责任限额：_____
推荐理由：_____

操作提示：相比传统燃油车保险而言，很多客户对新能源汽车保险产品不太了解，保险营销人员在与客户沟通的过程中应更加耐心、细心。

（7）拒绝处理。
①拒绝事项：_____
处理办法：_____
处理结果：_____
②拒绝事项：_____
处理办法：_____
处理结果：_____
③拒绝事项：_____
处理办法：_____
处理结果：_____
④拒绝事项：_____
处理办法：_____
处理结果：_____

操作提示：保险营销是一个不断面对拒绝的工作。服务人员在处理客户拒绝时，要态度诚恳、耐心，积极寻求认同，关键是要懂得分析客户拒绝背后真正的原因。客户拒绝处理需要用到一些技巧，但不是欺骗客户。

（8）各小组分享收获：通过模拟客户服务，你认为如何才能做好保险营销工作？
_____
_____

四、总结与评价

综合评价表见表1-13。

综合评价表 表1-13

综合考评		自我评价	小组互评	教师评价	企业导师评价
素质考评(40分)	能保持干净整齐的个人仪容仪表,保持良好仪态(5分)				
	能正确遵守服务礼仪(5分)				
	与客户交谈的语气、语速、语调恰当(10分)				
	能保持诚实、耐心和热情(10分)				
	积极向客户宣传遵纪守法、安全驾驶(10分)				
技能考评(60分)	能正确向客户介绍和推荐车险投保渠道(10分)				
	能正确向客户介绍经营车险的保险公司(10分)				
	能正确帮助客户恰当拟定投保方案(15分)				
	能与客户有效沟通确定投保方案(15分)				
	能正确处理客户拒绝(10分)				
	本次得分(总分100分)				
	最终得分(平均得分)				

知识拓展——损失补偿原则

一、保险基本原则

保险原则是保险制度在发展过程中逐渐形成的被人们公认并遵守的基本原则,有4个内容(图1-6)。在保险合同的签订和履行过程中,双方不但要遵循法律的规定,还要受保险原则的约束。这些原则作为人们进行保险活动的行为准则,始终贯穿整个保险业务,有效地起到了维护保险双方的合法权益,保障人们的生活安定,促进社会进步的作用,让保险的职能和作用得到了更好的发挥。

图1-6 保险基本原则

二、损失补偿原则

损失补偿原则是指保险合同生效后,当保险标的发生保险责任范围内的损失时,通过保险赔偿,使被保险人恢复到受灾前的经济原状,但不能因损失而获得额外收益。

损失补偿原则主要适用于财产保险以及其他补偿性保险合同。基本含义包含两层:

一是只有保险事故发生造成保险标的毁损致使被保险人遭受经济损失时,保险人才承担损失补偿的责任,否则,即使在保险期限内发生了保险事故,但被保险人没有遭受损失,就无权要求保险人赔偿。这是损失补偿原则质的规定。

二是被保险人可获得的补偿量仅以其保险标的在经济上恢复到保险事故发生之前的状态,而不能使被保险人获得多于或少于损失的补偿,尤其是不能让被保险人通过保险获得额外的收益。这是损失补偿原则的量的限定。

(一)遵循损失补偿原则的意义

1. 维护保险双方的正当权益

坚持损失补偿原则能真正发挥保险的损失补偿功能,同时也维护了保险双方的正当权益。对被保险人而言,保险事故造成的经济损失能得到保险公司及时的补偿,生产生活能及时得到恢复;对保险公司而言,其权益也通过损失补偿的限额得到了保护。

2. 防止道德风险的发生

保险本来就是为了分摊人们的风险损失,如果没有损失补偿原则的约束,很可能被利用而成为一种盈利的工具。损失补偿原则中关于有损失则赔偿、无损失无赔偿的规定,还有被保险人所获得的补偿总额不能超过其损失总额的规定,都可以防止被保险人通过保险赔偿得到额外利益,从而防止被保险人故意购买高额保险,以获得赔款为目的而故意制造事故。因此,坚持损失补偿原则避免了通过保险来谋利的现象,有利于防止道德风险的发生。

(二)损失补偿原则的限额规定

在实施损失补偿的过程中,不同损失状态下有不同的补偿限额规定,见表1-14。如果三者相抵触,以最小的作为赔偿限额。

损失补偿限额规定 表1-14

以实际损失为限	以保险金额为限	以保险利益为限
以被保险人的实际损失为限进行保险补偿,这是一个基本限制条件,即当被保险人的财产遭受损失后,保险赔偿应以被保险人所遭受的实际损失为限。在实际赔付中,由于财产的价值经常发生变动,所以,在处理赔案时,应以财产损失当时的实际价值为准,按照被保险人的实际损失进行计算赔付	保险金额是保险人承担赔偿日或给付责任的最高限额。赔偿金额不能高于保险金额。另外,保险金额是保险人收取保险费的基础和依据。如果赔偿超过保险金额,则会使保险人处于不平等地位。即使在通货膨胀的条件下,被保险人的实际损失往往会超过保险金额,也必须受此因素的制约	发生保险事故造成损失后,被保险人在索赔时,首先必须对受损的标的具有保险利益,而保险人的赔付金额也必须以被保险人对该标的所具有的保险利益为限

(三)损失补偿原则的派生原则

1. 保险代位原则

保险代位包括代位求偿权和物上代位权。

1)代位求偿权

代位求偿权(又称代位追偿权)是指当保险标的因遭受保险事故而造成损失,依法应当由第三者承担赔偿责任时,保险人自支付保险赔偿金之日起,在赔偿金额的限度内,相应取得向负有责任的第三者请求赔偿的权利。

(1)取得代位求偿权的前提条件。

代位求偿权是债权的代位,即保险人拥有代替被保险人向责任方请求赔偿的权利。保险人行使代位求偿权,需要具备以下3个前提条件:

第一,保险标的损失原因是保险事故,同时是由于第三者行为所致。这样被保险人对保险人和第三者同时存在赔偿请求权,他既可以依据保险合同向保险人要求赔偿,也可以依据法律向第三者要求赔偿。

第二,被保险人未放弃向第三者的赔偿请求权。如果被保险人放弃了对第三者请求赔偿的权利,则保险人在赔偿被保险人的损失之后就无权行使代位求偿权。

第三,保险人取得代位求偿权是在按照保险合同履行了赔偿责任之后。因为,代位求偿权是债权的转移,在此项债权转移之前,被保险人与第三者之间特定的债的关系与保险人无关。保险人只有按照保险合同的规定向被保险人赔付保险金之后,才依法取得对第三者请求赔偿的权利。

(2)代位求偿权的权益范围。

就保险人而言,首先,其行使代位求偿权的权限只能限制在赔偿金额范围以内。即如果保险人向第三者追偿到的款额小于或等于赔付给被保险人的款额,那么追偿到的款额归保险人所有;如果追偿所得的款额大于赔付给被保险人的款额,其超过部分应归还给被保险人所有。其次,保险人不得干预被保险人就未取得保险赔偿的部分向第三者请求赔偿。《中华人民共和国保险法》规定:"保险人依照本条第一款规定行使代位请求赔偿的权利,不影响被保险人就未取得赔偿的部分向第三者请求赔偿的权利。"第三,保险人为满足被保险人的特殊需要或者在追偿费用超过可能获得的赔偿额时,也会放弃代位求偿权。

就投保人而言,不能损害保险人的代位求偿权并要协助保险人行使代位求偿权。首先,如果被保险人在获得保险人赔偿之前放弃了向第三者请求赔偿的权利,那么,就意味着他放弃了向保险人索赔的权利。其次,如果被保险人在获得保险人赔偿之后未经保险人同意而放弃对第三者请求赔偿的权利,该行为无效。第三,如果发生事故后,被保险人已经从第三者取得赔偿或者由于过错致使保险人不能行使代位求偿权,保险人可以相应扣减保险赔偿金。第四,在保险人向第三者行使代位求偿权时,被保险人应当向保险人提供必要的文件和其所知道的有关情况。

(3)代位求偿原则的行使对象。

根据代位求偿权的一般原理,任何对保险标的损失负有赔偿责任的第三者都可以成为代位求偿权的行使对象。但是,《中华人民共和国保险法》规定:"除被保险人的家庭成员或者其组成人员故意制造保险事故造成保险标的损失以外,保险人不得对被保险人的家庭成员或者其组成人员行使代位请求赔偿的权利。"

2) 物上代位权

物上代位权是指保险标的因遭受保险事故而发生全损时,保险人在全额支付保险赔偿金之后,依法拥有对该保险标的物的所有权,即代位取得受损保险标的物上的一切权利。

物上代位权的取得一般是通过委付实现的。委付是被保险人在保险标的处于推定全损状态时,用口头或书面形式提出申请,愿意将保险标的所有权转移给保险人,并请求保险人全部赔偿的行为。委付是被保险人放弃物权的法律行为,是一种经常用于海上保险的赔偿制度。保险人在接受委付的情况下,不仅取得保险标的物上的权利,还包括标的物项下所应承担的义务。因此,保险人是否接受委付应谨慎从事。

物上代位是一种所有权的代位。与代位求偿权不同,保险人一旦取得物上代位权,就拥有了该受损标的之所有权。处理该受损标的所得的一切收益归保险人所有,即使该利益超过保险赔款,仍归保险人所有。但在不足额保险中,保险人只能按照保险金额与保险价值的比例取得受损标的之部分权利。

2. 损失分摊原则

1) 损失分摊原则的含义与意义

分摊原则是在被保险人重复保险的情况下产生的补偿原则的一个派生原则,即在重复保险情况下,被保险人所能得到的赔偿金由各保险人采用适当的方法进行分摊,从而所得的总赔偿金额不得超过实际损失额。

在重复保险的情况下,保险事故发生后,若被保险人就同一损失向不同的保险人索赔,就有可能获得超额赔款,这显然是违背损失补偿原则的。因此,确立重复保险的分摊原则可以防止被保险人利用重复保险在保险人之间进行多次索赔,获得多于实际损失额的赔偿金,从而确保了损失补偿原则的顺利实现。在重复保险的情况下,坚持被保险人的损失在保险人之间进行分摊,必须公开多个保险人就同一危险所承保的份额及其所收取的保费,合理负担相应的保险赔偿责任,从而维护社会公开、公正和公平原则。

2) 损失分摊的方法

在重复保险的情况下,保险人如何分摊损失后的赔款,各国做法有所不同。其主要分摊方法见表1-15。

重复保险损失分摊方法 表1-15

分摊方法	分摊计算
比例责任制(保险金额比例分摊制)	某保险人分摊的赔款=(某保险人承保的保险金额/各保险人承保的保险金额总和)×损失金额
限额责任制(赔款额比例责任制)	某保险人分摊的赔款=(某保险人独立承担的赔偿限额/各保险人独立承担的赔偿限额总和)×损失金额
顺序责任制(主要保险制)	先订立保单的保险人首先负责赔偿,当赔偿不足时再由其他保险人依次承担不足的部分

顺序责任制对有的保险人有失公平,因而各国实务中已不采用该法,多采用前两种分摊方法。《中华人民共和国保险法》规定:"重复保险的投保人应当将重复保险的有关情况通知各保险人。重复保险的各保险人赔偿保险金的总和不得超过保险价值。除合同另有约定外,各保险人按照其保险金额与保险金额总和的比例承担赔偿保险金的责任。"可见,我国一般采用比例责任制的分摊方法。

项目二　汽车保险承保

 项目概述

　　汽车保险的承保即是保险公司与投保人就汽车的保险达成正式协议的过程，也就是签订汽车保险合同。在汽车保险服务流程中，承保是一个非常重要的工作环节。

　　保险产品不同于一般商品，它具有一定的无形性。消费者只能根据保险合同相关条款来理解保险的功能和作用，汽车保险也同样如此。近年来，随着汽车和保险市场的发展，人们对汽车保险产品的了解越来越多，但值得注意的是：一部分消费者就算年年买保险，却还是感觉对汽车保险如雾里看花，似懂非懂，保险纠纷也屡见不鲜。所以，如何帮助客户正确签订和履行保险合同，保证客户的合法权益，提升客户满意度，既是客户服务的要求，也是保险公司提升市场竞争力，实现规模与效益目标的保证。

 主要学习任务

1. 汽车保险合同认知。
2. 汽车保险合同的签订。
3. 汽车保险合同的履行。
4. 汽车保险合同纠纷处理。

学习任务1　汽车保险合同认知

 **任务描述**

　　李明先生确定了自己的投保方案，决定在4S店买保险，他大概看了看某保险公司的保险条款，当服务人员准备帮他录入投保信息，问他被保险人是否是车主时，他有点疑惑，问："被保险人是什么意思呢？"看来李明先生对保险合同了解太少，你能为李明先生解释保险合同中的专用名词及保险合同的基本内容吗？

学习目标

知识目标

1. 能论述汽车保险合同基本要素。
2. 能论述汽车保险合同基本内容。
3. 能描述保险合同涉及的相关单证。

能力目标

1. 能为客户解释汽车保险的相关专业术语。
2. 能为客户介绍保险合同的基本内容。

素质目标

1. 能在客户服务过程中保持专业、诚信、可靠、高效的服务意识。
2. 能具备严谨、负责的工作态度。
3. 具备法律意识、规则意识,本着社会责任感去坚守和弘扬。

建议学时:2学时。

知识准备

一、汽车保险合同的主体

汽车保险合同的主体是指参加汽车保险这一民事法律关系并享有权利和承担义务的人,常见的有保险合同当事人、保险合同关系人和保险合同辅助人三类。

1. 汽车保险合同当事人

《中华人民共和国保险法》第十条规定:"保险合同是投保人与保险人约定保险权利义务关系的协议"。

保险人和投保人是订立并履行合同的自然人、法人或其他组织,我们称之为保险合同的当事人,如图2-1所示。

投保人,又称要保人,是指与保险人订立保险合同,并负有交付保险费义务的人。投保人应具备下列两个条件:一是具备民事权利能力和民事行为能力。二是对保险标的须具有保险利益,在人身保险中对此要求最为严格。

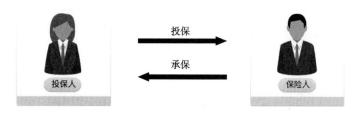

图 2-1　保险人和投保人的关系

保险人,也称承保人,是与投保人订立合同,收取保险费,在保险事故发生时,对被保险人承担赔偿损失责任的人。在我国,专指保险公司。保险人经营汽车保险业务除必须取得国家有关管理部门授予的资格外,还必须在其规定的业务范围内开展经营活动。

2. 汽车保险合同关系人

保险合同的关系人是指不直接参与保险合同的签订,但在合同签订生效后以及在履行过程中对其有利害关系的人,主要包括被保险人和受益人。

签订汽车保险合同时,投保人和保险人需要确定被保险人。

被保险人是指其财产或者人身受保险合同保障,享有保险金请求权的人。投保人可以为被保险人。被保险人可以是自然人、法人,也可以是其他社会组织,但须具备下列条件:

(1) 被保险人是保险事故发生时遭受损失的人。《中华人民共和国保险法》第十二条规定:"财产保险的被保险人在保险事故发生时,对保险标的应当具有保险利益。"也就意味着一旦发生保险事故,被保险人将遭受损害。但在财产保险与人身保险中,被保险人遭受损害的形式是不尽相同的。在汽车损失保险中,因保险事故直接遭受损失的是保险标的,即被保险车辆,被保险人则因保险标的的损害而遭受经济上的损失。

(2) 被保险人是享有保险金赔偿请求权的人。由于保险合同可以为他人的利益而订立,因而投保人没有保险赔偿金的请求权,只有请求保险人向被保险人或受益人给付保险赔偿金的权利。

汽车保险合同中,汽车所有人、使用人、保管人等与被保险车辆有保险利益的人均可以作为投保人和被保险人。签订保险合同时,被保险人的指定和填写非常重要,直接关系到能否获得保险赔偿的问题。

3. 汽车保险合同辅助人

在汽车保险合同签订和履行过程中,还有一些提供服务的机构,通常称为保险合同辅助人,常见的有保险代理人、保险经纪人、保险公估人。

(1) 保险代理人。

保险代理人是根据保险人的委托,向保险人收取佣金,并在保险人授权的范围内代为办理保险业务的机构或者个人。汽车保险代理机构包括专门从事汽车保险代理业务的保险专业代理机构和兼营汽车保险代理业务的保险兼业代理机构。常见的汽车保险兼业代理机构就是4S店(图2-2)。

保险人委托保险代理人代为办理保险业务,应当与保险代理人签订委托代理协议,依法约定双方的权利和义务。保险代理人根据保险人的授权代为办理保险业务的行为,由保险人承担责任。保险代理人没有代理权、超越代理权或者代理权终止后以保险人名义订立合同，使投保人有理由相信其有代理权的，该代理行为有效。保险人可以依法追究越权的保险代理人的责任。

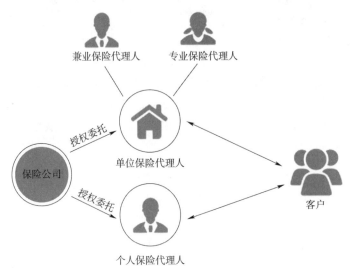

图 2-2　保险代理人

（2）保险经纪人。

保险经纪人是基于投保人的利益，为投保人与保险人订立保险合同提供中介服务，并依法收取佣金的机构，如图 2-3 所示。保险经纪人因过错给投保人、被保险人造成损失的，依法承担赔偿责任。近几年来，我国寿险经纪公司发展迅速。

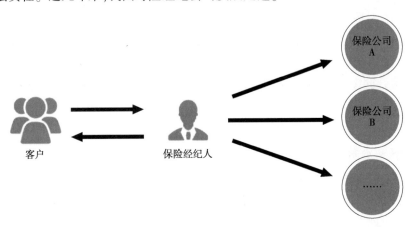

图 2-3　保险经纪人

（3）保险公估人。

保险公估人是指经保险当事人委托，为其办理保险标的的查勘、鉴定、估价和保险赔偿的清算洽谈等业务并予以证明的人。保险公估人可以接受保险人的委托，也可以接受投保人或被保险人的委托，并向委托人收取公估费用。保险公估人接受当事人委托后，独立执行业务。在保险业发达的国家和地区，保险公估人因其能合理地维护当事人各方的利益，因此对维护保险业健康发展具有重要作用。在我国汽车保险市场,从事汽车保险事故查勘定损工作的汽车保险公估人有很多。

二、汽车保险合同的内容

汽车保险合同的内容,是指汽车保险合同当事人的权利和义务。由于汽车保险合同一般都是依照保险人预先拟定的保险条款订立的,因而,保险合同成立后,双方的权利义务主要体现在这些条款之中,保险合同的条款可分为基本条款和特约条款两种类型。

1. 基本条款

基本条款是指法律规定保险合同必须具备的条款,《中华人民共和国保险法》第十八条规定保险合同的必备条款有10项。

(1)保险人名称和住所。

在我国,保险人专指保险公司,其名称需与保险监督管理机构和工商行政管理机关批准和登记的名称一致,住所指其主营业场所所在地。

(2)投保人、被保险人名称和住所,以及人身保险中的受益人的名称和住所。

确认投保人、被保险人的名称和住所,以及人身保险的受益人的名称和住所主要是为了明确保险合同当事人、关系人,确定合同权利义务的享有者和承担者,明确保险合同的履行地点,确定保险合同纠纷的诉讼管辖。

(3)保险标的。

保险标的作为保险对象的财产及其有关利益或人的生命和身体,是保险利益的载体。

保险标的如为财产和有关利益,应包括该标的的具体坐落地点,有的还包括利益关系。保险标的如为人的生命和身体,应包括被保险人的性别、年龄,有的还包括被保险人的职业、健康情况,视具体险种而定。

将保险标的作为保险合同的基本条款的法律意义是:确定保险合同的种类,明确保险人承保责任的范围及保险法规定的适用;判断投保人是否具有保险利益及是否存在道德风险;确定保险价值及赔偿数额;确定诉讼管辖等。

(4)保险责任和责任免除。

保险责任是保险合同约定的保险事故或事件发生后,保险人应承担的保险金赔偿和给付责任。保险合同需要约定保险公司承担责任的范围。

责任免除是指保险合同中规定保险公司不负赔偿或给付责任的范围,是对保险责任的限制。其法律意义在于进一步明确保险责任范围,避免保险公司过度承担责任。

(5)保险期间和保险责任开始时间。

保险期限也称保险期间,指保险合同的有效期限,即保险合同双方当事人履行权利和义务的起讫时间。

由于保险期限一方面是计算保险费的依据之一,另一方面又是保险人和被保险人双方履行权利和义务的责任期限,所以,它是保险合同的主要内容之一。

保险合同的保险期间,通常有两种计算方法,详见表2-1。

保险期间计算方法　　　　　　　　表2-1

方　法	内　容
用年、月、日确定保险期限	如汽车保险一般为1年，期满后可以再续订合同。人身保险的保险期限较长，有5年、10年、20年、30年等。对于具体的起讫时间，各国法律规定不同。我国目前的保险条款通常规定保险期限为约定起保日的零时开始到约定期满日24时止。 2014版示范条款允许通过合同约定起讫时间
以某一事件的始末确定保险期限	如货物运输保险、运输工具保险有可能以一个航程为保险期限，而建筑安装工程则以工程施工日至预约验收日为保险期限

(6) 保险金额。

保险金额是指一个保险合同中约定的保险公司承担赔偿或给付保险金责任的最高限额，即投保人对保险标的的实际投保金额，同时又是保险公司收取保险费的计算基础。

财产保险合同中，包括汽车保险，对保险价值的估价和确定直接影响保险金额的大小。人身保险合同中，人身的价值无法衡量，保险金额是人身保险合同双方约定的、由保险人承担的最高给付的限额或实际给付的金额。

(7) 保险费以及支付办法。

保险费是指投保人或被保险人为获得保险保障而支付给保险人的费用。保险费是保险基金的来源。保险费的数额与保险金额的大小、保险费率的高低和保险期限的长短成正比，即保险金额越大，保险费率越高，保险期限越长，保险费也就越多。交纳保险费是投保人的义务。如投保人不按期交纳保险费，可能导致保险合同不生效或失效。汽车保险中，投保人需在保单打印前一次性交纳保险费。

(8) 保险金赔偿或者给付办法。

保险金赔偿或者给付办法是指保险人承担保险责任的具体办法，由双方在合同中约定。在财产保险中，将约定按一定的方式计算赔偿额，在人身保险合同中约定以保险金额为限定额给付。

(9) 违约责任和争议处理。

违约责任是指保险合同当事人不履行合同约定的义务所应当承担的后果。保险合同必须列明违约责任。争议处理方式是指保险合同发生争议后的处理方式，包括协商、仲裁和诉讼。具体使用何种方式由当事人协商约定。如无事先约定，一方当事人可在争议发生后直接向人民法院起诉。

(10) 订立合同的日期。

2. 特约条款

保险合同特约条款是指保险合同的当事人在合同基本条款之外，为履行特殊义务而特别约定的条款。特约条款是由保险合同当事人自由约定的。保险合同的特约条款包括附加条款、保证条款等。

附加条款多是关于当事人双方权利义务的特别约定，因具体合同而异。一般在保单空白处批注或者使用批单的方式。一般都是对基本条款的修改或变更，其效力优于基本条款。

保证条款是指投保人或者被保险人就特定事项担保的条款,即保证某种行为或事实的真实性条款。

三、汽车保险合同的单证

在订立和履行保险合同过程中形成的所有文件和书面材料都是保险合同的组成部分。汽车保险常用的单证主要有投保单、保险单、批单等。

1. 投保单

投保单,又称要保单或保险申请书,是投保人向保险人申请订立保险合同的书面文件。

投保单的主要内容是投保人、被保险人和保险标的的情况和事实以及投保内容。投保单一经保险人审核并签章,保险合同即成立,投保单也成为保险合同的组成部分。

签订汽车保险投保单时,保险公司往往会附上保险条款的《免责事项说明书》要求客户签署。

2. 保险单

保险单,又称保单,是指保险合同成立后,保险人向投保人(被保险人)签发的正式书面凭证。保险公司在签发保单时,需附保险条款。

保险单由保险人制作,正本签章后交付投保人。《中华人民共和国保险法》第十三条规定:"保险人应当及时向投保人签发保险单或者其他保险凭证。"

3. 批单

批单,又称背书,是保险人应投保人或被保险人的要求出立的修订或更改保险单内容的证明文件。

随着互联网保险电子商务的发展,很多保险公司都已经开始使用电子保单。投保人在网上签字确认投保,投保成功后,可以随时登录保险公司官网或者使用App查询保单,打印发票。以前的保险凭证和交强险标志也都不再使用了。

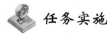
任务实施

一、任务目的

运用所掌握的保险合同知识,为李明先生提供投保服务,为他讲解在填写或录入投保单过程中涉及的专业名词、合同内容及单证相关问题。

二、计划与决策

(1)确定分组及分工:3人一组,小组成员分别扮演李明先生、保险服务人员和观察员。

(2)帮助客户填写或者录入投保单的过程是客户提交投保申请的过程,是签订合同的第一步,服务人员需要保持严谨的工作作风,对客户提出的问题进行充分的讲解,避免因为合同签订的错误导致理赔中出现纠纷,影响保险公司服务质量。所以,服务人员对保险合同本身及相关法律规定要熟悉,语言表达要专业、准确。

三、实施与控制

(1)准备本学习任务需要的资料和设备。

_____

(2)收取客户投保资料,完成初审。

_____

(3)回答李明先生关于被保险人概念的疑问,为他提供填写投保人、被保险人信息的建议。

_____
_____
_____

(4)在仿真实训平台录入投保单。

操作提示:

①被保险人、保险标的等信息的录入属于投保人履行合同告知义务的过程,服务人员需要提醒并指导客户准确填写、诚信告知。

②指导客户填写投保信息的同时,需要为李明先生介绍保险合同的主要内容,重点是投保时与保险公司约定的主要事项及细则,如:

保险标的:_____

保险责任和责任免除:_____

_____

保险期间的选择:_____
保险金额或责任限额的确定:_____
保险费及支付办法:_____
保险金赔偿办法:_____
争议处理方式选择:_____

(5)展示与交流:各小组展示投保单,组间讨论交流投保中出现的问题。

四、总结与评价

综合评价表见表 2-2。

综合评价表   表 2-2

综合考评		自我评价	小组互评	教师评价	企业导师评价
素质考评 (40 分)	能保持干净整齐的个人仪容仪表,保持良好仪态(5 分)				
	能正确遵守服务礼仪(5 分)				
	与客户交谈的语气、语速、语调恰当(10 分)				
	能保持诚实、耐心、严谨和热情(10 分)				
	积极向客户宣传诚实守信、遵纪守法(10 分)				

续上表

综合考评		自我评价	小组互评	教师评价	企业导师评价
技能考评(60分)	能正确给客户讲解保险合同涉及的专用名词(15分)				
	能正确回答客户关于保险合同内容的咨询(15分)				
	能正确指导客户填写投保信息(15分)				
	通过专业服务实现客户满意(15分)				
本次得分(总分100分)					
最终得分(平均得分)					

知识拓展——保险合同的特征和分类

一、保险合同的特征

保险合同作为一种特殊的民商合同,除具有一般合同的法律特征外,还具有一些特有的法律特征,汽车保险合同也是一样。

1. 保险合同是最大诚信合同

任何合同的订立和履行都应当遵守诚实守信原则。但是,由于保险合同双方信息不对称,因此对诚信的要求就远远高于其他合同。

一方面,对保险人而言,保险标的在投保前或投保后均在投保方的控制之下,保险人对保险标的的相关信息通常只能根据投保人的告知而获得。我们要求投保人在订立保险合同时,应将与保险标的有关的重要事实以口头或书面形式向保险人作真实陈述,保险人由此来决定是否承保以及承保的条件。所以,投保人的道德因素和信用状况对保险经营来说关系极大。

另一方面,保险经营的复杂性和技术性使得保险人在保险关系中处于有利地位,而投保人处于不利地位。因此,保险合同较一般合同更需要诚信,即保险合同应是最大诚信合同。

2. 保险合同是双务合同

双务合同是指合同双方当事人相互享有权利、承担义务的合同。在保险合同成立生效后,投保方与保险方均应履行约定义务。投保方的义务是支付保险费、防灾防损、危险增加的通知等,保险方的义务是提供经济保障、发生约定事故时履行赔偿责任、协助被保险人防灾防损等。

3. 保险合同是附合合同

附合合同是指合同内容一般不是由当事人双方共同协商拟定,而是由一方当事人事先拟定,印就好格式条款供另一方当事人选择,另一方当事人只能作取与舍、接受与否的决定,无权拟定合同的条文。

保险合同是典型的附合合同,因为保险合同的基本条款由保险人事先拟定并经监管部门审批,而投保人往往缺乏保险知识,不熟悉保险业务,很难对保险条款提出异议。所以,投保人购买保险就表示同意保险合同条款,即使需要变更合同的某项内容,也必须经保险人同意,办理变更手续,有时还需要增缴保费,合同方才有效。

4. 保险合同是有偿合同

有偿合同是指因为享有一定的权利而必须偿付一定对价的合同。保险合同以投保人支付保险费作为对价换取保险人对风险的保障,投保人的对价是向保险人支付保险费,保险人的对价是承担投保人转移的风险。

5. 保险合同是射幸合同

合同当事人一方并不必然履行义务,而只有当合同中约定的条件具备或合同约定的事件发生时才履行,即合同履行的效果在订约时不能确定,此类合同称为射幸合同。

保险合同是一种典型的射幸合同。投保人根据保险合同支付保险费的义务是确定的,而保险人仅在保险事故发生时承担赔偿或给付义务,即保险人的义务是否履行在保险合同订立时尚不确定,而是取决于偶然的、不确定的保险事故是否发生。但保险合同的射幸性是就单个保险合同而言的,而且是仅就有形保障而言的。

二、保险合同的分类

根据各保险合同所具备的不同特征,可以将其进行不同的分类,常见的有以下几种:

(1)按照合同的性质分类,保险合同可以分为补偿性保险合同和给付性保险合同,详见表2-3。

不同性质的合同分类　　　　　　表2-3

合同类别	合同特征	常见合同举例
补偿性保险合同	保险人的责任以补偿被保险人的经济损失为限,并不得超过保险金额的合同	各类财产保险合同; 人身保险中的医疗费用保险合同; 汽车保险合同

续上表

合同类别	合同特征	常见合同举例
给付性保险合同	保险金额由双方事先约定。在保险事件发生或约定的期限届满时,保险人按合同规定的标准金额给付的合同	各类寿险合同

(2)在各类财产保险中,依据保险价值在订立合同时是否确定,保险合同分为定值保险合同和不定值保险合同。

定值保险合同是指在订立保险合同时,投保人和保险人已确定保险标的的保险价值,并将其载明于合同中的保险合同。定值保险合同成立后,一旦发生保险事故,保险合同当事人应以事先确定的保险价值作为保险人确定赔偿金数额的计算依据。如果保险事故造成保险标的全部损失,无论该保险标的实际损失如何,保险人均应支付合同所约定的保险金额的全部,不必对保险标的重新估价;如果仅造成保险标的部分损失,则只需要确定损失的比例。该比例与保险价值的乘积,即为保险人应支付的赔偿金额。在保险实务中,定值保险合同多适用于某些不易确定价值的财产,如农作物保险、货物运输保险以及以字画、古玩等为保险标的的财产保险合同。

不定值保险合同是指订立保险合同时不预先约定保险标的的保险价值,仅载明保险金额作为保险事故发生后赔偿最高限额的保险合同。在不定值保险合同条件下,一旦发生保险事故,保险合同当事人需确定保险价值,并以此作为保险人确定赔偿金数额的计算依据。通常情况下,受损保险标的的保险价值以保险事故发生时当地同类财产的市场价格来确定,但保险人对保险标的所遭受损失的赔偿不得超过合同所约定的保险金额。如果实际损失大于保险金额,保险人的赔偿责任仅以保险金额为限;如果实际损失小于保险金额,则保险人的赔偿不会超过实际损失。大多数财产保险业务,包括汽车保险均采用不定值保险合同的形式。

(3)按照承担风险责任的方式分类,保险合同可分为单一风险合同、综合风险合同和一切险合同,详见表2-4。

不同风险责任的保险合同分类 表2-4

合同类别	合同特征
单一风险合同	只承保一种风险责任的保险合同。如农作物雹灾保险合同,只对于冰雹造成的农作物损失负责赔偿
综合风险合同	承保两种以上的多种特定风险责任的保险合同。这种保险合同必须一一列明承保的各项风险责任,只要损失是由于所保风险造成的,保险人就负责赔偿
一切险合同	保险人承保合同中列明的除外不保风险以外的一切风险。所谓一切险合同,并非意味着保险人承保一切风险,即保险人承保的风险仍然是有限制的,但这种限制通过列明除外不保风险的方式来设立。在一切险合同中,保险人并不列举规定承保的具体风险,而是以"责任免除"条款确定其不承保的风险。也就是说,凡未列入责任免除条款中的风险均属于保险人承保的范围

(4)根据保险金额与出险时保险价值对比关系,保险合同可分为足额保险合同、不足额保险合同和超额保险合同,详见表2-5。

不同保险金额确定方式的保险合同分类　　　　　表2-5

合同类别	合同特征	赔偿的一般处理方式
足额保险合同	保险金额等于保险事故发生时的保险价值的保险合同	足额保险,足额赔偿
不足额保险合同	保险金额小于保险事故发生时的保险价值的保险合同	按照保险金额与保险价值的比例承担赔偿责任
超额保险合同	保险金额大于保险事故发生时的保险价值的保险合同	超额保险,超过部分则无效

学习任务2　汽车保险合同的签订

保险服务人员已经指导李明先生录入了投保信息,系统给出了保费报价,李明先生很想了解保费是怎么计算出来的,有没有给予应有的优惠,请你为李明先生解释相关问题。

知识目标

1.能描述交强险和商业保险的保费计算规则。

2.能论述汽车保险合同承保流程。

3.能描述汽车保险核保的内容及意义。

能力目标

1.能为客户解释汽车保险保费计算的相关问题。

2. 能完成汽车保险核保及收费签单。

3. 能按照最大诚信原则的要求,就保险条款对客户尽到告知义务。

素质目标

1. 能在客户服务过程中保持专业、诚信、可靠、高效的服务意识。

2. 能具备严谨、负责的工作态度。

3. 具备法律意识、规则意识,本着社会责任感去坚守和弘扬。

建议学时:6 学时。

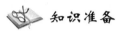 知识准备

保险承保过程就是签订汽车保险合同的过程,是指保险公司在投保人提出保险申请后,与投保人协商,审核并就合同的内容取得一致意见的过程。承保是保险公司经营活动的重要环节,其工作的质量在很大程度上决定着保险企业经营的效益和稳定。

广义来讲,保险承保包括了保险的全过程,通常情况下,其业务流程主要包括保险公司向投保人介绍条款和履行明确说明义务、录入投保信息、保险公司验车验证、核保、收费并签发单证、单证归档、客户回访、单证批改等环节,如图2-4所示。

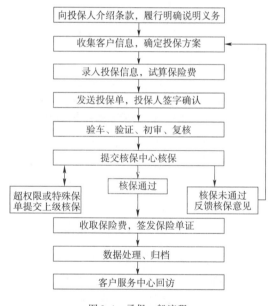

图 2-4 承保一般流程

一、保险公司向投保人介绍条款和履行明确说明义务

保险公司应向投保人提供投保单,并附保险条款,同时向投保人介绍保险条款,主要包括保险责任、保险金额、责任限额、保险价值、责任免除、赔偿处理等内容。

保险公司应当依法履行如实告知义务,以便投保人准确理解自己的合同权利与义务。保险公司应提示投保人阅读条款,尤其是对条款中的责任免除部分,并对相关问题进行详细解释。如果投保人确认已获告知并同意投保,应让其在投保单或《免责事项说明书》等相关

文件的投保人声明处签名。

当然,保险公司也需提示投保人如实告知并提供身份证明及行驶证复印件等相关告知资料。同时,还应提示投保人不履行如实告知义务可能导致的法律后果。

二、录入投保信息

投保单是投保人申请订立保险合同的书面要约,是投保人履行如实告知义务的书面材料,当然也是保险公司承保所需的重要文件。保险服务人员应指导投保人真实、准确地填写投保单的各项信息,并同时提供投保人身份证、被保险人身份证、车辆行驶证或新车购置发票复印件等证明材料。

目前,大多数投保单是由保险服务人员根据客户提供的资料直接录入系统。如果客户自助投保,可根据提示自行录入。

投保信息包括投保人、被保险人的姓名(名称)、性别、年龄、住所、身份证号码(组织机构代码),包括车牌号、VIN 码、车型及主要参数等在内的被保险机动车信息、保险期间、投保险种及相应的保险金额、责任限额或免赔额等,最后需要投保人签名确认。一般保险公司都有平台供客户在网上确认并签名。

三、试算保险费(以 2020 年车险综合改革新费率为例)

1. 交强险的保费计算

1)交强险基础保费

交强险保费标准全国统一,目前,保险行业使用的是 2008 版交强险基础费率,见表 2-6。

表 2-6 机动车交通事故责任强制保险基础费率表(2008 版)

车辆大类	序号	车辆明细分类	保费(元)
一、家庭自用车	1	家庭自用汽车 6 座以下	950
	2	家庭自用汽车 6 座及以上	1100
二、非营业客车	3	企业非营业汽车 6 座以下	1000
	4	企业非营业汽车 6~10 座	1130
	5	企业非营业汽车 10~20 座	1220
	6	企业非营业汽车 20 座以上	1270
	7	机关非营业汽车 6 座以下	950
	8	机关非营业汽车 6~10 座	1070
	9	机关非营业汽车 10~20 座	1140
	10	机关非营业汽车 20 座以上	1320
三、营业客车	11	营业出租租赁 6 座以下	1800
	12	营业出租租赁 6~10 座	2360
	13	营业出租租赁 10~20 座	2400
	14	营业出租租赁 20~36 座	2560

续上表

车辆大类	序号	车辆明细分类	保费(元)
三、营业客车	15	营业出租租赁36座以上	3530
	16	营业城市公交6~10座	2250
	17	营业城市公交10~20座	2520
	18	营业城市公交20~36座	3020
	19	营业城市公交36座以上	3140
	20	营业公路客运6~10座	2350
	21	营业公路客运10~20座	2620
	22	营业公路客运20~36座	3420
	23	营业公路客运36座以上	4690
四、非营业货车	24	非营业货车2t以下	1200
	25	非营业货车2~5t	1470
	26	非营业货车5~10t	1650
	27	非营业货车10t以上	2220
五、营业货车	28	营业货车2t以下	1850
	29	营业货车2~5t	3070
	30	营业货车5~10t	3450
	31	营业货车10t以上	4480
六、特种车	32	特种车一	3710
	33	特种车二	2430
	34	特种车三	1080
	35	特种车四	3980
七、摩托车	36	摩托车50CC及以下	80
	37	摩托车50~250CC（含）	120
	38	摩托车250CC以上及侧三轮	400
八、拖拉机	39	兼用型拖拉机14.7kW及以下	按保监产险〔2007〕53号实行地区差别费率
	40	兼用型拖拉机14.7kW以上	
	41	运输型拖拉机14.7kW及以下	
	42	运输型拖拉机14.7kW以上	

注：1.座位和吨位的分类都按照"含起点不含终点"的原则来解释。

2.特种车一：油罐车、汽罐车、液罐车；特种车二：专用净水车、特种车一以外的罐式货车，以及用于清障、清扫、清洁、起重、装卸、升降、搅拌、挖掘、推土、冷藏、保温等的各种专用机动车；特种车三：装有固定专用仪器设备从事专业工作的监测、消防、运钞、医疗、电视转播等的各种专用机动车；特种车四：集装箱拖头。

3.挂车根据实际的使用性质并按照对应吨位货车的30%计算。

4.低速载货汽车参照运输型拖拉机14.7kW以上的费率执行。

5.低速载货汽车与三轮汽车不执行交强险费率浮动。

2) 交强险费率浮动

交强险保费实行与被保险机动车道路交通安全违法行为、交通事故记录相联系的浮动机制。

$$交强险最终保险费 = 交强险基础保险费 \times (1 + 与道路交通事故相联系的浮动比率 X)$$

X 取 A~E 方案其中之一对应的值。

(1) 内蒙古、海南、青海、西藏 4 个地区实行以下费率调整方案 A，见表 2-7。

方案 A　　　　　　　　　　　表 2-7

方　案	浮动因素	浮动比率(%)
与道路交通事故相联系的浮动方案 A	A1，上一个年度未发生有责任道路交通事故	-30
	A2，上两个年度未发生有责任道路交通事故	-40
	A3，上三个及以上年度未发生有责任道路交通事故	-50
	A4，上一个年度发生一次有责任不涉及死亡的道路交通事故	0
	A5，上一个年度发生两次及两次以上有责任道路交通事故	10
	A6，上一个年度发生有责任道路交通死亡事故	30

(2) 陕西、云南、广西 3 个地区实行以下费率调整方案 B，见表 2-8。

方案 B　　　　　　　　　　　表 2-8

方　案	浮动因素	浮动比率(%)
与道路交通事故相联系的浮动方案 B	B1，上一个年度未发生有责任道路交通事故	-25
	B2，上两个年度未发生有责任道路交通事故	-35
	B3，上三个及以上年度未发生有责任道路交通事故	-45
	B4，上一个年度发生一次有责任不涉及死亡的道路交通事故	0
	B5，上一个年度发生两次及两次以上有责任道路交通事故	10
	B6，上一个年度发生有责任道路交通死亡事故	30

(3) 甘肃、吉林、山西、黑龙江、新疆 5 个地区实行以下费率调整方案 C，见表 2-9。

方案 C　　　　　　　　　　　表 2-9

方　案	浮动因素	浮动比率(%)
与道路交通事故相联系的浮动方案 C	C1，上一个年度未发生有责任道路交通事故	-20
	C2，上两个年度未发生有责任道路交通事故	-30
	C3，上三个及以上年度未发生有责任道路交通事故	-40
	C4，上一个年度发生一次有责任不涉及死亡的道路交通事故	0
	C5，上一个年度发生两次及两次以上有责任道路交通事故	10
	C6，上一个年度发生有责任道路交通死亡事故	30

(4) 北京、天津、河北、宁夏 4 个地区实行以下费率调整方案 D，见表 2-10。

方案 D 表2-10

方　案	浮动因素	浮动比率(%)
与道路交通事故相联系的浮动方案D	D1,上一个年度未发生有责任道路交通事故	-15
	D2,上两个年度未发生有责任道路交通事故	-25
	D3,上三个及以上年度未发生有责任道路交通事故	-35
	D4,上一个年度发生一次有责任不涉及死亡的道路交通事故	0
	D5,上一个年度发生两次及两次以上有责任道路交通事故	10
	D6,上一个年度发生有责任道路交通死亡事故	30

（5）江苏、浙江、安徽、上海、湖南、湖北、江西、辽宁、河南、福建、重庆、山东、广东、深圳、厦门、四川、贵州、大连、青岛、宁波20个地区实行以下费率调整方案E,见表2-11。

方案 E 表2-11

方　案	浮动因素	浮动比率(%)
与道路交通事故相联系的浮动方案E	E1,上一个年度未发生有责任道路交通事故	-10
	E2,上两个年度未发生有责任道路交通事故	-20
	E3,上三个及以上年度未发生有责任道路交通事故	-30
	E4,上一个年度发生一次有责任不涉及死亡的道路交通事故	0
	E5,上一个年度发生两次及两次以上有责任道路交通事故	10
	E6,上一个年度发生有责任道路交通死亡事故	30

费率浮动说明：

①摩托车和拖拉机暂不浮动,首次投保交强险的机动车费率不浮动。

②与道路交通事故相联系的浮动比率X为$X_1 \sim X_6$其中之一,不累加。同时满足多个浮动因素的,按照向上浮动或者向下浮动比率的高者计算。

③仅发生无责任道路交通事故的,交强险费率仍可享受向下浮动。

④浮动因素计算区间为上期保单出单日至本期保单出单日之间。

⑤与道路交通事故相联系浮动时,应根据上年度交强险已赔付的赔案浮动。上年度发生赔案但还未赔付的,本期交强险费率不浮动,直至赔付后的下一年度交强险费率向上浮动。

⑥在保险期限内,被保险机动车所有权转移,应当办理交强险合同变更手续,且交强险费率不浮动。

⑦机动车临时上道路行驶或境外机动车临时入境投保短期交强险的,交强险费率不浮动。其他投保短期交强险的情况下,根据交强险短期基准保险费并按照上述标准浮动。

⑧被保险机动车经公安机关证实丢失后追回的,根据投保人提供的公安机关证明,在丢失期间发生道路交通事故的,交强险费率不向上浮动。

⑨机动车上一期交强险保单满期后未及时续保的,浮动因素计算区间仍为上期保单出

单日至本期保单出单日之间。

3）车船税的代缴

车船税是指对在我国境内应依法到公安、交通、农业、渔业、军事等管理部门办理登记的车辆、船舶，根据其种类，按照规定的计税依据和年税额标准计算征收的一种财产税。

《中华人民共和国车船税暂行条例》规定：从事机动车交通事故责任强制保险业务的保险机构为机动车车船税的唯一扣缴义务人，应当依法代收代缴车船税。所以，车主应在投保交强险的同时缴纳车船税。

2. 商业险的保费计算

近年来的商业车险改革不仅对条款进行了调整和修改，更重要的是通过引入车型定价、优化无赔款优待系数等举措，并且在一定范围内赋予保险公司费率厘定自主权，逐步形成市场化定价机制，使保费与风险更加匹配。

根据2020年商业车险费率改革方案：

$$商业车险保险费 = 基准保费 \times 费率调整系数$$

$$基准保费 = \frac{基准纯风险保费}{1 - 附加费用率}$$

1）基准保费

基准纯风险保费也称风险保费，是保险期限内满足赔款支出需要的预期保费，根据保险标的的损失概率与损失程度计算，由中国保险行业协会统一制定、颁布并定期更新。计算保费时，基准纯风险保费为投保各主险与附加险基准纯风险保费之和。投保机动车损失保险时，当被保险机动车的实际价值等于新车购置价减去折旧金额时，可以根据被保险机动车车辆使用性质、车辆种类、车型名称、车型编码、车辆使用年限所属档次直接查询。第三者责任险的基准纯风险保费可以根据被保险机动车车辆使用性质、车辆种类、责任限额直接查询。某些险种的基准纯风险保费则可以通过保险金额、责任险额以及保险公司制定的基准纯风险费率等因子计算得出。基准纯风险费率是也是由车辆相关风险因子决定的。比如，新能源汽车附加外部电网故障损失险的基准纯风险费率因能源类型和车龄不同而不同，附加自用充电桩损失保险的基准纯风险费率因充电桩种类和安装地点不同而不同。

附加费用率由保险公司自主设定唯一值，并严格执行经中国银保监会批准的附加费用率，不得上下浮动。

2）费率调整系数

费率调整系数是指根据对保险车辆的风险判断，对保险基准保费进行上下浮动比率的调整，是保单折扣率的计算依据，详见表2-12。

$$费率调整系数 = 无赔款优待系数 \times 交通违法系数 \times 自主定价系数$$

费率系数使用规则　　　　　　　　　　　　　　　　表2-12

费率系数	使用规则
无赔款优待系数（又称NCD系数）	与地域、承保年数、出险情况挂钩，由中国保险行业协会制定、颁布规则并通过车险信息平台统一查询使用

续上表

费率系数	使用规则
交通违法系数	根据当地监管及中国保险行业协会规定,据实使用
自主定价系数	保险公司自行设定使用规则,在0.65~1.35范围内自由选择使用的

(1) 无赔款优待系数。

被保险车辆的 NCD 系数取决于其 NCD 等级。

$$NCD 等级 = 总赔付次数 - 连续投保年数$$

投保时,车险信息平台追溯投保车辆的连续投保情况和出险情况,若上溯 3 个保险年度内存在赔付,最多追溯三年保单,若上溯 4 个保险年度内无赔付,最多追溯四年保单。

连续投保是指投保车辆历史保单集合中,起保日期靠后的保单作为上张保单(脱保时间大于 6 个月不作为上张保单),保单起保日期与其"上张保单"终保日期间隔不超过 3 个月为连续投保。其中,若不存在"上张保单"或者"上张保单"为短期单、过户保单、脱保超过 3 个月,则停止追溯连续保单。

计算总赔付次数时,需要查找结案时间在最早一张连续投保保单的投保查询时间(车贷保单起保日期)至"本保单"投保查询时间之间的赔付情况,进行统计。

NCD 等级对应的 NCD 系数见表 2-13。

NCD 等级对应 NCD 系数表   表 2-13

NCD 等 级	NCD 系 数	NCD 等 级	NCD 系 数
-4	0.5	1	1.2
-3	0.6	2	1.4
-2	0.7	3	1.6
-1	0.8	4	1.8
0	1	5	2

(2) 交通违法系数。

交通违法多,出事故概率就大,保费自然应该上浮,但是目前只有上海、江苏、北京、深圳 4 个城市在使用,其他省市都用 1,相当于不影响保费。不过,随着交通数据处理能力的提升,这个系数终将被全面启用。

(3) 自主定价系数。

自主定价系数是由保险公司自行设定使用规则,在 0.65~1.35 范围内自由选择使用的系数。保险公司一般会根据车辆的品牌、车龄、车辆出险情况、行驶证车主年龄、性别以及从第三方了解的行驶轨迹等综合信息,通过系统计算,自动生成,往往一人一价、一车一价。

投保实务中,保费计算需要相应的平台数据的支持,所以,保费计算是由承保系统自动完成的。投保人只要正确录入信息,系统就可以立即完成报价。

四、发送投保单,投保人签字确认

投保时,投保人需要在投保单上签字,确认提供信息真实准确,投保意思表示真实。保险公司推行单证电子化后,不再使用原来的纸质投保单,或者将投保单打印出来签字,而是通过承保系统发送文档链接,客户在网上完成签字。

此外,保险公司在对客户进行了条款说明之后,一般会要求客户在《免责事项说明书》等文件上签字确认。

五、保险公司验车验证

保险公司接受投保申请时,需检验核实标的车辆有无受损、车辆信息与行驶证是否一致或是否存在其他不符合承保条件的情况。对一些特殊风险的车辆,需检验是否有消防和防盗设备、车辆操纵安全性和可靠性及相关技术状况是否符合要求,检查转向、制动、灯光、喇叭、刮水器等涉及安全性的因素是否正常。现场检验工作结束时需填写验车报告,拍摄验车照片,待录单时上传承保系统。

拍摄验车照片时,需将车窗玻璃全部或升起一半,从车辆前后左右45°角拍摄4张整车照,并拍摄车辆识别代码,要求拍摄完整、清晰,照片上有拍摄日期的证明(图2-5)。如果车辆已有损,需拍摄损伤照。

图 2-5 保险公司验车照片

保险公司 App 有自助验车功能,根据保险公司的要求,投保人可以按照操作系统的提示,用手机进行验车、验证照片的实时拍照并上传。

在承保某些附加险时,各保险公司会有不同的验车要求,比如,在新能源汽车保险承保工作中,承保附加自用充电桩的保险或者批改充电桩地址时,需提供照片不少于 3 张,包括能清晰反映充电桩安装地址、型号、编码、二维码等信息的照片,充电桩无型号、编码及型号、编码为手写的充电桩不能投保。

六、核保

核保是指保险公司根据投保单或者批改申请书,依据保险基本原理、相关法律法规、公司制定的核保政策以及风险管理经验等,对承保风险进行评估和选择,从而决定是否承保,或者以何种条件、何种价格承保的过程。

1. 核保的意义

在整个承保工作中,核保是最为核心的环节。保险公司通过核保控制承保风险,提高承保质量,确保汽车保险的经营效益的实现。核保工作的质量直接影响到保险合同能否顺利履行,保险企业能否盈利和稳定经营。其主要意义体现在:

(1)防止投保人的"逆选择",控制保险合同主体各方的道德风险。

所谓"逆选择",是指那些有较大风险的投保人试图以平均的费率购买保险,或者说,最容易遭受损失的风险是最可能投保的风险。保险经营存在信息不对称的明显特征,虽然保险最大诚信原则要求合同双方要履行如实告知义务,但是,对保险公司而言,来自投保人、被保险人以及保险中介等的道德风险始终是潜在的威胁,只有通过核保人员利用专业技术和经验,对相关信息进行核实,采取相应手段对相关风险进行控制,才能最大限度地减少其对保险业务的影响。

(2)确保业务品质,实现公司经营效益和持续发展。

保险公司要实现健康持续发展,除了要大量承揽保险业务,不断扩大自己的业务领域外,还需要控制业务的品质,兼顾"规模"与"效益"的发展。保证业务品质,控制投保中的道德风险很重要,同时也应从业务来源着手加以管控。一方面,保险公司需要选择优质的业务和客户作为公司市场发展的主要对象,需要制定承保业务的原则,确定对各类承保风险的范围和程度,也就是要做好市场的选择与定位。另一方面,在保险展业过程中,业务拓展部门可能会因为业务量考核压力、人员业务素质等原因而忽略业务品质。而核保则是避免这些问题出现的主要管控手段。

在我国机动车保险的发展过程中,一些保险公司曾经经历过连年亏损的状况,造成亏损的原因很多,但是经营管理问题应该是关键,其中就包括核保工作的不规范、不落实,一些机构的核保制度形同虚设,为了做大业务量而忽视对业务质量的把关,结果保得越多亏得越多。近几年来,许多保险公司都高度重视并对核保工作进行严格规范,效果也相当显著。

2. 核保的方式

核保的具体方式根据公司的组织结构和经营情况来选择和确定。通常分为标准业务核保和非标准业务核保、计算机智能核保和人工核保、集中核保和远程核保、事先核保和事后核保等。

(1) 标准业务核保和非标准业务核保。

标准业务是指常规风险的机动车辆保险业务，这类风险的特点是其基本符合机动车辆保险险种设计所设定的风险情况，按照核保手册就能进行核保。非标准业务是指风险具有较大特殊性的业务，这种特殊性主要体现为高风险、风险特殊、保险金额巨大，需进行有效控制的业务，而核保手册对于这类业务没有明确规定。

标准业务可以依据核保手册的规定进行核保，通常由三级核保人完成标准业务的核保工作，而非标准业务则无法完全依据核保手册进行核保，应由二级或者一级核保人进行核保，必要时核保人应当向上级核保部门进行请示。

(2) 计算机智能核保和人工核保。

计算机技术的发展和应用给核保工作带来很大变化，尤其是智能化计算机的发展和应用，使得计算机已经完全可以胜任对标准业务的核保，又称为"自动核保"。应用计算机技术可以大大缓解人工核保的工作压力，提高效率和准确性，减少在核保过程中可能出现的人为的负面因素影响。近年来，由于大数据的应用及电脑识别技术的提升，大多数保单都是通过计算机核保，人工核保只作为辅助。

(3) 集中核保和远程核保。

集中核保可以有效地解决统一标准和规范业务的问题，实现技术和经验最大限度的利用。但是，以往集中核保在实际工作中遇到的困难是经营网点分散，缺乏便捷和高效的沟通渠道。但互联网的发展带动了核保领域的革命性进步，使远程核保应运而生。远程核保就是建立区域性的核保中心，利用互联网等现代通信技术，对辖区内的所有业务进行集中核保。这种核保的方式较以往任何一种核保模式均具有不可比拟的优势，除了运营成本较低外，它不仅可以利用核保中心的人员技术的优势，还可以利用中心庞大的数据库，实现资源的共享。同时，远程核保的模式还有利于对经营过程中的管理疏忽甚至道德风险实行有效的防范。

(4) 事先核保与事后核保。

事先核保是在核保工作中广泛应用的模式。它是指投保人提出申请后，核保人员在接受投保之前对保险标的风险进行评估和分析，决定是否接受投保，并在决定接受投保的基础上，根据投保人的具体要求确定保险方案。事后核保主要针对标的金额较小、风险较低、承保业务技术比较简单的业务。这些业务往往是由一些偏远的经营机构或者代理机构承办。保险公司从人力和经济的角度难以做到事先核保的，可以采用事后核保的方式。所以，事后核保是对于事先核保的一种补救措施。

3. 核保的内容

核保的主要内容通常包括对投保人、被保险人信息和相关风险的审核，对保险标的的信息和相关风险的审核，对保险金额的审核，对保险费的审核和对附加条款的审核，如图2-6所示。

(1) 对投保人、被保险人信息和相关风险的审核。

首先要与身份证核对，确认投保人、被保险人相关信息填写准确无误，确认投保人是否具有投保资格,审核投保人、被保险人与保险标的之间的关系,评估道德风险。

图2-6 核保中心操作界面

对特殊投保人或被保险人,要进行专门的风险评估。如投保人或被保险人为法人的,尤其是车队业务,保险公司通过了解企业的性质、是否设有安全管理部门、经营方式、主要运行线路等,分析投保人或被保险人对车辆管理的技术和经验,及时发现其可能存在的经营风险,便于采取必要的措施加以降低和控制。

此外,对投保人或被保险人的信誉调查和评估逐步成为汽车保险核保工作的重要内容之一,保险公司通过调查以往损失和赔付情况,了解其是否有欺诈风险。

(2)对保险标的信息和相关风险的审核。

对一般业务,核保人需将投保单、车辆行驶证或购车发票等证明材料上的信息与被保险车辆的验车照片进行核对,确保投保信息真实、标的合法。如需核实投保单上填写的车牌号、VIN码、发动机号、车辆种类、车型、座位数等与行驶证上登记的信息和实际车辆上的信息是否一致;核实投保单上填写的车辆使用性质及主要参数与行驶证上登记的是否一致;核实车辆是否年审合格等。

对新保、转保或未按期续保车辆、增加损失类险种等存在承保风险的车辆,如承保车损险、承保车身划痕损失险、新能源汽车充电桩损失险、充电桩责任险等附加险一般都采用"验车承保"的方式。核保人需要审核验车情况,审核验车照片是否完整,正常情况下需整车照4张及VIN码照1张。并查看照片是否合格,如有模糊、翻拍、造假等问题,需退回机构重新验车。

对特殊车辆要进行特殊风险评估。车辆及风险的特殊性体现在很多方面。比如,通常说的"老、旧、新、特"车型,指的就是老款的、接近报废的、有特殊装备的、新上市车型或维修及配件价格较高的车辆等,它们的风险相对集中,包括被保险人的道德风险、心理风险以及理赔成本高等,需要进行特别评估并确定特别的承保方式。车险改革后,车辆的"零整比"也已成为核保关注和评估的风险点。

(3)对保险金额的审核。

保险金额是保险双方约定的最高赔偿限额,也是保费计算的基础,同时涉及保险公司和被保险人的利益,所以其往往是保险双方争议的焦点。因此,保险金额的确定是汽车保险核保中的一个重要内容,应检查保险金额的选择是否合理、合规。

(4)对保险费的审核。

核保人员对于保险费的审核主要分为费率适用的审核和保险费计算的审核。车型、车主类别、车辆用途及主要参数、车辆使用年限不同,保险费率也不同。由于现在各保险公司都是计算机出单,系统会自动进行数据匹配和费率调整系数的选择,并进行保险费计算,所以,核保人只需保证人、车的基本信息和相关风险因素录入准确,保险费计算结果就不会有问题。

(5)对附加条款的审核。

附加条款应针对特别风险而约定,建立在对特别风险或者高风险进行评估和分析基础上。

七、收费并签发单证

保险核保人按照规定的业务范围和承保权限,在审核检验后,有权作出拒保或承保决定。如果投保金额或风险超出了核保人权限,可向上级主管部门提出建议。

投保单审核通过后,保险公司应及时向投保人签发保险单证。

为了对保险费实施规范管理,目前,一般汽车保险多实行"见费出单"制度。"见费出单"是指保险公司财务系统或核心业务系统根据全额保费入账收费信息,实时确认并自动生成唯一有效指令后,业务系统方可生成正式保单或批单。保险公司需收到保费后,才能打印出正式保单,一张保单对应一台标的车辆。

商业车险保单必须通过核心业务系统生成,禁止手工填写或核心业务系统外出具商业车险保单。打印保单需选择客户所投保险种对应的空白保单(家庭自用汽车保险单、非营业汽车保险单、营业汽车保险单、特种汽车保险单、摩托车和拖拉机保险单),禁止单证窜用。空白保单放入打印机需要定位准确,避免保单打印信息出现错位现象。打印出的保单不得涂改,若需更改,可使用批单更改或重新出具保险单。

汽车保险业务需要签发的保险单证除了保险单(正本)外,还包括保险条款、保险费发票(正本)等,且相关单证上必须由保险公司签章。现大多数保险公司都使用电子单证,投保人可自行下载并在网上随时查询。

八、数据处理、客户回访

保险公司承保系统自动完成承保单证及相关资料的清分和归档。承保工作结束后,为了确保服务质量,保险公司客户服务中心会对客户进行回访。

九、单证批改

保险单出立后,因保单录入错误或被保险人在保险期限内发现投保时的申报有错误或遗漏,或由于新的或意外的情况发生,致使保险单所载内容与实际情况不相符合,被保险人必须向保险公司申请批改,由保险公司进行审核并出具批单,对原保险单的内容进行补充或变更,以使保险标的获得与实际情况相适合的保险保障。

十、续保车辆的承保

汽车保险的保险期间一般为一年,保险期满后,投保人在同一保险公司重新申请保险的事宜称为续保。

对保险公司来讲,续保的优越性不仅体现在可以稳定公司的业务量,还表现为能利用与投保人建立起来的老关系,减少许多展业费用和承保工作量。所以,保险公司都非常重视续保工作,一般都建立了自己的续保档案,并有续保通知制度,同时,对业务部门进行定期检查和严格的续保率指标考核。

在进行续保时,承保手续有所简化,但保险公司的审核与核保工作仍然要做足,应注意以下问题:

第一,如果保险条款、费率发生变化,应及时与投保人、被保险人进行沟通,确定新的保险金额,计算续保保险费。

第二,及时审核承保,避免保险期限中断。

第三,应对标的车辆的真实状况进行了解,排除逆选择情况下的问题保单。

第四,审核标的车辆的风险是否发生变化,若是,则需重新审核承保条件或根据风险状况调整续保车辆保险费率适用。

任务实施

一、任务目的

运用所掌握的车险承保知识,帮助和指导李明先生完成投保,同时,完成保险公司承保工作。

二、计划与决策

(1)确定分组及分工:4人一组,小组成员分别扮演李明先生、保险服务人员、核保人员和观察员。

(2)保险实务中,承保流程可能有业务人员、验车人员、出单员、核保人员等服务人员参与,每个人的工作效率和质量都对保险合同的正确签订有着直接的影响。服务人员需要保持诚实、严谨的工作作风,本着既对客户负责,也对公司负责的态度,保证合同公平、公正地签订。需要特别注意期间最大诚信原则的运用。

三、实施与控制

(1)准备本学习任务需要的资料和设备。

(2)向投保人介绍条款和履行明确说明义务。

操作提示:根据最大诚信原则(参考知识拓展)的要求以及《中华人民共和国保险法》的规定,保险人应该履行条款的说明义务,否则可能会承担严重的法律后果。但是,承保实务中,有的服务人员缺乏足够的风险意识,留下合同纠纷的隐患,既损害被保险人利益,也损坏公司利益,所以,该工作马虎不得。当然,在短时间将条款尤其是免责条款做一个清晰的说明,需要经过思考找出恰当的方法。

(3)业务人员录入投保信息。

(4)业务人员试算保险费(模拟计算),下载《车险业务报价单》,进行报价说明,回答李明先生提出的"有没有给予应有的优惠"的问题。

(5)发送《投保单》《免责事项说明书》,请客户签字确认。

车险业务报价单　　　　　　投保单　　　　　　免责事项说明书

(6)业务人员审核身份证、行驶证并验车,将资料照片和验车照片上传至承保系统,提交核保。

(7)核保人员审核投保资料,给出核保意见。

是否同意承保。　○是　○否,退回理由:＿＿＿＿＿＿

操作提示:注意审核车辆及证件信息与投保信息是否一致,审核验车照片时应仔细查验。

(8)业务员收费并生成保单,指导客户如何查阅电子保单。

(9)组内进行承保工作总结,组间交流。

四、总结与评价

综合评价表见表2-14。

综合评价表　　　　　　　　　　　　　表2-14

综合考评		自我评价	小组互评	教师评价	企业导师评价
素质考评 (40分)	能保持干净整齐的个人仪容仪表，保持良好仪态(5分)				
	能正确遵守服务礼仪(5分)				
	与客户交谈的语气、语速、语调恰当(10分)				
	能保持诚实、耐心、严谨和热情(10分)				
	积极向客户宣传诚实守信、遵纪守法(10分)				
技能考评 (60分)	能正确向客户进行条款告知和说明(10分)				
	能正确录入投保信息(10分)				
	能正确进行报价并解释保险费问题(10分)				
	能正确处理单证(10分)				
	能正确完成核保(10分)				
	能给予客户提供专业提示和建议(10分)				
本次得分(总分100分)					
最终得分(平均得分)					

知识拓展——最大诚信原则

最大诚信原则是指保险合同当事人订立合同及在合同有效期内，应依法向对方提供足以影响对方作出订约与履约决定的全部实质性重要事实，同时绝对信守合同订立的约定与承诺。

一、遵循最大诚信原则的原因

最大诚信原则作为现代保险的四大基本原则之一，最早起源于海上保险。在早期的海上保险中，投保人投保时，作为保险标的的船舶或者货物经常在海上或在其他港口，真实情况如何，在当时的条件下只能依赖于投保人的告知，保险人根据投保人的告知决定是否承保及估算保险风险、确定保险费率，因此，投保人或被保险人告知的真实性对保险人非常重要。

该原则在《英国1906年海上保险法》中首先得到确定,该法第十七条规定:"海上保险是建立在最大诚信原则基础上的契约,如果任何一方不遵守最大诚信原则,他方可以宣告契约无效。"

保险活动之所以强调最大诚信原则,是由保险合同的特殊性决定的,原因归结于保险经营中信息的不对称和保险合同的特殊性:

保险合同与一般合同相比具有明显的信息不对称性。一方面,对保险公司而言,投保人转嫁的风险性质和大小将直接决定着其能否承保或如何承保,然而保险标的广泛而复杂,作为风险承担者的保险公司却远离保险标的,而且,有些标的还难以实地勘查。而投保人对保险标的的有关情况最为清楚。因此,保险公司只能主要根据投保人的告知与陈述来决定是否承保或以何种价格承保。对投保人而言,由于保险合同的专业性与复杂性,一般难以理解和掌控,对保险公司使用的费率是否合理、承保条件或赔偿规定是否苛刻都难以衡量。因此,投保人主要根据保险公司对条款的说明来决定是否投保。在此情况下,不得不要求双方当事人采取最大限度的诚信来履行自己的义务。

保险合同是附合合同,也是射幸合同。保险合同属于典型的附合合同,为了避免保险人利用保险条款中含糊或容易使人误解的用词来逃避自己的责任,保险人应最大诚信地履行对条款的告知和说明义务。此外,保险合同又是一种典型的射幸合同。按照保险合同约定,当未来保险事故发生时,由保险人承担损失赔偿或给付保险责任金。由于保险人所承保的保险标的的风险事故是不确定的,而投保人购买保险仅支付较少量的保费,保险标的一旦发生保险事故,被保险人所能获得的赔偿或给付将是保费支出的数十倍甚至数百倍或更多。因而,就单个保险合同而言,保险人承担的保险责任远远高于其所收取的保费,倘若投保人不诚实、不守信,必将引发大量保险事故,增加保费赔款,使保险人不堪负担而无法永续经营,最终将严重损害广大投保人和被保险人的利益。因此,要求投保人基于最大诚信原则真诚履行其告知与保证义务。

二、最大诚信原则的基本内容

最大诚信原则包括告知、保证、弃权与禁止反言(图2-7)。

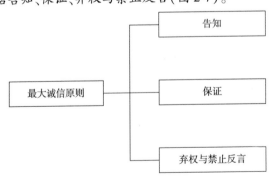

图2-7 最大诚信原则

1. 告知

告知包括狭义告知和广义告知两种。狭义告知仅指投保人在与保险人签订保险合同时,就保险标的的有关事项向对方进行口头或书面陈述;而广义告知是指保险合同订立时,以及履行过程中就有关事项向对方作口头或书面陈述。事实上,在保险实务中所称的告知,一般是指狭义告知。关于保险合同订立后保险标的的危险变更、增加,或保险事故发生时的告知,一般称为通知。

在保险合同订立时,要求投保人应将那些足以影响保险人决定是否承保和确定费率的重要事实如实告知保险人。投保人必须告知的重要事实主要有:保险标的物的危险或损失可能超出正常情况的现象;与保险标的有联系的道德风险;涉及投保人或被保险人的一些事实。例如,将财产保险中保险标的的价值、品质、风险状况等如实告知保险人;将人身保险中被保险人的年龄、性别、健康状况、既往病史、家族遗传史、职业、居住环境、嗜好等如实告知保险人。

国际上对于投保人的告知的立法形式有两种,即无限告知和询问回答告知。

无限告知,即法律上或保险人对告知的内容没有明确规定,投保人必须主动地将保险标的的风险状况、危险程度及有关重要事实如实告知保险人。

询问回答告知,又称主观告知,指投保人只对保险人询问的问题如实告知,对询问以外的问题投保方无须告知。早期保险经营活动中的告知形式主要是无限告知。随着保险经营技术水平的提高,目前世界上许多国家,包括我国在内的保险立法都是采用询问回答告知的形式。《中华人民共和国保险法》第十六条规定:"订立保险合同,保险人就保险标的或者被保险人的有关情况提出询问的,投保人应当如实告知。"一般操作方法是保险人将需投保方告知的内容列在投保单上,要求投保方如实填写。

同样,保险人在合同订立时也要求履行告知义务。保险人告知的内容主要是向投保人说明保险合同条款内容。《中华人民共和国保险法》规定:"对保险合同中免除保险人责任的条款,保险人在订立合同时应当在投保单、保险单或者其他保险凭证上作出足以引起投保人注意的提示,并对该条款的内容以书面或者口头形式向投保人作出明确说明。"《中华人民共和国合同法》也有相关规定,要求保险人在履行其订约阶段的告知义务时,应"采取合理的方式提请对方注意免除或者限制其责任的条款",并"按照对方的要求,对该条款予以说明"。在保险实务中,保险人通常将免责条款采用黑体或彩色字体印刷、使用不同字号等方式提示投保人注意,同时进行明确说明,并要求投保人签字确认。

2. 保证

保证是最大诚信原则的另一项重要内容。在保险合同中,所谓保证是指保险人要求投保人或被保险人对某一事项的作为或不作为,对某种事态存在或不存在做出承诺。保证是保险人签发保险单或承担保险责任时要求投保人或被保险人履行某种义务的条件,其目的在于控制风险,确保保险标的及其周围环境处于良好的状态中。例如,投保家庭财产保险时,投保人或被保险人保证不在家中放置危险物品,此承诺即保证。若无以上保证,保险人将不接受承保,或将改变此保单所适用的费率。

1) 明示保证和默示保证

根据保证存在的形式,保证通常可分为明示保证和默示保证两种,两者具有同等的法律效力,被保险人都必须严格遵守(表 2-15)。

明示保证和默示保证　　　　　　　　　　　　　　表 2-15

类别	概念	举例
明示保证	以文字或书面的形式载明于保险合同中，成为保险合同的条款	我国机动车辆保险条款约定：被保险人必须对保险车辆妥善保管、使用，使之处于正常技术状态
默示保证	默示保证的内容虽不载明于保险合同之上，但它一般是国际惯例所通行的准则，是习惯上或社会公认的被保险人应在保险实践中遵守的规则。默示保证的内容通常是以往法庭判决的结果，是保险实践经验的总结	默示保证在海上保险中运用比较多，如海上保险的默示保证有三项：一是船舶的适航性，是指船舶在开航前应具备的必要条件，即船体、设备、供给品、船员配备和管理人员都要符合安全标准，并有适航的能力。二是变更航程，船舶航行于经常和习惯的航道，意味着风险小、安全，除非因躲避暴风雨或求助他人，否则不得变更航程。三是航程具有合法性，即被保险人保证其船舶不从事非法经营活动或运载违禁物品等

2）确认保证和承诺保证

根据保证事项是否已存在，保证又可分为确认保证和承诺保证，见表 2-16。

确认保证和承诺保证　　　　　　　　　　　　　　表 2-16

类别	概念	举例
确认保证	要求投保人或被保险人对过去或投保当时的事实做出如实的陈述，而不是对该事实以后的发展情况做出保证	投保人身保险时，投保人保证被保险人在过去和投保当时健康状况良好，但不保证今后也一定如此
承诺保证	投保人对将来某一事项的作为或不作为的保证，即对该事项今后的发展做出保证	在投保家庭财产盗窃险时，保证家中无人时，门窗一定要关好、上锁

在早期的保险合同及有关法律规定中，告知与保证主要是对投保人与被保险人的约束，而现代保险合同及有关法律规定中的告知与保证则是对投保人、保险人等保险合同主体的共同约束。

保证与告知都是对保险合同双方诚信的要求，但两者还是有区别的。告知强调的是诚实，对有关保险标的的重要事实如实申报；而保证则强调守信，恪守诺言，言行一致，许诺的事项与事实一致。所以，保证对投保人或被保险人的要求比告知更为严格。此外，告知的目的在于使保险人能够正确估计其所承担的危险；而保证的目的则在于控制危险。

3. 弃权与禁止反言

弃权是指保险人放弃其在保险合同中可以主张的某种权利。禁止反言是指保险人已放弃某种权利，日后不得再向被保险人主张这种权利。

值得注意的是，在汽车保险中，弃权与禁止反言往往涉及保险人、保险代理人及投保人的关系。而在人寿保险中，规定保险方只能在合同订立之后一定期限内（一般为两年）以被保险方告知不实或隐瞒为由解除合同，如果超过规定期限而没有解除合同，视为保险人已经放弃这一权利，不得再以此由解除合同。

三、违反最大诚信原则的法律后果

1. 违反告知的法律后果

投保人或被保险人违反告知的表现主要有 4 种，见表 2-17。

投保人或被保险人违反告知的主要表现　　　　　　表 2-17

隐瞒	投保人一方明知一些重要事实而有意不申报
漏报	投保人一方对某些重要事实误认为不重要而遗漏申报,或由于疏忽对某些事项未予申报
误告	投保人一方因过失而申报不实
欺诈	投保人一方有意捏造事实,弄虚作假,故意对重要事实不做正确申报并有欺诈意图

各国法律对投保人违反告知的处分原则是区别对待的。首先要区分其动机是无意还是故意。对故意的处分比无意的重。其次要区分其违反的事项是否属于重要事实,对重要事实的处分比非重要事实的重。比如,《中华人民共和国保险法》第十六条规定:"投保人故意不履行如实告知义务的,保险人对于合同解除前发生的保险事故,不承担赔偿或者给付保险金的责任,并不退还保险费。"又规定"投保人因重大过失未履行如实告知义务,对保险事故的发生有严重影响的,保险人对于合同解除前发生的保险事故,不承担赔偿或者给付保险金的责任,但应当退还保险费。"

对于保险人违反告知原则的构成要件,我国法律无明确的规定,但《中华人民共和国保险法》第十七条规定说明,对保险人的行为采取的是严格责任原则。即无论保险人在主观上有无过错,只要其未尽说明义务,或者不能证明自己尽了说明义务,均构成告知原则的违反。

保险人违反告知原则的法律后果,因保险人没有说明的合同条款或其他事项在合同中的地位不同或对合同的影响不同而相同。

第一,保险人对保险合同中免除保险人责任的条款未告知,该条款无效。

《中华人民共和国保险法》第十七条规定:"对保险合同中免除保险人责任的条款,保险人在订立合同时应当在投保单、保险单或者其他保险凭证上作出足以引起投保人注意的提示,并对该条款的内容以书面或者口头形式向投保人作出明确说明;未作提示或者明确说明的,该条款不产生效力。"

汽车保险合同属于保险人提供的格式条款,保险人向投保人提供的投保单应当附格式条款,保险人应当向投保人说明合同的内容。特别是对限制或者约束被保险人利益的内容,如免责条款、免赔率等,应尽到明确告知义务。

第二,保险人对投保人隐瞒与合同有关的重要情况,要承担相应的法律责任。

《中华人民共和国保险法》第一百一十六条规定保险公司及其工作人员在保险业务活动中不得有欺骗隐瞒行为,如欺骗投保人、被保险人或者受益人;对投保人隐瞒与保险合同有关的重要情况;阻碍投保人履行保险法规定的如实告知义务,或者诱导其不履行规定的如实告知义务等。

对于保险人违反告知原则的行为,不构成犯罪的,由保险监管机构进行处罚;构成犯罪的,将追究刑事责任。

2. 违反保证的法律后果

与告知不同的是,保险合同涉及的所有保证内容,无论明示保证还是默示保证,均属于重要事实,因而投保方必须严格遵守。若投保方一旦违背或破坏保证内容,保险合同即告失效,或保险人拒绝赔偿损失或拒绝给付保险金。而且除人寿保险外,保险人一般不退还保险费。

学习任务3 汽车保险合同的履行

任务描述

李明先生查看了保单,觉得终于可以安心用车了。他打电话告诉妻子买了保险,并商量下午就开车出去玩。他妻子觉得三者险责任限额选择了100万元似乎有点少,能不能增加到200万元,请帮助李明先生解决遇到的问题。

学习目标

知识目标

1. 能描述保险合同的生效的条件。
2. 能描述投保人、被保险人、保险人在保险合同中的义务。
3. 能描述保险合同被解除的原因。
4. 能描述汽车保险合同终止的情形。

能力目标

1. 能指导客户依法履行保险合同。
2. 能帮助客户变更保险合同。
3. 能为客户解释保险合同效力、合同解除及终止的相关法律问题。

素质目标

1. 能保持认真负责的客户服务态度。
2. 树牢诚信服务的意识。
3. 养成严谨务实的工作作风。
4. 具备法律意识、规则意识,本着社会责任感去坚守和弘扬。

建议学时:4 学时。

知识准备

一、汽车保险合同的生效

1. 汽车保险合同的订立

保险合同订立是指投保人与保险人之间基于意思一致而进行的法律行为。

《中华人民共和国保险法》第十三条规定:"投保人提出保险要求,经保险人同意承保,保险合同成立。"因此,保险合同的成立,须经过投保人提出保险要求和保险人同意承保两个阶段,也就是合同实践中的要约和承诺阶段,通常是由投保人提出投保申请书,保险人同意后签发保险单或其他保险凭证,如图 2-8 所示。

保险合同与其他合同一样,其订立过程往往是一个反复要约协商的过程,最终达成协议,即一方(通常是保险人)作出承诺,保险合同成立。保险合同成立后,保险人应及时签发保险单或其他保险凭证。

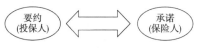

图 2-8　保险合同签订过程

2. 汽车保险合同的生效

保险合同生效是指保险合同对保险双方当事人产生法律约束力。保险合同的生效意味着保险合同具有了法律效力,保险合同的双方当事人、关系人都应按照保险合同的约定承担义务或享有权利,否则将承担相应的法律后果。

在我国,汽车保险合同中通常会约定交纳保险费为合同生效的条件,并约定合同成立后的一定条件下或从某一时间开始才生效。

《中华人民共和国保险法》第十三条规定:"依法成立的保险合同,自成立时生效。投保人和保险人可以对合同的效力约定附条件或者附期限。"

第十四条规定:"保险合同成立后,投保人按照约定交付保险费,保险人按照约定的时间开始承担保险责任。"

3. 汽车保险合同的效力

保险合同的有效是指保险合同具有法律效力并受国家法律保护。合同的无效是指合同虽已订立,但在法律上不发生任何效力,详见表 2-18。

保险合同的无效　　　　　　　　　　　　　　　　表 2-18

根据无效的范围来划分	全部无效	保险合同全部不发生效力
	部分无效	保险合同中仅有一部分无效,其余部分仍然有效。如善意的超额保险,保险金额超过保险价值的部分无效。但在保险价值限额以内的部分仍然有效
根据无效时间来划分	自始无效	合同自成立起就不具备生效的条件,合同从一开始就不生效
	失效	合同成立后,因某种原因而导致合同无效。如被保险人因对保险标的失去保险利益,保险合同即失去效力。失效不需要当事人作意思表示,只要失效的原因一出现,合同即失去效力

在我国,无效合同的确认权归人民法院和仲裁机关。根据我国相关法律、行政法规和司法解释,应从以下几个方面确认合同无效,见表 2-19。

保险合同无效确认　　　　　　　　　　　　　　　　表 2-19

合同主体不合法	在保险合同中,保险人、投保人、被保险人和受益人都必须具有法律所规定的主体资格,否则会引起保险合同全部无效或部分无效
合同客体不合法	投保人或被保险人对于保险标的所具有的保险利益必须符合法律规定,符合社会公共利益要求,能够在法律上有所主张,为法律所保护,否则,保险合同无效
合同内容不合法	保险合同的内容不得与法律和行政法规的强制性或禁止性规定相抵触

续上表

当事人意思表示不真实	缔约过程中,如果当事人中的任何一方以欺诈、胁迫或乘人之危的方式致使对方作出违背自己意愿的意思表示,均构成缔约中的意思表示不真实。在这里,欺诈是指行为人不履行如实告知的义务,故意隐瞒真实情况或者故意告知虚假情况,诱使对方作出错误意思表示的行为。如投保人在订立保险合同时,明知不存在风险却谎称有风险,明知风险已经发生而谎称没有发生等等。胁迫是指一方当事人以给对方或与对方有关的人的人身、财产、名誉、荣誉造成损害为要挟,迫使对方同自己订立保险合同的行为。要挟是确定可能实现的行为,而且足以使对方违背自己的意志与其订立保险合同

二、汽车保险合同的履行

保险合同履行是指保险合同当事人双方依法全面完成合同约定的义务的行为,包括投保人、被保险人义务的履行和保险人义务的履行两方面。

1. 投保人、被保险人义务的履行

(1) 如实告知。

如实告知是指投保人在订立保险合同时,将保险标的的重要事实以口头或书面形式向保险人作真实陈述。所谓保险标的的重要事实,是指影响保险人决定是否承保或者以怎样的保险费率承保的事实。如实告知是投保人必须履行的基本义务,也是保险人实现其权利的必要条件。我国实行"询问告知"的原则,即投保人只要如实回答了保险人的询问,就履行了如实告知义务。

(2) 交付保险费。

交付保险费是投保人最基本的义务,也是保险合同生效的必要条件。《中华人民共和国保险法》要求:保险合同成立后,投保人按照约定交付保险费。并应根据合同约定,一次交付或分期交付。

(3) 维护保险标的安全。

保险合同订立后,财产保险合同的投保人、被保险人应当遵守国家有关消防、安全、生产操作、劳动保护等方面的规定,维护保险标的安全。保险人有权对保险标的安全工作进行检查,经被保险人同意,可以对保险标的采取安全防范措施。投保人、被保险人未按约定维护保险标的安全的,保险人有权要求增加保险费或解除保险合同。

汽车保险中,该义务主要包括安全使用车辆,及时维护车辆使其保持正常技术状态等。

(4) 危险增加通知。

按照权利义务对等和公平原则,被保险人在保险标的危险程度增加时,应及时通知保险人,保险人则可以根据保险标的危险增加的程度决定是否提高保险费和是否继续承保。

《中华人民共和国保险法》第五十二条规定:"在合同有效期内,保险标的的危险程度显著增加的,被保险人应当按照合同约定及时通知保险人,保险人可以按照合同约定增加保险费或者解除合同。保险人解除合同的,应当将已收取的保险费,按照合同约定扣除自保险责任开始之日起至合同解除之日止应收的部分后,退还投保人。"

被保险人未履行前款规定的通知义务的,因保险标的的危险程度显著增加而发生的保险事故,保险人不承担赔偿保险金的责任。

(5)保险事故发生通知。

《中华人民共和国保险法》第二十一条规定:"投保人、被保险人或者受益人知道保险事故发生后,应当及时通知保险人。"

要求投保人、被保险人履行该义务的目的在于:第一,使保险人得以迅速调查事实真相,不致因拖延时日而使证据灭失,影响责任的确定;第二,便于保险人及时采取措施,协助被保险人抢救被保险财产,处理保险事故,使损失不致扩大;第三,使保险人有准备赔偿或给付保险金的必要时间。

同时,履行保险事故发生通知义务,是被保险人或受益人获得保险赔偿或给付的必要程序。

保险事故发生后的通知可以采取书面或口头形式,法律要求采取书面形式的应当采取书面形式。一般汽车保险事故的通知大多采用电话的方式。

(6)出险施救。

保险事故发生时,被保险人应当尽力采取必要的措施,防止或者减少损失。我国保险法对此作出了明确规定,为鼓励投保人、被保险人积极履行施救义务,还规定:"保险事故发生后,被保险人为防止或者减少保险标的的损失所支付的必要的、合理的费用,由保险人承担;保险人所承担的费用数额在保险标的损失赔偿金额以外另行计算,最高不超过保险金额的数额。"

(7)提供单证。

保险事故发生后,向保险人提供单证是投保人、被保险人或受益人的一项法定义务。向保险人索赔应当提供的单证,是指与确认保险事故的性质、原因、损失程度等有关的证明和资料,包括保险单、批单、检验报告、证明材料等。汽车保险事故的证明材料包括交通事故责任认定书、公安机关证明等。

(8)协助追偿。

在财产保险中由第三者行为造成保险事故的,保险人在向被保险人履行赔偿保险金后,享有代位求偿权,即保险人有权以被保险人名义向第三人索赔。《中华人民共和国保险法》第六十三条规定:"在保险人向第三者行使代位请求赔偿权力时,被保险人应当向保险人提供必要的文件和其所知道的有关情况。"还规定:"被保险人故意或者因重大过失致使保险人不能行使代位请求赔偿的权利的,保险人可以扣减或者要求返还相应的保险金。"

2. 保险人义务的履行

1)承担保险责任

承担保险责任是保险人依照法律规定和合同约定所应履行的最重要、最基本的义务。

(1)保险人承担保险赔偿责任的范围包括:

①事故损失的赔偿。汽车保险需赔偿事故造成的车辆损失、人身伤亡及车外财产的直接损失,以实际损失确定,最高不超过保险合同约定的保险金额及责任限额。

②施救费用的赔偿。发生保险事故时,被保险人或驾驶人为防止或者减少被保险机动

车的损失所支付的必要的、合理的施救费用,由保险人承担。施救费用数额在被保险机动车损失赔偿金额以外另行计算,最高不超过保险金额。

③争议处理费用的赔偿。争议处理费用是指责任保险的被保险人因给第三者造成损害的保险事故而被提起仲裁或诉讼的,依法或按照合同约定应由被保险人支付的费用,如鉴定费、仲裁费等。

(2) 保险人承担保险责任的时限要求:

第一,保险人在收到被保险人或者受益人的赔偿或者给付保险金的请求后,应当及时作出核定,对于属于保险责任的,在与被保险人或者受益人达成有关赔偿或者给付保险金额的协议后10日内,履行赔偿或者给付保险金义务。情形复杂的,应当在30日内作出核定,但合同另有约定的除外。

第二,保险合同对保险金额及赔付期限有约定的,保险人应依照合同的约定,履行赔偿或者给付保险金义务。

第三,保险人自收到赔偿或者给付保险金的请求和有关证明、资料之日起60日内,对其赔偿或者给付保险金的数额不能确定的,应当根据已有证明和资料可以确定的数额先予支付;保险人最终确定赔偿或者给付保险金的数额后,应当支付相应的差额。

第四,遵守索赔时效。人寿保险以外的其他保险的被保险人或者受益人,向保险人请求赔偿或者给付保险金的诉讼时效期间为2年,自其知道或者应当知道保险事故发生之日起计算。人寿保险的被保险人或者受益人向保险人请求给付保险金的诉讼时效期间为5年,自其知道或者应当知道保险事故发生之日起计算。

2) 条款说明

保险人因其从事保险业经营而熟悉保险业务,精通保险合同条款,并且保险合同条款大多由保险人制定,而投保人则常常受到专业知识的限制,对保险业务和保险合同条款不熟悉,加之对合同条款内容的理解亦可能存在偏差、误解,均可能导致被保险人、受益人在保险事故或事件发生后,得不到预期的保险保障。所以,保险人应当就其条款对投保人尽说明义务。

《中华人民共和国保险法》第十七条规定:"订立保险合同,采用保险人提供的格式条款的,保险人向投保人提供的投保单应当附格式条款,保险人应当向投保人说明合同的内容。对保险合同中免除保险人责任的条款,保险人在订立合同时应当在投保单、保险单或者其他保险凭证上作出足以引起投保人注意的提示,并对该条款的内容以书面或者口头形式向投保人作出明确说明;未作提示或者明确说明的,该条款不产生效力。"

3) 及时签发保险单证

《中华人民共和国保险法》第十三条规定:"保险人应当及时向投保人签发保险单或者其他保险凭证。"保险单证即保险单或者其他保险凭证,是保险合同成立的证明,也是履行保险合同的依据。

4) 为投保人被保险人或再保险分出人保密

保险人或者再保险接受人对在办理保险业务中,对投保人、被保险人或者再保险分出人的业务和财产情况,负有保密的义务。因此,为投保人被保险人或者再保险分出人保密是保险人或者再保险接受人的一项法定义务。

三、汽车保险合同的变更

保险合同的变更是指保险合同的有效期间,当事人依法对合同条款所作的修改或补充。变更保险合同的,应当由保险人在保险单或者其他保险凭证上批注或者附贴批单,或者由投保人和保险人订立变更的书面协议。汽车保险合同的变更主要涉及保险合同主体、客体以及内容的变更。

1. 保险合同主体的变更

保险标的所有权、经营权等发生转移,用益权发生变动或者债务关系发生变化均可导致保险合同主体的变更。如标的车转卖,需要变更被保险人等。

2. 保险合同的客体变更

保险合同的客体变更主要原因是保险标的的价值增减变化,引起保险利益的变化。

3. 保险合同内容的变更

保险合同内容的变更主要是指主体的权利义务的变更,即在保险合同当事人、关系人不变的情况下,更改保险合同条款。如被保险汽车的价值、危险程度、保险期限等的更改。

四、汽车保险合同的解除

保险合同的解除是指保险合同有效期间,当事人依照法律规定或合同规定提前终止合同效力的一种法律行为,分为法定解除和约定解除。

法定解除是法律赋予合同当事人的一种单方解除权。《中华人民共和国保险法》第十五条强调:"除本法另有规定或者保险合同另有约定外,保险合同成立后,投保人可以解除合同,保险人不得解除合同。"

约定解除又称协议解除,是指当事人双方经协商同意解除保险合同的一种法律行为。保险合同的协议解除要采取书面的形式,且不得损害国家和社会公共利益。

1. 投保人的合同解除权

法律之所以给投保人合同解除权,因为投保人订立保险合同的目的是保险事故或保险事件发生后,可以从保险人那里获得保险保障。但当主客观情况发生变化,投保人感到保险合同的履行已无必要,则可解除保险合同。但是,法律对此也有必要的限制:一是货物运输保险合同和运输工具航程保险合同,保险责任开始后,合同不得解除;二是当事人通过保险合同约定,对投保人的合同解除权做出限制的,投保人不得解除保险合同;三是国家有关法律规定的其他情形。

《机动车交通事故责任强制保险条例》规定,在交强险合同有效期内,投保人不得解除机动车交通事故责任强制保险合同,但有下列情形之一的除外:

(1)被保险机动车被依法注销登记的;
(2)被保险机动车办理停驶的;
(3)被保险机动车经公安机关证实丢失的。

2. 保险人的合同解除权

根据《中华人民共和国保险法》的规定，只有以下法定事由发生时，汽车保险的保险人才有权解除保险合同：

(1) 投保人故意或者因重大过失未履行保险法规定的如实告知义务，足以影响保险人决定是否同意承保或者提高保险费率的，保险人有权解除合同。

(2) 投保人、被保险人未按照约定履行其对保险标的的安全应尽责任的，保险人有权要求增加保险费或者解除合同。

(3) 在合同有效期内，保险标的的危险程度显著增加的，被保险人应当按照合同约定及时通知保险人，保险人可以按照合同约定增加保险费或者解除合同。

(4) 未发生保险事故，被保险人或者受益人谎称发生了保险事故，向保险人提出赔偿或者给付保险金请求的，保险人有权解除合同，并不退还保险费。

(5) 投保人、被保险人故意制造保险事故的，保险人有权解除合同，不承担赔偿或者给付保险金的责任。

五、汽车保险合同的终止

保险合同终止是指保险合同成立后因法定或约定事由发生，使合同确定的权利义务关系消灭，法律效力完全消失的事实。

汽车保险合同生效后，其效力一般会因为以下原因而终止：

(1) 保险合同因被解除而终止。

(2) 保险合同因期限届满而终止，这是保险合同终止最常见、最普遍的原因。

(3) 保险合同因履行而终止。保险合同有效期间，发生保险事故后，合同因保险人履行了全部保险金赔偿或给付义务而消灭。比如，被保险机动车发生机动车损失保险的保险事故，导致全部损失，或一次赔款金额与免赔金额之和（不含施救费）达到保险金额，保险人按保险合同约定支付赔款后，保险责任即终止。

(4) 保险合同因保险标的灭失而终止。保险标的的灭失是指保险事故意外的原因造成保险标的灭失或者丧失。如果保险标的非因保险事故而灭失，投保人就不再具有保险利益，保险合同也就因客体的消灭而终止。

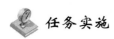

一、任务目的

运用所掌握的汽车保险合同的知识，完成对李明先生的服务，帮助其处理变更第三者责任险责任限额的问题，并处理李明先生的相关咨询。

二、计划与决策

(1) 确定分组及分工：3人一组，小组成员分别扮演李明先生、保险服务人员和观察员。

（2）客户收到保单，并不代表承保服务就结束，保险其实就是一个合同，在合同履行过程中，很可能出现问题甚至纠纷。服务人员首先要保证自己的服务是细致、严谨和专业的，遵章守纪，任何一个环节的疏漏都可能留下隐患。其次，服务人员要增强自己的法律意识，主动学习保险行业相关法律文件，做到知法、懂法、用法。

（3）汽车保险合同履行过程中，无论正常履行、变更、解除还是终止，都要受法律和行业规范的约束。

三、实施与控制

（1）准备本学习任务需要的资料和设备。

（2）完成客户投保咨询服务。

①对于李明先生拿到保单后就想开车出去玩的想法，你有什么建议呢？

操作提示：不要认为把保险卖出去就成功了，其实，这只是专业服务的第一步。客户买了保险，他的安危从此就与我们息息相关，而我们应该充分认识到自己又多了一份责任。

②李明先生想增加第三者责任险责任限额至 200 万元，该如何处理？

③李明先生想再次确认第三者责任险的赔偿是不累加计算的，请答复，并向李明先生解释保险合同工终止的几种情形。

操作提示：对于客户疑问，一定要耐心回答，切不可敷衍。客户的信任最能体现保险服务人员的价值，我们应该用自己的专业知识去创造价值。比如，回答李明先生疑虑问题后，还应向他解释其他险种的此类问题，给客户提供周全的专业服务。

④针对保险合同解除的法律问题向李明先生做普法宣传。

（3）在承保系统中处理李明先生的保单批改。

操作提示：单证批改需要完成填写申请、保险公司审核、出具批单的过程，必要情况下需要验车，如：

（4）小组展示。

四、总结与评价

综合评价表见表2-20。

综合评价表　　　　　　　　　　　　　　　表2-20

综合考评		自我评价	小组互评	教师评价	企业导师评价
素质考评 (40分)	能保持干净整齐的个人仪容仪表，保持良好仪态(5分)				
	能正确遵守服务礼仪(5分)				
	与客户交谈的语气、语速、语调恰当(10分)				
	能保持诚实、耐心、严谨和热情(10分)				
	积极向客户宣传诚实守信、遵纪守法(10分)				
技能考评 (60分)	能正确给客户讲解保险合同生效的问题(15分)				
	能正确回答客户关于保险合同履行的咨询(15分)				
	能正确为客户处理合同变更的问题(10分)				
	能正确向客户解释保险合同终止的问题(10分)				
	能正确提示客户守法、守约和安全(10分)				
本次得分(总分100分)					
最终得分(平均得分)					

知识拓展——保险利益原则

保险利益原则是指在签订保险合同时或保险合同履行过程中，投保人或被保险人对保险标必须具有保险利益的规定。《中华人民共和国保险法》第十二条规定："人身保险的投保人在保险合同订立时，对被保险人应当具有保险利益。财产保险的被保险人在保险事故发生时，对保险标的应当具有保险利益。"

一、保险利益的概念

保险利益是指投保人或者被保险人对保险标的具有的法律上承认的利益，又称可保利益。

保险利益产生于投保人或被保险人与保险标的之间的经济联系,它是投保人或被保险人可以向保险公司投保的利益,体现了投保人或被保险人对保险标的所具有的法律上承认的利害关系,即投保人或被保险人因保险标的遭受风险事故而受损失,因保险标的未发生风险事故而受益。

二、保险利益成立的必要条件

保险利益成立的必要条件见表 2-21。

保险利益成立的必要条件　　　　　　表 2-21

保险利益必须是合法的利益	保险利益必须是被法律认可并受到法律保护的利益,它必须符合法律规定,与社会公共利益相一致。保险利益产生于国家制定的相关法律、法规以及法律所承认的有效合同。具体而言,投保人或被保险人对保险标的的所有权、占有权、使用权、收益权、维护标的安全责任等必须是依法或依有法律效力的合同而合法取得、合法享有、合法承担的,凡是违法或损害社会公共利益而产生的利益都是非法利益,不能作为保险利益
保险利益必须是确定的利益	确定的利益是客观存在的、可实现的利益,而不是凭主观臆测、推断可能获得的利益,包括现有利益和期待利益。已经拥有的利益或者利害关系为现有利益,如投保人或者被保险人对已经拥有的财产的所有权、占有权、使用权等所享有的利益为现有利益。尚未拥有但可以确定的利益或利害关系为期待利益,这种利益必须建立在客观物质基础上,而不是主观臆断、凭空想象的利益。例如,预期的营业利润、预期的租金等属于合理的期待利益,可以作为保险利益
保险利益必须是经济利益	所谓经济利益,是指投保人或被保险人对保险标的的利益必须是可通过货币计量的利益

三、保险利益在不同保险中的存在

1. 财产保险的保险利益

由于财产保险的保险标的是财产及其有关利益,因此,凡因财产及其相关利益受损而遭受损失的被保险人,对财产及其相关利益就具有保险利益。财产损失保险的保险利益产生于被保险人与财产的不同关系,常见的有:

(1)财产的所有人、经营管理人对其所有或经营管理的财产有保险利益。

(2)财产的保管人、承租人、承包人等对其所保险、使用的财产具有保险利益。

(3)财产抵押权人、质押权人对抵押、质押的财产有保险利益。

(4)在合同关系中国,一方当事人或双方当事人对与之有经济利害关系的合同标的有保险利益。

2. 人身保险的保险利益

在人身保险中,保险合同签订时,投保人应对被保险人的寿命和身体具有保险利益。人身保险的保险利益虽然难以用货币估价,但同样要求投保人与保险标的(寿命或身体)之间具有经济利害关系,即投保人应对被保险人具有保险利益。

《中华人民共和国保险法》第三十一条规定:"投保人对下列人员具有保险利益:

(一)本人;

(二)配偶、子女、父母;

(三)前项以外与投保人有抚养、赡养或者扶养关系的家庭其他成员、近亲属;

(四)与投保人有劳动关系的劳动者;除前款规定外,被保险人同意投保人为其订立合同的,视为投保人对被保险人具有保险利益。"

四、遵循保险利益原则的意义

保险利益原则规定,投保人或被保险人对保险标的必须具有法律上承认的利益,否则,保险合同无效。在保险经营活动中,坚持保险利益原则意义深远。

(1)防止道德风险的发生。如果投保人以没有保险利益的保险标的投保,则有可能出现投保人为获得保险赔偿而任意购买保险,并盼望事故发生的现象。更有甚者,为了获得巨额赔偿或给付,采用纵火、谋财害命等手段,故意制造保险事故,增加了道德风险事故的发生。在保险利益原则的规定下,由于投保人与保险标的之间存在利害关系的制约,投保的目的是获得一种经济保障,一般不会诱发道德风险。

(2)避免赌博行为的发生。在保险业刚刚兴起的时候,有人以与自己毫无利害关系的远洋船舶与货物的安危为赌注,向保险人投保。若船货安全抵达目的地,则投保人丧失少量已付保费;若船货在航行途中灭失,他便可获得高于所交保险费几百倍甚至上千倍的额外收益,这种收益不是对损失的补偿,是以小的损失谋取较大的经济利益的投机行为。于是,人们就像在赛马场上下赌注一样买保险,严重影响了社会的安定。英国政府于18世纪通过立法禁止了这种行为,维护了正常的社会秩序,保证了保险事业的健康发展。保险利益原则规定,投保人的投保行为必须以保险利益为前提,一旦保险事故发生,被保险人获得的就是对其实际损失的补偿或给付,这就把保险与赌博从本质上区分开来。

(3)便于衡量损失赔偿金额,避免保险纠纷的发生。保险人对被保险人的保障,不是保障保险标的本身不遭灾受损,而是保障保险标的遭受损失后被保险人的利益,补偿的是被保险人的经济损失;而保险利益以被保险人对保险标的的现实利益以及可以实现的预期利益为限,因此是保险人衡量损失及被保险人获得赔偿的依据。保险人的赔付金额不能超过保险利益,否则被保险人将因此获得额外利益,这有悖于损失补偿原则。再者,如果不以保险利益为原则,还容易引起保险纠纷。例如,借款人以价值30万元的房屋作抵押向银行贷款15万元,银行将此抵押房屋投保,房屋因保险事故全损,银行作为被保险人,其损失是15万元还是30万元?保险人应赔付15万元还是30万元?如果不根据保险利益原则来衡量,银行的损失就难以确定,可能引起保险双方在赔偿数额上的纠纷。而以保险利益原则为依据,房屋全损只会导致银行贷款本金加利息的难以收回,因此,银行最多损失15万元及利息,保险公司不用赔付30万元。

学习任务4　汽车保险合同纠纷处理

任务描述

李明先生的朋友张某买了一辆新能源汽车,并在车辆经销商处购买了车险。近日,张某在停车过程中撞到路边花坛,导致车辆受损。事发后,张某立即向保险公司报案,但保险公司直到事发 3 个多月之后才出具定损结论。在等待定损期间,张某无法使用投保车辆,所以不得不租车代步,为此发生租车费 1 万元。张某认为是保险公司迟延定损,才导致发生租车费损失,因此要求保险公司赔偿该 1 万元,保险公司则认为租车费不属于理赔范围,所以不同意赔偿。李明先生向你打电话咨询此问题的处理意见,请给出合理建议。

学习目标

知识目标

1. 能描述保险合同的争议处理方式。
2. 能描述保险合同的解释原则。

能力目标

1. 能帮助客户处理保险纠纷。
2. 能指导客户尽量避免保险纠纷。

素质目标

1. 能保持认真负责的客户服务态度。
2. 树牢诚信服务的意识。
3. 养成严谨务实的工作作风。
4. 具备法律意识、规则意识,本着社会责任感去坚守和弘扬。

建议学时:4 学时。

一、汽车保险合同的争议处理方式

保险合同争议是指在保险合同成立后,合同主体就保险合同内容及履行时的具体做法等方面产生不一致甚至相反的理解而导致意见分歧或纠纷,可能产生于各主体之间。

解决汽车保险合同争议的方式一般有以下三种:

1. 协商

协商是指合同双方在自愿、互谅、实事求是的基础上,对出现的争议直接沟通,友好磋商,消除纠纷,求大同存小异,对所争议问题达成一致意见,自行解决争议的办法。协商解决争议不仅可以节约时间、节约费用,更重要的是可以在协商过程中,增进彼此了解,强化双方互相信任,有利于圆满解决纠纷,并继续执行合同。

对于消费者来讲,当遇到与保险公司协商的过程中出现无法调解的情况时,可以拨打银保监会的投诉电话12378,或者直接去银保监局、保险行业协会进行投诉。在行业监管方的主持下协商维权。

2. 仲裁

仲裁是指由仲裁机构的仲裁员对当事人双方发生的争执、纠纷进行居中调解,并做出裁决。仲裁机构实行"一裁终局"制,其做出的裁决,由国家规定的合同管理机关制作仲裁决定书,具有法律效力,当事人必须执行。申请仲裁必须以双方自愿基础上达成的仲裁协议为前提。仲裁协议可以是订立保险合同时列明的仲裁条款,也可以是在争议发生前或发生时或发生后达成的仲裁协议。

3. 诉讼

诉讼是指合同双方将争议诉至人民法院,由人民法院依法定程序解决争议、进行裁决的方式。保险合同纠纷案属民事诉讼法范畴,法院在受理案件时,实行级别管辖和地域管辖、专属管辖和选择管辖相结合的方式。《中华人民共和国民事诉讼法》第二十六条规定:"因保险合同纠纷提起的诉讼,由被告住所地或者保险标的物所在地人民法院管辖。"

我国现行保险合同纠纷诉讼案件与其他诉讼案一样,实行的是两审终审制,且当事人不服一审法院判决的,可以在法定的上诉期内向高一级人民法院上诉申请再审。第二审判决为最终判决。一经终审判决,立即发生法律效力,当事人必须执行;否则,法院有权强制执行。当事人对二审判决还不服的,只能通过申诉和抗诉程序。

二、汽车保险合同的解释

保险合同属附合合同,或称格式合同,合同条款也往往由保险人事先印就。合同订立后,当事人之间可能会产生因对合同条款理解不一致的情况,如果因此申请仲裁或向法院起诉的,理应对有争议的保险合同条款作出公平合理、准确恰当的解释,既要保护被保险人或受益人的权益,也要维护保险人的正当利益。

保险合同解释的原则有:

1. 文义解释原则

文义解释原则是指按照保险合同条款通常的文字含义并结合上下文解释的原则。如果同一词语出现在不同地方,前后解释应一致,专门术语应按本行业的通用含义解释。

2. 意图解释原则

意图解释原则是指必须尊重双方当事人在订约时的真实意图进行解释的原则。这一原则一般只适用于文义不清,条款用词不准确、混乱模糊的情形,解释时要根据保险合同的文字、订约时的背景、客观实际情况进行分析推定。

3. 专业解释原则

专业解释是对保险合同中使用的专业术语,按照其所属行业或学科的技术标准或公认的定义来解释。

4. 有利于被保险人和受益人的原则

按照国际惯例,对于单方面起草的合同进行解释时,应解释遵循有利于非起草人的解释原则。由于保险合同条款大多是由保险人拟定的,当保险条款出现含糊不清的意思时,应做有利于被保险人和受益人的解释。但这种解释应有一定的规则,不能随意滥用。此外,采用保险协议书形式订立保险合同时,由保险人与投保人共同拟定的保险条款,如果因含义不清而发生争议,并非保险人一方的过错,其不利的后果不能仅由保险人一方承担。如果一律作对被保险人有利的解释,显然是不公平的。

 任务实施

一、任务目的

运用所掌握的汽车保险合同纠纷处理知识,完成对李明先生的服务,对其朋友遇到的问题提出建议。

二、计划与决策

(1)确定分组及分工:3人一组,小组成员分别扮演李明先生、保险服务人员和观察员。

(2)发生汽车保险纠纷,应积极协商处理,如果协商无果,或涉案金额较大、证据确凿的,可以进行仲裁,或向法院提起诉讼,用法律的武器来维护合同公平,打击欺诈或违法行为。

(3)任何情况下,维权要合理合法。专业服务人员在提出建议时,一定要站在客观的立场,以事实为依据,以法律为准绳,注意自己的言辞。

三、实施与控制

(1)准备本学习任务需要的资料和设备。

(2)小组内讨论,分析该纠纷事件的性质,初步确定过错方及责任,查找资料,寻找法律依据。

操作提示:保险合同纠纷的处理必须以合同为基础,以事实为依据,以法律为准绳。保险服务人员应该多学习法律知识,尽可能多地去了解与保险相关的法律,如《中华人民共和国保险法》《中华人民共和国合同法》《中华人民共和国道路交通安全法》等。

(3) 回复客户咨询。

_____

_____

_____

操作提示:回复客户的话术应该是在充分聆听客户诉求并进行了充分调查分析的基础上拟出的。话术不仅要有理有据,还要充分考虑客户感受。注意,保险服务人员不是在宣判,而是在沟通,要运用专业知识获取客户满意,从而实现自身价值。

(4) 小组展示,组间评价,选出最佳方案。

最佳方案:_____

_____

四、总结与评价

综合评价表见表2-22。

综合评价表　　　　　　　　　　　　　　　　表2-22

综合考评		自我评价	小组互评	教师评价	企业导师评价
素质考评 (40分)	能保持干净整齐的个人仪容仪表,保持良好仪态(5分)				
	能正确遵守电话礼仪(5分)				
	与客户交谈的语气、语速、语调恰当(10分)				
	能保持诚实、耐心、严谨和热情(10分)				
	处理问题过程中表现出较强法律意识(10分)				
技能考评 (60分)	能正确查找专业资料(15分)				
	能运用所学知识对事件进行专业分析(15分)				
	能拟定有效的事件处理方案(15分)				
	能正确指引客户依法维权(15分)				
本次得分(总分100分)					
最终得分(平均得分)					

知识拓展——处理车险合同纠纷的法律依据

审理保险合同纠纷案件所依据的法律有很多,常用的有《中华人民共和国保险法》《中华人民共和国合同法》《中华人民共和国民事诉讼法》《中华人民共和国道路交通安全法》等。

现行《中华人民共和国保险法》经数次修改,有力地促进了保险合同法律制度的完善,为保险业的健康发展奠定了坚实的法治基础,但其涉及合同部分的条文不多,有的规定较为原则,不能完全满足保险市场发展和审判实践的需要,为了切实维护当事人的合法权益,最高人民法院依据相关法律,结合审判实践,先后出台了4部司法解释。其中,专门针对财产保险合同部分有关法律适用问题的是解释四,该司法解释充分尊重了保险司法规律,恪守了保险的一般原理,为相关保险合同纠纷制定了统一裁判标准,具体条文包括如下内容:

第一条 保险标的已交付受让人,但尚未依法办理所有权变更登记,承担保险标的毁损灭失风险的受让人,依照保险法第四十八条、第四十九条的规定主张行使被保险人权利的,人民法院应予支持。

第二条 保险人已向投保人履行了保险法规定的提示和明确说明义务,保险标的受让人以保险标的转让后保险人未向其提示或者明确说明为由,主张免除保险人责任的条款不生效的,人民法院不予支持。

第三条 被保险人死亡,继承保险标的的当事人主张承继被保险人的权利和义务的,人民法院应予支持。

第四条 人民法院认定保险标的是否构成保险法第四十九条、第五十二条规定的"危险程度显著增加"时,应当综合考虑以下因素:

(一)保险标的用途的改变;
(二)保险标的使用范围的改变;
(三)保险标的所处环境的变化;
(四)保险标的因改装等原因引起的变化;
(五)保险标的使用人或者管理人的改变;
(六)危险程度增加持续的时间;
(七)其他可能导致危险程度显著增加的因素。

保险标的危险程度虽然增加,但增加的危险属于保险合同订立时保险人预见或者应当预见的保险合同承保范围的,不构成危险程度显著增加。

第五条 被保险人、受让人依法及时向保险人发出保险标的转让通知后,保险人作出答复前,发生保险事故,被保险人或者受让人主张保险人按照保险合同承担赔偿保险金的责任的,人民法院应予支持。

第六条 保险事故发生后,被保险人依照保险法第五十七条的规定,请求保险人承担为防止或者减少保险标的的损失所支付的必要、合理费用,保险人以被保险人采取的措施未产生实际效果为由抗辩的,人民法院不予支持。

第七条 保险人依照保险法第六十条的规定,主张代位行使被保险人因第三者侵权或者违约等享有的请求赔偿的权利的,人民法院应予支持。

第八条 投保人和被保险人为不同主体,因投保人对保险标的的损害而造成保险事故,保险人依法主张代位行使被保险人对投保人请求赔偿的权利的,人民法院应予支持,但法律另有规定或者保险合同另有约定的除外。

第九条　在保险人以第三者为被告提起的代位求偿权之诉中,第三者以被保险人在保险合同订立前已放弃对其请求赔偿的权利为由进行抗辩,人民法院认定上述放弃行为合法有效,保险人就相应部分主张行使代位求偿权的,人民法院不予支持。

保险合同订立时,保险人就是否存在上述放弃情形提出询问,投保人未如实告知,导致保险人不能代位行使请求赔偿的权利,保险人请求返还相应保险金的,人民法院应予支持,但保险人知道或者应当知道上述情形仍同意承保的除外。

第十条　因第三者对保险标的的损害而造成保险事故,保险人获得代位请求赔偿的权利的情况未通知第三者或者通知到达第三者前,第三者在被保险人已经从保险人处获赔的范围内又向被保险人作出赔偿,保险人主张代位行使被保险人对第三者请求赔偿的权利的,人民法院不予支持。保险人就相应保险金主张被保险人返还的,人民法院应予支持。

保险人获得代位请求赔偿的权利的情况已经通知到第三者,第三者又向被保险人作出赔偿,保险人主张代位行使请求赔偿的权利,第三者以其已经向被保险人赔偿为由抗辩的,人民法院不予支持。

第十一条　被保险人因故意或者重大过失未履行保险法第六十三条规定的义务,致使保险人未能行使或者未能全部行使代位请求赔偿的权利,保险人主张在其损失范围内扣减或者返还相应保险金的,人民法院应予支持。

第十二条　保险人以造成保险事故的第三者为被告提起代位求偿权之诉的,以被保险人与第三者之间的法律关系确定管辖法院。

第十三条　保险人提起代位求偿权之诉时,被保险人已经向第三者提起诉讼的,人民法院可以依法合并审理。

保险人行使代位求偿权时,被保险人已经向第三者提起诉讼,保险人向受理该案的人民法院申请变更当事人,代位行使被保险人对第三者请求赔偿的权利,被保险人同意的,人民法院应予准许;被保险人不同意的,保险人可以作为共同原告参加诉讼。

第十四条　具有下列情形之一的,被保险人可以依照保险法第六十五条第二款的规定请求保险人直接向第三者赔偿保险金:

(一)被保险人对第三者所负的赔偿责任经人民法院生效裁判、仲裁裁决确认;

(二)被保险人对第三者所负的赔偿责任经被保险人与第三者协商一致;

(三)被保险人对第三者应负的赔偿责任能够确定的其他情形。

前款规定的情形下,保险人主张按照保险合同确定保险赔偿责任的,人民法院应予支持。

第十五条　被保险人对第三者应负的赔偿责任确定后,被保险人不履行赔偿责任,且第三者以保险人为被告或者以保险人与被保险人为共同被告提起诉讼时,被保险人尚未向保险人提出直接向第三者赔偿保险金的请求的,可以认定为属于保险法第六十五条第二款规定的"被保险人怠于请求"的情形。

第十六条　责任保险的被保险人因共同侵权依法承担连带责任,保险人以该连带责任超出被保险人应承担的责任份额为由,拒绝赔付保险金的,人民法院不予支持。保险人承担保险责任后,主张就超出被保险人责任份额的部分向其他连带责任人追偿的,人民法院应予支持。

第十七条　责任保险的被保险人对第三者所负的赔偿责任已经生效判决确认并已进入执行程序,但未获得清偿或者未获得全部清偿,第三者依法请求保险人赔偿保险金,保险人以前述生效判决已进入执行程序为由抗辩的,人民法院不予支持。

第十八条　商业责任险的被保险人向保险人请求赔偿保险金的诉讼时效期间,自被保险人对第三者应负的赔偿责任确定之日起计算。

第十九条　责任保险的被保险人与第三者就被保险人的赔偿责任达成和解协议且经保险人认可,被保险人主张保险人在保险合同范围内依据和解协议承担保险责任的,人民法院应予支持。

被保险人与第三者就被保险人的赔偿责任达成和解协议,未经保险人认可,保险人主张对保险责任范围以及赔偿数额重新予以核定的,人民法院应予支持。

第二十条　责任保险的保险人在被保险人向第三者赔偿之前向被保险人赔偿保险金,第三者依照保险法第六十五条第二款的规定行使保险金请求权时,保险人以其已向被保险人赔偿为由拒绝赔偿保险金的,人民法院不予支持。保险人向第三者赔偿后,请求被保险人返还相应保险金的,人民法院应予支持。

项目三　汽车保险理赔

 项目概述

汽车保险理赔是指被保险车辆在发生保险责任范围内的损失后,保险人依据保险合同对被保险人提出的索赔请求进行处理的行为,是保险经营中的一项重要内容。整个工作主要包括接报案、事故查勘、事故定损、核损、赔款理算、核赔、赔付结案等环节。保险理赔是兑现赔偿或给付承诺的行为,其服务质量是衡量保险业发展水平、体现保险业现实价值的重要标志。保险公司优质的理赔服务工作,能保证保险合同双方合法权益得以实现,更将大幅度提升保险公司的企业形象,保险人应该谨慎处理保险理赔事宜。

 主要学习任务

1. 汽车保险理赔流程。
2. 接报案。
3. 事故查勘。
4. 事故定损。
5. 核损。
6. 赔款理算。
7. 核赔与赔付。
8. 欺诈案件处理。

学习任务1　汽车保险理赔流程

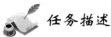 **任务描述**

李明先生驾驶自己的迈腾私家车带着家人去自驾游,在去往景区的路上不慎与一辆比亚迪车发生碰撞,造成两车受损,还好无人伤。懊恼之余,李明先生暗自庆幸自己买了汽车保险。但是,第一次开车出险的李明先生不知道该如何处理接下来的事情。作为专业车险理赔工作人员,你能否向其介绍一下保险公司车险理赔工作流程呢?

汽车保险理赔 项目三

汽车保险事故发生后,很多驾驶人因为没有索赔经历,不知道如何才能快速地处理好这个麻烦事,或者觉得忐忑不安,担心保险公司拖着不赔或找各种理由少赔。作为汽车保险服务人员,只有在熟练掌握保险理赔流程及相关内容的基础上,才能指导客户高效、合理索赔,帮助客户正确处理保险索赔中遇到的问题,使客户对保险理赔服务满意。

 学习目标

知识目标
1. 能描述汽车保险理赔特点及其基本原则。
2. 能描述汽车保险理赔的流程、主要内容及要求。

技能目标
1. 能遵循汽车保险理赔基本原则按照理赔流程完成理赔工作。
2. 能指导客户进行汽车保险索赔,并能帮助客户沟通和协调期间可能出现的相关问题。

素质目标
1. 能遵守国家法律、法规和汽车保险行业相关规定,正确分析和处理汽车保险服务工作的同时,不断强化法制意识、规则意识。
2. 建立自我管理集体意识,培养团队协作精神,能够积极沟通,严于律己。
3. 具有环保意识、安全意识和信息素养。
4. 在分析和解决问题的过程中,有创新意识,主动研究新工艺、新技能。
5. 养成良好的服务礼仪规范。

建议学时:1 学时。

 知识准备

汽车保险理赔是指被保险车辆在发生保险责任范围内的损失后,保险人依据保险合同对被保险人提出的索赔请求进行处理的行为。保险理赔是保险人依法履行合同义务的主要体现,理赔服务的好坏可以说是人们对保险公司进行评价的最重要指标。

一、汽车保险理赔的特点

由于汽车保险的特殊性,其理赔工作也有着显著的特点。

1. 被保险人的公众性

随着我国汽车保有量的迅速增加,作为被保险人的单位、企业和个人遍布社会各行业、各阶层。而大部分人对保险、交通事故处理及车辆维修等知识的了解相当有限,加之文化、知识和修养的局限或利益的驱使,保险理赔人员在工作中往往会遇到各种障碍。

2. 损失频率高且损失幅度较小

汽车保险承保的意外事故和自然灾害在车辆使用过程中是极易发生的。虽多数保险事故的损失金额不大,但保险理赔工作都需要规范进行。

3. 标的流动性大

相比财产保险的其他标的,汽车明显具有相当大的流动性。因此,发生事故的地点和时间不确定,保险公司必须拥有一个运作良好的服务体系来支持理赔服务。

4. 受制于修理厂的程度较大

汽车保险的损失补偿以修复为主,而承担这一工作的就是专业的修理厂。在很多保险客户看来,我买了保险,你就应该负责把我的车修好,而修理厂的价格、工期和维修质量却不受保险公司控制。此外,某些修理厂"只换不修"的做法也常常给保险理赔带来麻烦。要保证客户满意,保险公司往往需要进行大量协调工作。

5. 道德风险普遍

在财产保险业务中,汽车保险是道德风险的"重灾区"。由于保险标的的流动性强、被保人的公众性等特点,保险合同双方信息不对称、汽车保险条款不完善、相关的法律法规不健全及汽车保险经营管理中的漏洞等,给了不法之徒以可乘之机,汽车保险欺诈案件时有发生。

二、汽车保险理赔的基本原则

汽车保险理赔工作业务量大、技术性强,待理赔的案件情形各异、牵涉面广,诸多不利因素制约着理赔工作的顺利开展,所以,需要制定正确的工作原则,用以指导和规范具体工作。

1. 重合同,守信用,依法办事

从法律角度讲,保险本身就是一种合同行为,保险合同必须依法签订,当然,其所规定的权利和义务关系受法律保护。因而,在处理赔案时,一定要按照条款约定,该赔的要赔足,不该赔的不赔,坚决维护被保险人的合法利益。保险公司理赔工作人员应坚持重合同、守信用的原则,树立公司信誉,扩大保险的积极影响。

2. 坚持实事求是

受案件相关方及汽车维修厂等主体的影响,汽车保险理赔工作常常变得更复杂。在处理赔案过程中,要实事求是地进行处理,根据具体情况,正确确定保险责任、给付标准及给付金额。

3. 主动、迅速、准确、合理

"主动、迅速、准确、合理"是保险公司在长期理赔工作实践中总结出来的"八字"原则,已成为衡量和检查保险理赔工作的标准。其根本宗旨是提高保险服务水平,创造保险诚信经营氛围,促进保险业健康有序的发展。

三、汽车保险理赔业务流程

汽车发生事故后,投保人或被保险人需及时与承保的保险公司取得联系,保险公司会作出相应的理赔程序提示。

目前,各家保险公司的理赔流程描述不尽相同,但其主要环节基本一致,主要包括接报案、调度、查勘定损、签收审核索赔单证、赔款理算、核赔、赔付结案等步骤。图 3-1 是某保险公司理赔业务流程。

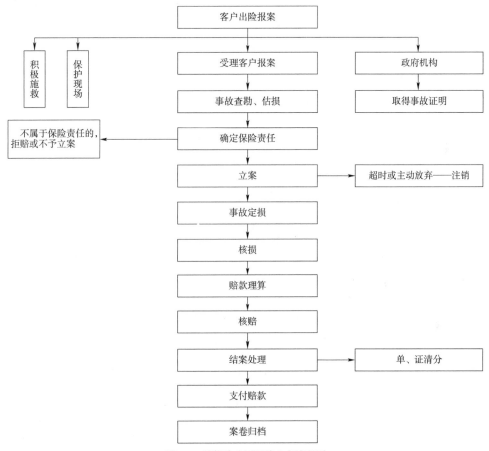

图 3-1 某保险公司理赔业务流程图

1. 接报案

保险公司均设置有专职接报案人员接听客户报案来电,接报案人员接到客户电话后,根据客户提供信息进入保险公司报案登记系统,确认是否属于保险标的。按照系统要求询问事故情况并记录,初步确定是否属于保险责任,在系统自动生成报案号后,将录入完整的信息发送调度平台,并根据案情告知客户相关注意事项。

2. 调度

调度系统依据报案信息了解大致案情及案件风险点,进行系统派工给线上、线下查勘定损员,告知案情并提示案件风险点。

3. 查勘定损

查勘定损员接到调度案件后,第一时间应与被保险人或报案人取得联系。

线上查勘定损员联系客户互加微信,通过微信或线上理赔小程序了解事故现场,收集相关证据,判断有无风险点,如有风险点则将案件转线下查勘定损员,如无风险点则指导客户去4S店或修理厂修车的事故服务顾问与查勘定损员接洽,确定损失项目及价格,完成事故定损。

线下查勘定损员电话联系客户,告知到达现场时间及相关提示,随后赶赴事故现场查勘,收集相关证据,撰写查勘报告,同时确定施救方案,并指导客户填写相关单证。在事故现场或修理厂初步确定损失项目及价格,出具定损报告,并告知客户相关理赔事宜。

4. 核损

核损人员根据查勘定损资料复核事故真实性,核定更换项目、维修项目、修复费用、施救费等,确定物损、人伤赔偿费用。

5. 签收审核索赔单证

保险公司接收被保险人提交的保险索赔单证,对不同案件所需资料进行核实,办理交接手续。在理赔时,由于车险事故分为单车事故、双车事故、车撞人事故等不同类型,所需要递交的单证也会相应不同。表3-1是某保险公司索赔单证清单摘要。

索 赔 单 证 清 单　　　　　　　　　　　表3-1

案件类型	所需单证		资料清单		
单方肇事无人员伤亡案件	1、2、3、4、5、6、7、8、11、12、13、14、31	1	索赔申请书	10	互碰自赔协议书(需由双方当事人、保险公司工作人员签字)
		2	被保险人营业执照(或者税务登记证或组织机构代码证)复印件盖章(赔款金额超过1万元需提供)或被保险人的有效证件	11	修车发票
		3	被保险人出具的转账支付授权书	12	互碰自赔协议书(需由双方当事人、保险公司工作人员签字)
单方肇事涉及人员伤亡案件	1、2、3、4、5、6、7、8、11、12、13、14、16、17、18、19、20、21、31	4	有驾驶证(正、副)复印件	13	施救费用及相关票据
		5	驾驶员的体检证明回执单(准驾车型为A或B需提供)	14	本车及三者车旧件回收单(如查勘时未要求可不需提供)
		6	营运车需提供驾驶员有效资格证,专业机械车、特种车需提供有效操作证	15	第三者物损票据、损失清单、事故及损失相片
双方肇事无人员伤亡案件	1、2、3、4、5、6、7、8、9、10、11、12、13、14、15、31	7	有效行驶证(正、副)复印件	16	伤残诊断证明、病例及医疗发票
		8	交通事故责任认定书(或证明)	17	交通事故评残证明
		9	交通事故损害赔偿调解书	18	交通事故死亡证明

续上表

案件类型	所需单证		资料清单		
双方肇事涉及人员伤亡案件	1、2、3、4、5、6、7、8、9、10、11、12、13、14、15、16、17、18、19、20、21、31	19	被抚养人及家庭关系户籍证明	26	购车发票原件
		20	伤者及护理人员收入证明	27	整套原配车钥匙
		21	伤者的有效证明及联系方式	28	县级以上公安机关为破获证明
		22	保单正本	29	车船税注销证明
盗抢险案件	1、2、3、4、5、6、22、23、24、25、26、27、28、29、30、31	23	机动车辆保险盗抢立（破）案登记表	30	权益转让书
		24	行驶证原件、机动车辆登记证书原件	31	其他与确认保险事故性质、原因、损失程度等有关的其他证明和材料
		25	购置附加费原件	备注：火烧车需提供消防部门出具的火灾原因消防证明或鉴定报告	

注：受害人向保险人索赔，除按上述要求提供资料外，还需提供被保险人出具的授权书。

其中，《索赔申请书》（某些保险公司也称作《出险通知书》）由保险公司提供，被保险人填写签字。

《中华人民共和国保险法》规定："保险人按照合同的约定，认为有关的证明和资料不完整的，应当及时一次性通知投保人、被保险人或者受益人补充提供。"

6. 赔款理算

理算人员根据被保险人提供的单证、事故责任认定书、损害赔偿调解书、车辆估损单、修理清单和修车发票以及各种其他赔偿费用单据，按照保险合同的约定及相关法律法规计算赔偿额，并缮制赔偿计算书。

7. 核赔

核赔人员对整个案件资料进行审核，审核是否属于保险责任、事故真实性、事故损失、理赔单证、赔款理算等，给出核赔意见。

8. 赔付结案

核赔人员将已完成审批手续的赔案编号，将赔款收据和计算书交财务向被保险人支付赔款。赔案了结后对单证进行清分归档。

对整个保险理赔流程，保险公司均有工作时效要求。《中华人民共和国保险法》也对此作出了一系列规定，这在很大程度上对行业服务起到了规范作用。

《中华人民共和国保险法》第二十三条规定："保险人收到被保险人或者受益人的赔偿或者给付保险金的请求后，应当及时作出核定；情形复杂的，应当在三十日内作出核定，但合同另有约定的除外。保险人应当将核定结果通知被保险人或者受益人；对属于保险责任的，在与被保险人或者受益人达成赔偿或者给付保险金的协议后十日内，履行赔偿或者给付保险金义务。保险合同对赔偿或者给付保险金的期限有约定的,保险人应当按照约定履行赔偿或者给付保险金义务。"

其实,面对激烈的市场竞争,各保险公司也将快速高效的理赔服务当作了竞争的主要手段,如某公司 2010 年首先推出"万元以下 1 日赔付"的理赔服务,各保险公司都迅速跟进,推出了相应的快速理赔机制。

近年来,各公司在提倡标准化服务的基础上,本着"让客户省心、省时、省力"的服务理念,推出诸多个性化、差异化服务,最大限度满足客户需求。比如,运用 App 进行现场查勘,10 分钟就可以完成查勘定损,并提供事故车辆接送、维修服务及三者直赔等理赔服务,线上理赔已经成为各保险公司普遍使用的理赔方式。

四、典型的专项案件处理

1. 简易赔案处理程序

实行简易赔案处理必须同时具备以下条件:

(1) 车辆损失险列明的自然灾害和被保险人或允许的驾驶人或约定的驾驶人单方肇事,不涉及第三者而导致的车损险案件。

(2) 案情简单,出险原因清楚,保险责任明确,损失容易确定。

(3) 车损部分损失可以一次核定,已损失金额一般在 5000 元以下。

(4) 车损部位可以一次核定,且受损的零部件按照价格目录可以准确确定价格。

简易赔案处理程序如图 3-2 所示。

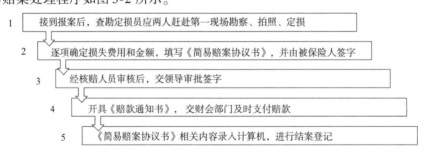

图 3-2 简易赔案处理程序

2. 逃逸案件处理程序

逃逸案件具体处理程序如图 3-3 所示。

3. 代位追偿案件处理程序

代位追偿案件具体处理程序如图 3-4 所示。

代位追偿案件处理应遵循以下原则:

(1) 只有机动车辆损失险适用于代位追偿。

(2) 代位追偿必须是发生在保险责任范围内的事故。

(3) 代位追偿是法定的保险人应履行的责任,根据权利义务对等的原则,代位追偿的金额应在保险金额范围内,根据实际情况接受被保险人全部或部分权益转让。

(4) 履行代位追偿以后,追偿工作必须注意债权债务的法律时效问题。

汽车保险理赔 项目三

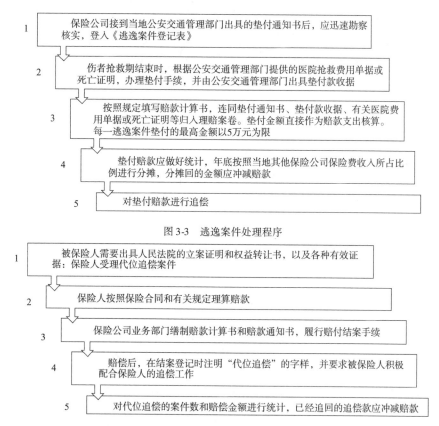

图 3-3 逃逸案件处理程序

图 3-4 代位追偿案件处理程序

4. 预付赔款案件处理

(1) 被保险人因特殊原因提出预付赔款请求,必须提交有关证明与材料。经审核确属于保险责任的,方可预付。

(2) 保险责任已经确定,但因保险赔偿金额暂时不能确定而难以尽快结案的,可以根据已有的证明材料,按照能确定的最低数额先行支付,待最终确定赔偿金额后,再支付相应的差额。

(3) 对于伤亡惨重、社会影响面大,被保险人无力承担损失的重大案件,经审核确定为保险责任但赔偿金额暂时不能确定的,可在估计损失的 50% 内先行支付。待最终确定赔偿金额后,支付相应差额。

5. 救助案件一般处理

保险公司针对救助案件一般处理流程如图 3-5 所示。

6. 疑难案件的处理

疑难案件分争议案件和疑点案件两种情况。

争议案件指保险人和被保险人对条款理解有异议或责任认定有争议的案件,在实际操作中采用集体讨论研究、聘请专家论证和上级公司请示等方式解决,保证案件圆满处理。

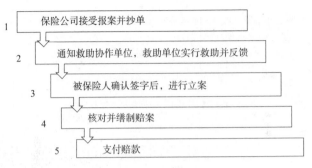

图 3-5 救助案件一般处理流程图

疑点案件指赔案要素不完全、定损过程中存在疑点或与客户协商不能达成一致的赔案。疑难案件调查采取 4 种形式，见表 3-2。

疑难案件调查形式　　　　　　　　　　　　　　　　表 3-2

案 件 类 型	调查负责人
在查勘定损过程中发现有疑点的案件	查勘定损员
在赔案制作和审批过程中发现有疑点的案件	保险公司的专门机构
骗赔、错赔案件和虚假赔案	纪检监察部门或人员
重大伤人案件	保险公司的专门机构

7. 注销案件的处理

注销案件指保险车辆发生保险责任范围内的事故，被保险人报案立案后未行使保险金请求权致使案件失效注销的案件，分为超出索赔时效注销和主动声明放弃索赔权利注销两种情况。

8. 拒赔案件的处理

(1) 拒赔案件要严格按照《中华人民共和国保险法》《机动车辆保险条款》的有关规定处理。

(2) 拒赔要有确凿的证据和充分的理由，慎重决定。

(3) 拒赔前应向被保险人明确说明原因，认真听取意见并向被保险人做好解释工作。

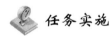 任务实施

一、任务目的

能准确描述汽车保险理赔的流程，指导客户进行汽车保险索赔，并能帮助客户沟通和协调期间可能出现的相关问题。

二、计划与决策

(1) 确定分组及分工：3 人一组，小组成员分别扮演李明先生、车险理赔工作人员和观察员。

(2)场地设施:多媒体教室。

(3)为了更好地使客户了解车险理赔流程,车险理赔工作人员除能准确讲解车险理赔基本工作流程外,还应根据车辆出险情况的不同,说明理赔工作具体内容变化情况,使客户能够明确车险索赔过程,同时又能信服保险公司工作人员的专业能力,在理赔过程中积极配合工作。

三、实施与控制

(1)小组根据任务描述中的案例信息,设置具体的细节内容。在此过程中,组内同学应做好分工,积极完成沟通交流。

(2)请以小组为单位,3人轮流完成角色扮演,观察员做好记录工作。

①作为专业的车险理赔工作人员,你能否完整地向车主说明车险理赔流程?

○是

○否,缺失部分有:＿＿＿＿＿＿＿＿＿＿＿＿＿＿＿＿＿

②请思考缺失理赔流程中的某一步骤流程可能会造成的后果。

缺少接报案流程可能产生的后果:＿＿＿＿＿＿＿＿＿＿＿

缺少事故查勘流程可能产生的后果:＿＿＿＿＿＿＿＿＿＿

缺少事故定损流程可能产生的后果:＿＿＿＿＿＿＿＿＿＿

缺少核损流程可能产生的后果:＿＿＿＿＿＿＿＿＿＿＿＿

缺少赔款理算流程可能产生的后果:＿＿＿＿＿＿＿＿＿＿

缺少核赔与赔付流程可能产生的后果:＿＿＿＿＿＿＿＿＿

操作提示:保险理赔流程是保险公司兑现对被保险人损失赔偿责任承诺的过程,理赔人员应坚守理赔原则,在"主动、迅速"服务的过程中,也要坚持理赔过程应"准确、合理",不能一味求快,直接跳过某些理赔步骤。

(3)为了使车主能够更好地理解车险理赔流程,请至少为李明先生设计3个车主可能存在的疑问,并做出完整、准确的解答。

问题:＿＿＿＿＿＿＿＿＿＿＿＿＿＿＿＿＿＿＿＿＿＿＿

你认为完整、准确的解答:＿＿＿＿＿＿＿＿＿＿＿＿＿＿

问题:＿＿＿＿＿＿＿＿＿＿＿＿＿＿＿＿＿＿＿＿＿＿＿

你认为完整、准确的解答：_____
_____

问题：_____
你认为完整、准确的解答：_____
_____

问题：_____
你认为完整、准确的解答：_____
_____

四、总结与评价

综合评价表见表 3-3。

综合评价表　　　　　　　　　　　　　　　　　　　　　　表 3-3

综合考评		自我评价	小组互评	教师评价	企业导师评价
素质考评 (40 分)	能保持干净整齐的个人仪容仪表，保持良好仪态(8 分)				
	能正确遵守服务礼仪(8 分)				
	与客户交谈的语气、语速、语调恰当(8 分)				
	能保持诚实、耐心和热情(8 分)				
	正确提示客户遵纪守法、安全用车(8 分)				
技能考评 (60 分)	能完整介绍车险理赔流程(15 分)				
	能正确理解理赔流程各步骤存在的作用(10 分)				
	能设计出有代表性的客户问题，并做出完整、准确的解答(15 分)				
	任务方案设计合理，实施过程完整有序，完成结果客户满意(10 分)				
	能积极查找和调用相关资源(5 分)				
	服务中有创新(5 分)				
本次得分(总分 100 分)					
最终得分(平均得分)					

知识拓展——道路交通事故互联网在线快处快赔模式

目前,公安部已经组织开发了全国统一的道路交通事故互联网在线快速处理系统,当事人下载安装"交管12123"手机App软件,注册用户并登录后即可使用"交管12123"手机App快处快赔功能进行交通事故快处快赔。

发生事故后,一方事故当事人现场拍照取证,上传App,采集所有当事人证件信息和照片,选择事故类型,可选择自行协商或者交警在线进行事故责任认定后,进入保险定损与理赔。

使用互联网在线快处快赔时,拍摄交通事故现场照片需要注意,在机动车行驶方向前方、后方,以及碰撞部位至少各拍摄一张事故现场照片,但照片总数不超过6张。照片应当能够清晰辨别机动车号牌号码、道路标志标线。

使用道路交通事故快处快赔流程还需要注意:

(1)发生适用快处快赔的道路交通事故时,当事人应开启危险报警闪光灯,夜间还须开启示廓灯和后位灯,并在车辆后方放置警示牌,拍摄现场照片后立即将车辆移至不妨碍交通的安全地点。

(2)对未按规定及时撤除现场,造成交通拥堵的,公安机关交通管理部门将对当事人处罚款200元的处罚。

(3)当事人撤离现场后,可以自行协商确定事故责任。对于自行协商成功但未采用互联网在线快处快赔模式进行在线处理的,当事人应当到事故保险理赔服务中心进行后续事故处理及财产损失评估;对于自行协商不成的,报警等待民警处理。

学习任务2 接 报 案

 任务描述

5月20日,李明先生驾驶牌号为川A22K34的迈腾车带着家人去自驾游,在成都温江区南熏大道因雨天路滑,与一辆比亚迪车相撞,造成标的车辆及三者车车辆受损、无人伤。由于李明先生是新驾驶员且首次出险,发生事故后感到不知所措,根据销售顾问及对方车主的建议,李明先生立即向保险公司打电话报案,当承保公司客服人员接通客户来电时应如何受理此案呢?

机动车辆发生保险事故后应及时向保险公司报案,保险公司应受理报案,同时立即启动理赔程序。受理报案结束后,保险公司的调度人员应立即派查勘定损员处理事故,告知查勘定损员相关案情及案件风险点。

 学习目标

知识目标

1.能描述接报案流程。

2. 能描述调度派工原则及工作流程。

技能目标

1. 能指导客户完成出险报案,并能帮助客户沟通和协调出险期间可能出现的相关问题。

2. 能按照调度派工原则准确完成调度派工工作。

素质目标

1. 能遵守国家法律、法规和汽车保险相关规定,正确分析和处理汽车保险服务工作的同时,不断强化法制意识、规则意识。

2. 建立自我管理以及集体意识,培养团队协作精神,能够积极沟通,严于律己。

3. 穿着得体,使用适合工作场所的语言和礼仪,保持良好的个人卫生,坚守职业规资格准则,正直、可靠。

建议学时:1 学时。

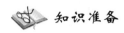

一、报案受理

机动车辆发生保险事故后,被保险人应及时向保险公司报案,除不可抗拒力外,被保险人应在保险事故发生后的 48h 内通知保险公司。《中华人民共和国保险法》规定,投保人、被保险人或者受益人知道保险事故发生后,应当及时通知保险人。否则,造成损失无法确定或扩大的部分,保险人不承担赔偿责任。报案是被保险人(或其权益相关人)向保险公司提请索赔申请的第一步,也是必需的一步。受理报案是指被保险人发生保险事故向保险公司报案后,保险公司将事故情况进行记录备案的过程(图3-6)。

图3-6 某保险公司报案系统

1. 受理报案的工作内容

目前,各大保险公司一般都向被保险人提供了多种便捷、畅通的报案渠道。可采取的报案方式通常有上门报案、电话报案、保险公司 App 报案等。其中,电话报案快捷方便,是最常用的报案方式,各大保险公司也提供了全国统一的报案电话,如中国人民保险的95518、太平洋保险的95500、中国人寿保险的95519、平安保险的95512等。

被保险人可向保险公司的理赔部门或客户服务中心报案,也可向经营单位或业务人员或保险公司的代理人等报案。对于在外地出险的事故,如果保险人在出险地有分支机构,被保险人可直接向其分支机构报案。虽说保险人提供了多种报案渠道,但在现实中,被保险人出险后,也会因交通不便、通信受阻等无法及时报案,此时可暂缓报案,等有条件时再报案,但一定要向保险人说明事实真相。

受理报案的主要工作内容有:

(1)负责受理被保险人报案,解答被保险人的问题。

(2)确认客户身份,了解客户保单信息及保障范围。

(3)了解出险情况,确认案件经过并详细记录。

(4)对可能存在的风险点进行相关信息的核实确认并记录。

(5)对客户进行必要的理赔服务提醒。

2. 受理报案的一般流程

受理报案工作主要是进行报案记录。报案记录工作主要有询问案情,查询、核对出险车辆承保、理赔信息,生成对应的报案记录,确定案件类型等内容。车险报案流程如图3-7所示。

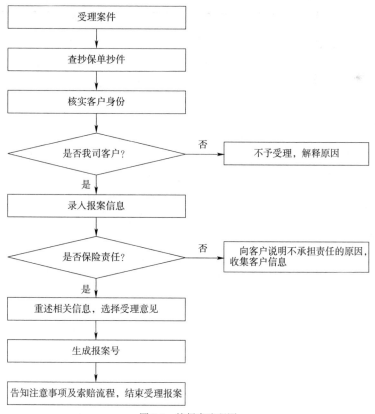

图3-7 接报案流程图

1)询问案情

询问案情时主要询问以下信息:

(1)保险车辆的有关信息,如保单号码、被保险人名称、车牌号码和厂牌型号等信息。

(2)出险信息,如出险时间、出险地点、驾驶人姓名、出险原因、事故经过和事故涉及的损失等。

(3)报案人信息,如报案人姓名、联系电话、与被保险人的关系等。

(4)人员伤亡情况:伤者总人数、伤者姓名、送医时间、医院名称及地址;特别注意伤者身份(驾驶人、本车乘客或第三者)。

(5)受损财物种类、所有人名称及施救情况。对于涉及第三者车辆的事故,应询问第三者车辆车型、车牌号码及保险情况等信息。

2)查询核对承保信息

根据报案人提供的保单号码、车牌号码、车型等关键信息,查询出险车辆的承保情况和批改情况。特别注意承保险别、保险期限等,如属非保险标的、出险时间不在保险期限内、非保险险别等不承担责任的,应耐心向客户解释说明。

3)查询历史出险、理赔信息

查询出险车辆的历史出险、理赔信息,核实是否存在重复报案风险。

4)生成报案记录

根据报案损失情况,正确选择案件类型、受理意见,审核所输入的信息,如同意受理,则确认后生成报案号。

5)告知注意事项及索赔流程,结束受理报案

生成报案号后应告知客户报案号的后面几位,以便进行后续处理;告知客户注意事项及索赔流程,如报交警处理、现场等待查勘等;同时还要告知查勘定损员尽快与客户取得联系。

二、调度派工

调度派工是受理报案结束后,保险公司通过系统调度案件给线上或线下查勘定损员,安排查勘定损员对人伤情况及车辆、财产损失等进行查勘和定损的过程。调度对时效要求非常高,一般在5分钟内完成,以确保查勘定损员能及时与客户联系,告知客户相关注意事项(图3-8)。

1. 调度派工的原则

调度派工一般遵循就近调度、一次调度原则,同一保险车辆的一起事故,无论生成几条报案记录,只生成一项查勘任务,进行一次查勘调度。

2. 调度派工的流程

调度派工的流程如图3-9所示。

(1)查找待调度案件。调度人员应不停地刷新待调度案件,发现待调度案件时应及时调度。良好的服务水平要求高效的调度,以确保客户能第一时间与查勘定损员联系,正确处理好事故。

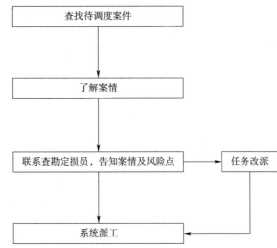

图3-8 调度中心操作界面　　　　　图3-9 保险公司常规案件的调度流程图

（2）了解案情。调度人员打开调度案件后，应快速了解案情。确定案件类型，准确调度，确认线上查勘还是线下查勘，并发觉案件风险点。

（3）联系查勘定损员，告知案情及风险点。当调度人员确定了派工方案后，应及时联系查勘定损员，告知查勘定损员案件的基本情况、案件风险点。

（4）系统派工。调度人员联系查勘定损员后应在系统内派工，把案件任务调到该查勘定损员的查勘平台，以便查勘定损员对案件进行后续处理。

（5）任务改派。当系统派工后，对于部分案件线上查勘定损员在查勘过程中发现案件有风险点或其他因素无法线上查勘的，可以将案件改派给线下查勘定损员进行查勘。

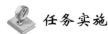 任务实施

一、任务目的

能熟练运用车险接报案流程，对车险报案进行有效讯问，准确快速地对案件进行识别，准确对查勘定损员派工。

二、计划与决策

（1）确定分组及分工：4~6人一组，小组成员分别扮演李明先生、保险公司客服人员、观察员。

（2）场地设施：多媒体教室。

（3）在具体实施接报案过程中，保险公司客服人员应时刻坚守更好地为客户服务理念。车主在车辆出险之后容易急躁，在打报案电话时可能会出现情绪不稳定的情况，保险公司客服人员要从服务客户的角度，安抚客户情绪，并快速准确地询问车辆出险信息、判断可能存在的风险点、作出相应的记录；在服务客户的过程中有义务提醒客户安全注意事项及后续理赔工作。

三、实施与控制

(1) 小组根据任务描述中的案例信息,设置具体的细节内容。
(2) 请根据实训项目列举出所需资料、工具。

_____
_____
_____
_____

(3) 请分组完成角色扮演:以小组为单位,轮流扮演保险客服人员、报案人,由保险客服人员指引报案人完成报案事宜,并生成报案号,观察员做好记录工作。

① 确认客户身份,了解客户保单信息及保障范围。
失误点:_____
改进意见:_____

② 了解出险情况,确认案件经过并详细记录。
失误点:_____
改进意见:_____

③ 向报案人重述相关重要信息。
失误点:_____
改进意见:_____

④ 选择案件类型、受理意见,自动生成报案号。
失误点:_____
改进意见:_____

⑤ 告知注意事项及索赔流程,结束受理报案。
失误点:_____
改进意见:_____

⑥ 保险客服人员电话礼仪运用情况。
失误点:_____
改进意见:_____

操作提示:保险客服人员在接到车险报案电话后,对于不属于车险保险责任的案件,不可以随意电话拒赔,正确的操作应是:_____

_____

(4) 如本次事故发生在一个非常偏僻的地方,可能存在哪些风险点?

接报案时应有针对性地询问什么问题?

_____

常见的存在事故风险点的案例有哪些？请列举 3~5 个。

_____

_____

_____

（5）保险公司客服人员受理李明先生的报案后，请依据案件信息编辑一条派工短信给事故查勘定损员。

_____

_____

_____

_____

四、总结与评价

综合评价表见表 3-4。

综合评价表　　　　　　　　　　　　　表3-4

综合考评		自我评价	小组互评	教师评价	企业导师评价
素质考评 (40分)	能保持干净整齐的个人仪容仪表，保持良好仪态(8分)				
	能正确遵守服务礼仪及电话沟通礼仪(8分)				
	与客户交谈的语气、语速、语调恰当(8分)				
	强化团队意识，积极为团队献策，善于倾听他人意见，调节团队争议(8分)				
	态度积极认真，服务客户耐心、热情(8分)				
技能考评 (60分)	能完整完成接报案流程(15分)				
	能依据事故案例信息进行准确、有效的询问(15分)				
	能准确、快速地对案件风险进行识别(15分)				
	能对案件进行准确派工(10分)				
	服务中有创新(5分)				
本次得分(总分100分)					
最终得分(平均得分)					

知识拓展——交通事故责任认定

一、交通事故概述

《中华人民共和国道路交通安全法》规定:道路交通事故是指车辆在道路上因过失或者意外造成的人身伤亡或财产损失的事件。

1. 与道路交通事故相关的概念

(1)车辆:是指在道路上行驶的机动车和非机动车。在轨道上运行的火车、地铁等不属于《中华人民共和国道路交通安全法》中的车辆范围。

机动车辆是指以动力装置驱动或牵引,在道路上行驶的供人员乘用或运送物品及进行工程专项作业的轮式车辆。

非机动车辆是指以人力或畜力驱动,在道路上行驶的交通工具,或虽有动力装置驱动,但设计速度、空车质量及外形尺寸均符合国家标准的残疾人机动车轮椅车、电动自行车等交通工具。

(2)道路:是指公路、城市道路和虽属于单位管辖范围但允许社会机动车辆通行的地方,包括广场、公共停车场等用于公众通行的场所。

2. 道路交通事故的构成要件

(1)交通事故必须发生在道路上。交通事故必须发生在《中华人民共和国道路交通安全法》中规定的道路上。

(2)必须是由车辆造成的事故。交通事故必须由机动车或非机动车造成的事故。

(3)必须发生在车辆运行过程中。交通事故车辆必须在运行过程中而非停止状态。车辆的运行速度、方向和目的等因素不影响交通事故的认定。

(4)必须要有损害后果的发生。交通事故必须在客观上造成了人身伤亡或财产损失。

(5)主观心理状态应是过失或意外。交通事故责任人的主观心理只能是过失或意外。过失是指加害人主观上应当预见到损害结果的发生,因粗心大意未能预见,或者虽已预见但因过于自信未采取恰当措施,导致交通事故的发生,如超载、违章等。

3. 交通事故的类型

(1)按交通事故损害后果分,有死亡事故、伤人事故、财产损失事故。
(2)按交通事故的严重程度分,有轻微事故、一般事故、重大事故、特大事故(表3-5)。

交通事故类型　　　　　　　　　　　　　　　　　　　　　表3-5

事故类型	概　念
轻微事故	一次造成轻伤1~2人;或财产损失,机动车事故不足1000元,非机动车事故不足200元的事故
一般事故	一次造成重伤1~2人或轻伤3人以上;或财产损失不足3万元的事故

续上表

事故类型	概念
重大事故	一次造成死亡1~2人或重伤3人以上10人以下;或财产损失3万元以上不足6万元;或虽未造成人员伤亡,但危机首长、外宾、著名人士的安全,政治影响很坏的事故
特大事故	一次造成死亡3人以上或重伤11人以上或死亡1人但同时重伤8人以上或死亡2人但同时重伤5人以上;或财产损失6万元以上的事故

二、交通事故责任

根据《道路交通事故处理程序规定》第四十五条的规定,公安机关交通管理部门经过交通事故调查后,根据当事人的行为对发生交通事故所起的作用以及过错的严重程度,将交通事故当事人责任分为全部责任、主要责任、同等责任、次要责任、无责任5类。

1. 负全部责任的主要情形

因一方当事人的过错导致交通事故的,承担全部责任;当事人逃逸造成现场变动、证据灭失,公安机关交通管理部门无法查证交通事故事实的,逃逸的当事人承担全部责任;当事人故意破坏、伪造现场、毁灭证据的,承担全部责任。

2. 负主要责任和次要责任的主要情形

双方当事人的违法行为共同造成交通事故的,违法行为在交通事故中作用大的一方负主要责任,另一方负次要责任;机动车与非机动车、行人发生的交通事故,若当事人双方均有条件报案而均未报案,致使无法认定事故责任的,机动车一方负主要责任,非机动车、行人一方负次要责任;由三方以上当事人的违法行为造成的交通事故,按各自违法行为在交通事故中的作用大小划分责任。

3. 负同等责任的主要情形

当事人双方的违法行为在交通事故中的作用相当的,双方负同等责任;机动车之间发生的交通事故,若双方均有条件报案而均未报案或未及时报案致使无法认定事故责任的,双方应当负同等责任。

4. 无责任的主要情形

交通事故是由一方当事人的交通违法行为所导致的,另一方无责任;事故当事人各方均无导致交通事故的过错,属于交通意外事故的,各方均无责任;一方当事人故意造成交通事故的,他方无责任;非机动车或行人与静止车辆发生的事故,机动车一方无责任。

三、根据因果关系认定交通事故责任

在交通事故责任认定中,因果关系是指交通事故当事人造成事故损害后果与涉及违法的事故原因之间的直接关系,即事故的直接原因;引起事故的其他因素如道路、气候等,不应作为加重或减轻当事人责任的原因。交通事故中的因果关系,主要有独立、综合和参与3种形式。

1. 独立因果关系

独立因果关系是指在一起交通事故中,只有一方当事人的违法行为是造成事故的原因,因此,全部责任均由一方当事人承担。这种因果关系有一因一果、多因一果的形式,一因一果是一个违法行为和交通事故发生有因果关系,多因一果是当事人有两种以上违法行为和事故发生有因果关系。

2. 综合因果关系

综合因果关系是指在交通事故中双方当事人都有违法行为,而且这些违法行为和交通事故的发生都存在着因果关系,即事故是由双方当事人的过错共同造成的。这种因果关系又分为重复综合和相互综合两种。

如果任何一方的违法行为都可以单独地造成该起事故,则为重复综合的因果关系;如果其中某方当事人的违法行为单独存在时,事故不一定发生,而在双方当事人的违法行为同时存在并相互作用下才能发生事故,则为相互综合的因果关系。一般负主要、同等和次要责任的交通违法行为的因果关系,都属于相互综合的因果关系。

3. 参与因果关系

在交通事故中,一方当事人的交通违法行为情节严重,和交通事故的发生存在着直接、必然的因果关系,而其他方当事人的违法行为和事故的发生也存在着一定的联系,不过这种关系是间接的、偶然的,与其他因素发生关系后才起作用,这种因果关系称为参与因果关系。在责任认定中,承担次要责任的当事人的交通事故行为,基本上也属于参与因果关系。

四、根据路权原则认定交通事故责任

1. 路权

路权是指交通参与者根据交通法规的规定在道路的一定空间范围和时间内使用道路进行交通活动的权利。路权包括通行权与先行权,路权规定充分体现了公民在道路交通活动中的权利、义务关系,是交通法规中的重要原则之一,也是事故责任认定的重要依据。在事故责任认定工作中,必须根据不同的道路条件来确定交通事故当事人的路权。

通行权的确定:通行权是交通参与者根据交通法规的规定,在道路某一空间范围内进行交通活动的权利;交通参与者在自己通行的区域内享有通行权利的同时,不得侵犯其他享有通行权者的权利。

先行权的确定:先行权是指交通参与者根据交通法规所享有的优先使用道路进行交通活动的权利;先行权建立在通行权的基础之上。

2. 根据路权认定责任大小

按照路权认定当事人的交通事故责任的大小,一般有以下几种情形:

(1)交通事故一方当事人的交通违法行为是违反通行权的过错行为,另一方当事人的过错行为不是违反通行权的行为,则由违反通行权一方当事人负事故的主要责任。

(2)双方当事人都有通行权时,由违反先行权的一方当事人负事故的主要责任,另一方当事人负相对应的责任。

(3)双方当事人都违反了通行权与先行权规定,如果没有其他过错行为存在,则双方应负事故的同等责任。

（4）双方都没有违反路权规定或都有违反路权规定以外的过错行为，应通过分析安全因素，认定事故责任的大小。

五、根据安全因素认定交通事故责任

《中华人民共和国道路交通安全法》及相关法规中明确体现了交通活动要确保安全的原则，特别是根据因果关系和路权规定无法认定事故责任时，应根据交通法规中有关确保安全规定，区分事故当事人的过错行为与事故发生的因果关系及其程度，认定事故当事人的责任大小。因此，在当事人都违反路权规定时，一方当事人违反确保安全规定，另一方未违反，则前者的行为是事故发生的主要原因，后者的行为是次要原因；在当事人都违反路权规定和确保安全规定时，一方违法情节严重，另一方情节相对较轻，则前者的行为是事故发生的主要原因，后者的行为是次要原因；在无法区分情节轻重时，说明双方的过错行为均是导致事故发生的等效原因。

六、交通事故责任的认定原则

根据以上认定交通事故责任的方法，可以归纳出以下几条认定交通事故责任的原则：

当事人有过错行为，其过错行为与交通事故有因果关系的，应当负交通事故责任；当事人没有过错行为或者虽有过错行为，但过错行为与交通事故无因果关系的，不负交通事故责任。

一方当事人的过错行为造成交通事故的，有过错行为的一方应负全部责任，其他方不负交通事故责任。

双方当事人的过错行为共同造成交通事故的，过错行为在交通事故中作用大的一方负主要责任，另一方负次要责任；违法行为在交通事故中作用基本相当的，双方负同等责任。

三方以上当事人的过错行为共同造成交通事故的，根据各自的过错行为在交通事故中的作用大小划分责任。

当事人逃逸或者故意破坏、伪造现场、毁灭证据，使交通事故责任无法认定的，应当负全部责任。

《中华人民共和国道路交通安全法》第七十六条规定：机动车与非机动车驾驶人、行人之间发生交通事故，非机动车驾驶人、行人没有过错的，由机动车一方承担赔偿责任；有证据证明非机动车驾驶人、行人有过错的，根据过错程度适当减轻机动车一方的赔偿责任；机动车一方没有过错的，承担不超过百分之十的赔偿责任。交通事故的损失是由非机动车驾驶人、行人故意碰撞机动车造成的，机动车一方不承担赔偿责任。

学习任务 3　事 故 查 勘

任务描述

5月20日7时55分左右在成都温江区南熏大道，由于雨天路滑，李明先生的迈腾轿车一辆比亚迪轿车相撞。根据保险合同的约定，李明先生应及时通知保险公司。保险公司需

要运用科学的方法和现代技术手段对保险事故现场进行勘察,查明事故的真实性,查清损失情况,同时,将事故现场、事故原因等内容完整而准确地记录下来,以便为客户提供快速的理赔服务。

汽车服务人员也应对保险公司的查勘工作进行详细了解,以便帮助客户进行保险索赔。

学习目标

知识目标

1. 能够识别保险事故现场。
2. 能够辨别保险事故类型。
3. 能描述线上查勘流程。
4. 能描述现场查勘流程。

技能目标

1. 能独立完成简单案件的线上查勘任务。
2. 能独立完成一般案件现场查勘任务,并能够为客户提供车险索赔服务。

素质目标

1. 遵守国家法律、法规和汽车保险行业相关规定,强化法制意识、规则意识,认真履行职业道德规范。
2. 从德向善、尊重生命、热爱劳动,具有社会责任感和社会参与意识。
3. 在履行工作职责、服务客户环节中,具有质量意识、安全意识和创新思维。
4. 完善自我管理能力,培养集体意识、团队协作精神。
5. 具有严谨的工作习惯和规范的礼仪习惯。

建议学时:8 学时。

子任务1 查勘基本流程

> 李明先生驾驶自己的迈腾车在南熏大道与一比亚迪车相撞,李明先生需要立即通知保险公司到现场吗?查勘定损员接到派工案件后有哪些工作?

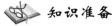
知识准备

一、事故查勘概述

1. 事故现场

道路交通事故的出险现场一般可分为三类,即原始现场、变动现场和恢复现场。

(1)原始现场。

原始现场也称第一现场,是指事故现场的车辆、物体以及痕迹等,仍保持着事故发生后的原始状态,没有任何改变或破坏的现场。这种现场保留了事故的原貌,可为事故原因的分析与认定提供直接证据,是最理想的查勘现场。

(2)变动现场。

变动现场也称移动现场,是指由于自然因素或人为原因,致使出险现场的原始状态发生改变的事故现场。包括正常变动现场、伪造现场和逃逸现场等(表3-6)。

变动现场分类 表3-6

类　　别	释　　义
正常变动现场	(1)为抢救伤者而移动车辆,致使现场的车辆、物体或人员位置发生了变化。 (2)因保护不善,导致事故现场被过往车辆、行人破坏。 (3)由于风吹、雨淋、日晒和下雪等自然因素,导致事故现场被破坏。 (4)由于事故车辆另有特殊任务,如消防车、工程救险车等在执行任务过程中出险后,需驶离现场,致使出险现场发生了变化。 (5)在一些主要交通干道或城市繁华地段发生的交通事故,为疏导交通而导致出险现场变化。 (6)其他原因导致事故现场变化,如车辆发生事故后,当事人没有察觉而离开现场的
伪造现场	事故当事人为逃避责任或嫁祸于人,有意改变现场遗留物原始状态的现场
逃逸现场	事故当事人为逃避责任而驾车逃逸,导致事故现场原貌被改变的现场

(3)恢复现场。

恢复现场是指事故现场撤离后,为分析事故或复查案件,需根据现场调查记录资料重新布置、恢复的现场。为与前述的原始现场相区别,这种现场一般称为恢复现场。

2. 事故类型

在对事故现场查勘中,根据事故发生的性质,一般把事故分为单方事故、双方事故和多方事故。单方事故是指标的车辆与固定静止的物体发生碰撞,造成人员伤亡或财产损失的事故,如公路护栏、树木、农田、山坡、建筑物等;双(多)方事故是指标的车辆与其他车辆一部或多部发生碰撞,造成人员伤亡或财产损失的事故。

二、事故查勘流程

查勘的目标,一是要快速查勘、准确掌握事故起因,二是要列明损失项目、估损金额。为了达到以上目标,应该遵循科学的查勘流程。随着技术的发展,目前保险公司查勘一般分为线上查勘、线下查勘两种。

1. 线上查勘工作的流程

线上查勘方便快捷,客户体验较好,一般适用于无人伤或轻微人伤、无物损、车辆不需施救且损失金额在一万元以下的案件(各家保险公司或分支机构对于线上查勘案件要求条件有所不同)。典型线上查勘流程如图3-10所示。

1)接受调度、联系客户

接到线上查勘案件后,快速在系统上查看报案信息及保单信息等,确认案件报案号、联系人姓名、联系电话、出险地址、出险原因及经过、出险造成的损失、投保险种等。

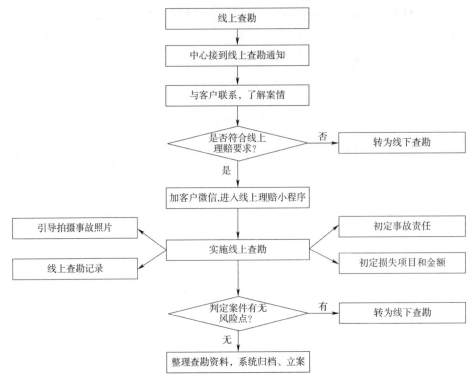

图 3-10 某保险公司线上查勘流程图

电话联系客户，告知客户自己身份，询问案件具体信息，确认是否属于线上理赔案件，对于在询问过程中发现不符合线上查勘要求的案件，如事故中有人员受伤较重的、车辆需要施救的、有严重物损的、车辆损伤金额超过一万元的等任一情况时，告知客户将案件改派为线下查勘，并系统完成案件的改派。

2）实施线上查勘工作

（1）引导客户进入线上理赔程序。

与客户确认案件信息后加客户微信，引导客户进入理赔程序，准备进行线上视频查勘。

（2）视频拍摄现场照片。

线上查勘定损员引导客户通过手机视频拍摄现场情形，并按照要求截取事故现场照片。现场照片需拍摄全景照、车身照、损失局部照、损失细目照、证件照、人车合影、车辆 VIN 码、隐损照等。

全景照要有永久性标志、参照物和车牌号码；车身照要包含车顶、车身和清晰的车牌号码，并且车身照要从 4 个方位进行拍照，分别是左前、右前、左后、右后 45°左右，每个角度拍一张，共 4 张；拍损失局部照时所有受损点要逐一进行拍照；损失细目照要针对受损点详细拍照；车辆 VIN 码一定要拍摄清楚；证件照要逐页拍照，在拍摄行驶证时注意查验行驶证上的 VIN 码和车辆上的 VIN 码是否一致。

在进行视频拍摄时，如涉及双车事故，为了更清晰地确认标的车和第三者车的损伤情况，除了拍摄两车碰撞在一起的照片之外，还应将两车碰撞部位挪开，分别拍摄两车的受损情况。

(3)核实事故情况。

通过视频对事故现场进行仔细勘验,对事故的出险时间和地点做出判断;查勘事故车辆的接触点、撞击部位和事故痕迹,查找事故附着物、现场散落物,检查事故车辆接触部位黏附的物体。

通过以上查勘,结合出险驾驶人或事故目击人员的叙述,初步判断事故的真实性,对存在疑点或报案不符的案件要改派线下查勘定损员,以便进行更加细致的勘察工作。

(4)核实标的车辆情况。

①通过视频检查事故车辆的车架号与保单是否相符,确认事故车辆是否为承保标的。核实事故车辆的行驶证与事故车辆是否一致,是否有效。

②通过视频观察及对报案人员的询问,确认事故车辆出险时是否在从事营运活动,是否与保单上记录的使用性质相符。

③在现场视频拍摄过程中,确认出险车辆载客人数、货物重量、高度等,车辆装载有无异常等。

在核实标的车辆情况过程中,如发现有风险点或可疑情形,出险时车辆使用性质发生变更等,则应尽量通过视频及询问收集证据,然后,将案件改派给线下查勘定损员,并告知其风险点。

(5)缮制查勘报告。

①填写标的车的情况,包括车牌号码、车型、车架号码、使用性质、是否审验合格等;写明标的车出险驾驶人的情况,包括驾驶证号码、准驾车型、是否审验合格、联系电话、与被保险人的关系等信息。

②写明出险的时间、地点、原因和事故经过。

③事故中有第三者车辆受损的,写明第三者车的相关情况,包括车牌号码、车型、车架号码、承保情况等。

④写明事故是否属实,事故损失是否属于保险责任范围,标的车在事故中所负的责任。

(6)事故处理及索赔指引。

①对于要由执法机关处理的事故,要主动询问客户是否熟悉事故处理流程;对于不熟悉事故处理流程的客户,查勘定损员要告知客户事故处理流程,指导客户处理事故。

②对标的车辆在事故中无责的,告知客户向有责任一方进行索赔,并提醒客户在修车前要通知有责任一方的保险公司进行定损,根据定损金额要求有责任一方支付维修费用。

③要告知客户索赔流程和注意事项,包括双方修车前要通知保险公司先进行定损;有物损的,还要告知客户物损的核定流程、核价查询电话、索赔所需资料等。

3)线上查勘后工作

线上查勘结束后,依据查勘结果给出查勘意见,对于属于线上查勘的案件,依据损伤情况准备线上定损工作。

对于有风险点的案件,改派为线下查勘,并向客户说明会有线下查勘定损员及时与其取得联系,进行线下查勘工作,并告知其注意事项。给出查勘意见,改派案件,线上查勘任务结束。

2. 线下查勘工作的流程

线下查勘又称现场查勘,现场查勘工作原则上应由两位以上查勘定损员参加,尽量查勘第一现场。如果第一现场已经清理,必须查勘第二现场,会同被保险人及有关部门调查了解有关情况。

查勘工作一般可分为查勘前的准备工作、接受调度、联系客户、到达事故现场工作、现场查勘结束后的工作。线下查勘流程如图 3-11 所示。

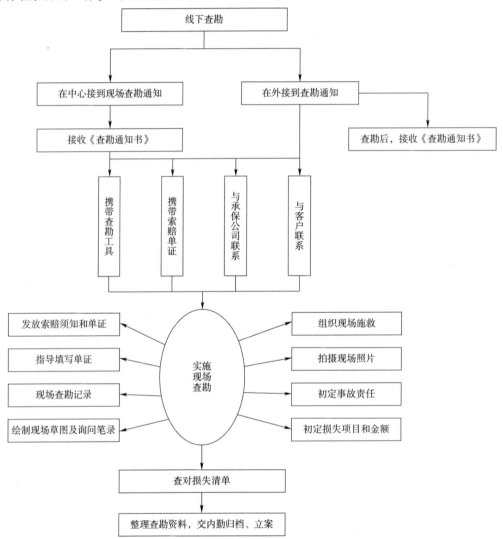

图 3-11 某保险公司线下查勘流程图

1) 查勘前的准备工作

(1) 检查相机的电量、内存是否充足,相机的格式、时间等是否正确;检查录音笔的电量、内存是否充足;带好卷尺、印泥、三角板、签字笔、手电筒、雨具等。

如电池、录音笔的电量不足,则及时更换电池或充电;如相机、录音笔的内存不足,则及时更换存储卡或清理存储卡空间;相机像素是否为 640×480,如不是则调整。

(2)准备常用的医疗用品,如创可贴、云南白药、碘酒、风油精、药棉、纱布等。

(3)检查查勘报告单、索赔指导书、出险通知书等单据是否准备充足。

(4)检查查勘车辆,如检查车身有无划痕,轮胎胎压是否充足,行李舱中警示标志、反光衣、应急灯是否带好,检查油量是否充足等。

2)接受调度

(1)接到查勘案件,应记录案件信息,如报案号、联系人姓名、联系电话、出险地址、出险原因及经过、出险造成的损失、投保险种等。

(2)如有其他案件需要处理,无法及时去现场,则及时告知调度,请求案件改派其他查勘定损员。

3)联系客户

在接到调度案件后,应在 5 分钟内和客户取得联系,用标准术语告知客户自己身份,询问客户具体信息,并提醒客户注意安全。

4)到达事故现场的工作

将查勘车辆停放在不影响通行的安全位置,带好查勘工具下车,用录音笔开始对案件进行录音。

(1)确认事故现场及客户身份并向客户做自我介绍。

首先通过车牌号码确认事故现场是要查勘的现场,同时确认客户身份,向客户进行自我介绍。介绍标准用语为"您好,请问是××先生/女士吗?我是××公司的查勘定损员,我姓×,这是我的名片。"

当客户着急烦躁时,及时安抚客户情绪,获得客户的配合。

(2)了解事故现场概况。

询问车主事故发生经过及造成的损失,然后对事发现场进行初步查勘,判断车主所说是否属实、案件有无风险点等,并请车主在查勘单证索赔申请书上写明事故经过,并签字确定。

如车主不配合,拒不写明事故经过,可根据车主描述,自行填写事故经过,但要再次向车主确认信息,请车主签字。

(3)拍摄现场照片。

同线上查勘一样,现场查勘也需拍摄全景照、车身照、损失局部照、损失细目照、证件照、人车合影、车辆 VIN 码、隐损照等。

全景照要有永久性标志、参照物和车牌号码;车身照要包含车顶、车身和清晰的车牌号码,并且车身要从 4 个方位进行拍照,分别是左前、右前、左后、右后 45°左右,每个角度拍一张,共 4 张;拍损失局部照时所有受损点要逐一进行拍照;损失细目照要针对受损点详细拍照,如有不明显的凹痕和划痕,可以用其他参照物对比;车架号一定要拍摄清楚;证件照要逐页拍照,在拍摄行驶证时注意查验行驶证上的车架号和车辆上的车架号是否一致,拍摄的单证有查勘记录单、索赔申请书及交警出具的事故责任书。

(4)核实事故情况。

①查勘事故车辆的接触点、撞击部位和事故痕迹,查找事故附着物、现场散落物,检查事故车辆接触部位黏附的物体。

通过以上查勘,分析事故附着物、散落物及事故痕迹是否符合,从而判断事故的真实性,对存在疑点或报案不符的事项进行重点调查。

②对事故现场进行仔细勘验,对事故的出险时间和地点做出判断,由此确定事故是否真实。

③查勘车辆行驶后遗留的轮胎印痕,勘查现场环境和道路情况,以便确认事故车辆的行驶路线。

④确定车辆行驶路线后,结合出险驾驶人或事故目击人员的叙述,根据《中华人民共和国道路交通安全法》等相关规定对事故责任做出判定。

⑤对出险的真实原因进行深入调查,通过近因原则判定事故造成的损失是否属于保险责任范围。

(5)核实标的车辆情况。

①检查事故车辆的车架号与保单是否相符,确认事故车辆是否为承保标的。

②核实事故车辆的行驶证与事故车辆是否一致,是否有效。

③确认事故车辆出险时是否在从事营运活动,是否与保单上记录的使用性质相符。

④查验出险车辆载客人数、货物重量、高度等,车辆装载有无异常等。

⑤检查出险驾驶人是否存在饮酒驾车现象;记录出险驾驶人姓名、联系电话,核实出险驾驶人与被保险人的关系,查明出险驾驶人使用标的车是否得到被保险人的允许;查验事故车辆驾驶人的驾驶证,核实驾驶证是否是出险驾驶人本人的,准驾车型、驾驶证是否有效等信息。

(6)核定事故损失。

①查勘定损员要确认事故车辆的损失部位,对非本次事故造成的损失要剔除,向顾客做出解释。

②造成其他财产损失的案件,要现场确认第三方财产损失的型号、数量等,对于货品及设施的损失,应核实数量、规格、生产厂,并按损失程度分别核实;对于房屋建筑、绿化带、农田庄稼等,要第一时间丈量损失面积。现场清点后,要列出物损清单,并要求事故双方当事人在清单上签名确认。

③对于人员伤亡的事故,要及时与事故当事人沟通,确认事故中人员伤亡的数量、伤势、伤员就医的医院。

(7)缮制查勘报告。

①填写标的车的情况,包括车牌号码、车型、车架号码、使用性质、是否审验合格等;写明标的车出险驾驶人的情况,包括驾驶证号码、准驾车型、是否审验合格、联系电话、与被保险人的关系等信息。

②写明出险的时间、地点、原因和事故经过。

③事故中有第三者车辆受损的,写明第三者车的相关情况,包括车牌号码、车型、车架号码、承保情况等。

④写明事故是否属实,事故损失是否属于保险责任范围,标的车在事故中所负的责任。

⑤绘制现场草图,要能够反映出事故现场的道路、方位、车辆位置、肇事各方行驶路线、

外界因素等。

(8)事故处理及索赔指引。

①对于要由执法机关处理的事故,要主动询问客户是否熟悉事故处理流程;对于不熟悉事故处理流程的客户,要告知客户事故处理流程,指导客户处理事故。

②对标的车辆在事故中无责的,告知客户向有责任一方进行索赔,并提醒客户在修车前要通知有责任一方的保险公司进行定损,根据定损金额要求有责任一方支付维修费用。

③要告知客户索赔流程和注意事项,包括双方修车前要通知保险公司先进行定损;有物损的,还要告知客户物损的核定流程、核价查询电话、索赔所需资料等。

(9)告别客户离开现场。

离开现场时要向客户告别,告别的标准用语为"××先生/女士,您的事故现场我已经处理完了,我现在要赶去处理下一个事故,如果您对事故处理或索赔过程中有什么不清楚的地方,可以和我联系。"

5)现场查勘结束后的工作

(1)按要求填写当天的查勘工作日志,注明违约案件及现场核案件情况,对当天查勘情况进行统计。

(2)对于现场没有提供第三方财务损失清单的案件,应主动与客户联系,要求客户提供损失清单,并根据现场查勘情况,核定第三方财务损失数量后,按要求交给相关核价人员核定价格。

(3)现场查勘的所有有关资料,需要上传理赔系统的,必须在规定时间内上传至车险理赔系统,如图3-12所示。

图3-12 查勘中心

三、现场查勘流程中需要注意的几个关键控制点

1. 组织现场施救

如果车辆仍处于危险中应立即协助客户采取有效的施救、保护措施以避免损失的扩大。

2. 拍摄现场照片

拍摄现场照片不仅要拍摄事故的全景,还要有保险车辆受损和反映局部受损程度的照片,对车辆损坏的项目要逐一拍照,散落的零件要放在车头一起拍照。照片还应尽可能地反映出灾害源,例如起火点。

3. 初定事故责任

根据查勘情况,初定是否属于保险责任。任何情况下,尚未了解事故真相之前,切忌主观武断、轻易表态,以免给理赔工作造成被动。

4. 初定损失项目及损失金额

对受损程度及类型分别清点,估计受损物件数量及残值,要求被保险人提供《财产损失清单》,并要求被保险人签字或盖章。

5. 绘制现场草图与询问笔录

重大赔案要绘制现场平面图,并走访相关人员,做询问笔录,询问笔录一定要被询问人签字或盖章。

6. 查勘记录

查勘记录的内容要全面准确,书写符合要求。

7. 发放索赔须知和索赔单证

发放索赔须知,明确告知被保险人索赔应提供的单证,如事故证明、事故报告等。

8. 指导填写单证

要求事故当事人详细、准确填写索赔申请书并签字或盖章。

9. 审核损失清单

对被保险人提供的《财产损失清单》逐一核对。

10. 交内勤归档

整理查勘收集到的证据、查勘笔录,一并交给内勤人员归档。

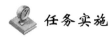

任务实施

一、任务目的

能独立完成一般事故的线上或线下查勘工作,要求查勘工作流程完整、规范,并能指导客户完成车险索赔。

二、计划与决策

(1) 确定分组及分工:4~6人一组,小组成员分别扮演李明先生、第三者车车主、车险查勘定损员和观察员。

(2) 场地设施:理赔整车实训场地、线上查勘系统实训室。

(3)查勘员在接到车险事故调度案件信息后,应在 5 分钟内与报案人取得联系,告知车主后续查勘事宜;坚持以人为本的原则,事故现场应第一关注人员伤亡情况,提醒报案人事故现场应注意人身安全。

(4)查勘定损员工作在事故现场一线,有时需要夜间作业,工作环境比较恶劣,这就要求查勘定损员不光要有严谨的职业素养,还必须要有吃苦耐劳的精神。

三、实施与控制

(1)小组根据任务描述中的案例信息,设置具体的细节内容。初步判定本次事故查勘应采用:○线上查勘　○线下查勘

判定依据为:_____

_____

(2)应准备的工具及资料有:_____

_____

(3)以小组为单位,完成查勘流程,观察员做好记录工作。

①查勘前准备工作是否齐全。

完成情况:_____

缺失项目:_____

②接受调度时询问信息是否完整准确。

完成情况:_____

缺失项目:_____

③与客户取得联系是否及时。

完成情况:_____

缺失项目:_____

④拍摄现场照片是否完整规范。

完成情况:_____

缺失项目:_____

⑤是否核实事故情况、事故车辆情况、事故损失情况。

完成情况:_____

缺失项目:_____

⑥缮制查勘报告是否完整、准确、规范。

完成情况:_____

缺失项目:_____

⑦是否进行事故处理及索赔指引。

完成情况:_____

缺失项目:_____

⑧资料上传理赔系统是否及时准确。

完成情况:_____

缺失项目：_____

⑨查勘定损员查勘工作流程是否完整。

完成情况：_____

缺失项目：_____

⑩查勘定损员查勘工作过程中沟通是否顺畅。

完成情况：_____

缺失项目：_____

操作提示：在查勘的过程中，查勘定损员不光要工作专业，做好线上及线下的事故现场案件资料收集，还要做好与客户的沟通工作，更好地服务客户。

四、总结与评价

综合评价表见表3-7。

综 合 评 价 表　　　　　　表3-7

综合考评		自我评价	小组互评	教师评价	企业导师评价
素质考评 (40分)	能保持干净整齐的个人仪容仪表，保持良好仪态(8分)				
	能正确遵守服务礼仪(8分)				
	与客户交谈的语气、语速、语调恰当(8分)				
	安全作业(8分)				
	能保持诚实、耐心和热情(8分)				
技能考评 (60分)	能正确使用相机、截图工具，正确使用单证(10分)				
	能完整完成事故查勘流程(15分)				
	能正确拍摄事故现场照片(5分)				
	能准确确认保险标的(5分)				
	能正确完成现场调查取证(5分)				
	能正确告知客户索赔事项(5分)				
	具有表单填写和报告撰写的能力，要求字迹清晰，语句通顺，无错别字，无涂改，无抄袭(5分)				
	能积极查找和调用相关资源(5分)				
	服务中有创新(5分)				
本次得分(总分100分)					
最终得分(平均得分)					

子任务2 查勘技术

5月20日7时55分左右在温江区柳台大道,由于雨天路滑,李明先生的迈腾轿车制动时失控,与前方的一辆比亚迪车相撞。查勘定损员到达事故现场开始作业时,李明先生对查勘定损员所做的工作很是好奇,你能介绍现场查勘的关键技术工作内容吗?

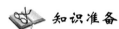

事故查勘技术工作主要包括收取物证、现场摄影、现场丈量、绘制现场草图、车辆检查等。

一、事故查勘的常用方法

1. 沿车辆行驶路线查勘法

在事故发生地点痕迹清楚的情况下,沿着车辆行驶路线进行取证、摄影和丈量,并绘制现场图,然后进行事故的原因分析与责任的认定;否则,不能使用这种方法。

2. 由中心向外查勘法

在发生事故现场范围不大,痕迹、物体集中,事故中心点明确的情况下,可以采用这种方法。

3. 由外向中心查勘法

当事故发生现场范围较大、痕迹较为分散时,可以采用这种方法。

二、收取物证

物证是分析事故原因最为客观的依据,收取物证是现场查勘的核心工作。对于交通事故的物证,在交通事故查勘过程中需要仔细收集。事故现场物证的类型有散落物、附着物和痕迹。

1. 散落物

散落物(图3-13)可分为车体散落物、人体散落物和他体散落物三类。车体散落物主要包括零件、部件、钢片、木片、漆片、玻璃、胶条等;人体散落主要包括事故受伤人员的穿戴品、携带品、器官或组织的分离品;他体散落物主要包括事故现场人、车之外的物证,如树皮、断枝、水泥、石块等。

2. 附着物

附着物(图3-14)可分为喷洒或黏附物、创痕物和搁置物三类。喷洒或黏附物主要包括血液、毛发、纤维、油脂等;创痕物主要包括油漆微粒、橡胶颗粒、热熔塑料涂膜、反光膜等;搁置物主要包括织物、粗糙面上的玻璃颗粒等。

图3-13 散落物

图3-14 附着物

3. 痕迹

不同的痕迹(图3-15),各有其形状、颜色和尺寸,往往是事故过程某些侧面的反映,因此,也是事故现场物证收集的重点。痕迹可分为车辆行走痕迹、车辆碰撞痕迹和涂污与喷溅痕迹三类。车辆行走痕迹主要包括轮胎拖印、压印和擦印等。车辆碰撞痕迹主要包括车与车之间的碰撞痕迹、车与地面之间的碰撞与擦刮痕迹、车与其他物体之间的碰撞与擦刮痕迹。其中,车与车之间的碰撞痕迹包括车辆正面与正面、正面与侧面、追尾等的碰撞痕迹;车与地面之间的碰撞与擦刮痕迹常见于车辆倾覆或坠落的事故;车与其他物体之间的碰撞与擦刮痕迹主要由车与路旁建筑物、道路设施、电线杆、树木等的接触产生。涂污与喷溅痕迹主要包括油污、泥浆、血液、汗液、组织液等的涂污与喷溅。

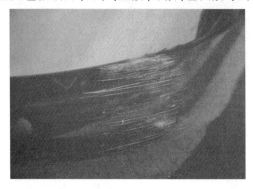

图3-15 痕迹

鉴于物证的重要性,查勘定损员要做好物证的收取,要在认识和发现物证的同时,利用科学的方法和手段取得物证。

三、现场摄影

无论线上查勘还是线下查勘,都需拍摄现场照片。由于事故现场极易被破坏,故在了解事故现场概况的同时,查勘定损员应及时拍取现场照片。现场照片的拍摄是贯穿整个事故查勘的主要工作。

1. 拍摄原则

先拍摄原始状况,后拍摄变动状况;先拍远景,后拍近景,再拍局部;先拍摄现场路面痕迹,后拍摄车辆上的痕迹;先拍摄易破坏易消失的,后拍摄不易破坏和消失的。照片必须清晰(车牌号码、VIN码、发动机号码、车损部位)、完整(能全面反映事故情况、损失情况)。

2. 相机要求

相机必须设置日期,并且显示的日期必须与拍摄日期一致,严禁以各种理由调整相机的系统日期;数码相机的照片像素大小调整为640×480;尽量避免使用立式拍摄,严禁用对角拍摄。

3. 现场照片内容

包括现场方位、概览、中心、细目照相;现场环境、痕迹勘验、人伤照相;道路及交通设施、地形、地物照相;分离痕迹、表面痕迹、路面痕迹、衣着痕迹、遗留物、受损物规格编码照相;车辆检验、两证检验照相。

4. 现场拍照顺序

首先是全景照,在事故现场的前后各拍一张全景,要把现场的道路情况、标志标线等反映出来;其次是方位照,从侧门拍摄,反映车辆所处的方位、行驶方向等;最后是细目照,把碰撞的部位、车损情况、地上的散落物、漆片、制动印、玻璃碎片等拍下来(图3-16)。

图3-16 部分现场照片

5. 隐损件拍摄

涉及隐损的零件及容易扩大损失的零件(如散热网、大灯、水箱等)需贴标签拍摄,标签上必须签署查勘定损员姓名和查勘时间。隐损件如图 3-17 所示。

图 3-17　隐损件

四、现场丈量

现场丈量必须准确，必要的尺寸不能缺少。现场丈量前，要认定与事故有关的物体和痕迹，选定事故现场附近一个永久性的固定点作为现场的基准点，然后逐项丈量并做好相应的记录。

1. 确定事故现场方位

事故现场的方位以道路中心线与指北方向的夹角来表示。如果事故路段为弯道，以进入弯道的直线与指北方向夹角和转弯半径表示。

2. 事故现场定位

事故现场的定位方法有三点定位法、垂直定位法和极坐标法。3 种定位方法首先都需要选定一个固定现场的基准点，基准点必须具有永久的固定性，如可选有标号的里程碑或电线杆。

三点定位法是用基准点、事故车辆某一点以及基准点向道路中心线作垂线的 3 个交点所形成的三角形来固定现场位置，所以只需量取三角形各边的距离即可。

垂直定位法是用经过基准点且平行于道路边线的直线与经过事故车辆某一个点且垂直于道路边线的直线相交所形成的两个线段来固定事故现场，所以只需量取基准点与交点、交点与事故车辆某一点两条线段的距离即可。

极坐标法是用基准点与事故车辆某一点连接形成线段的距离以及线段与道路边线垂直方向的夹角来固定事故现场，所以只需量取线段长度和夹角度数即可。

3. 道路丈量

道路的路面宽度、路肩宽度以及边沟的深度等参数一般需要丈量。

4. 车辆位置丈量

事故车辆位置用车辆的 4 个轮胎外缘与地面接触中心点到道路边缘的垂直距离来确定，所以只需量取 4 个距离即可。车辆行驶方向可根据现场遗留的痕迹判断，如从车上滴落油、水，一般其尖端的方向为车辆的行驶方向等。

5. 制动印痕丈量

直线形制动印痕的拖印距离直接测量即可;弧形制动印痕的拖印距离量取,一般是先四等分弧形印痕,分别丈量等分点至道路一边的垂直距离,再量出制动印痕的长度即可。

6. 事故接触部位丈量

事故接触部位的丈量,最关键的是先准确判定事故接触部位。事故接触部位是形成事故的作用点,是事故车辆的变形损坏点,因此,可根据物体的运动、受力、损坏形状以及散落距离等因素科学判断事故接触部位。对其丈量时,一般应测量车与车、车与人,或者车与其他物体接触部位距地面的高度、接触部位的形状大小等。

7. 其他的丈量

如果事故现场还有毛发、血迹、纤维、车身漆皮、玻璃碎片、脱落的车辆零部件、泥土、物资等遗留物,并且它们对事故认定起着重要作用,则一并需要丈量它们散落的距离或黏附的高度等。

五、绘制现场草图

现场查勘草图是根据现场查勘程序,在出险现场边绘制边标注,当场完成的出险现场示意图。它是现场查勘的主要记录资料,是正式的现场查勘图绘制的依据,是保险车辆事故发生地点和周围环境的小范围地形图。现场草图一般包括事故位置和周围环境以及遗留的相关痕迹、物证地点、运动关系、事故情况等。在现场绘制的草图可以不太工整,但是内容必须完整,尺寸、数字要准确,物体的位置、形状、尺寸、距离的大小应基本成比例,根据需要绘制立体图、剖面图和局部放大图。同时,要与现场查勘的笔录吻合。

1. 草图的基本内容

能够表明事故现场的地点和方位,现场的地物、地貌和交通条件;表明各种交通元素以及与事故有关的遗留痕迹和散落物的位置;表明各种事物的状态;根据痕迹表明事故过程、车辆及人畜的动态。

2. 绘图步骤

根据出险现场情况,选用适当草图比例,进行图面构思;画轮廓,即画道路边缘线和中心线,确定道路走向,在图的右上方绘制指北标志并标注道路中心线与指北线的夹角;根据图面绘制的道路,用同一近似比例绘制出险车辆图例,再以出险车辆为中心向外绘制各有关图例;标尺寸;进行小处理,即根据需要绘制立体图、剖面图、局部放大图,加注文字说明;核对,即检查图中各图例是否与现场相符,尺寸有无遗漏和差错;签名,经核对无误,绘图人、当事人或代表应签名。现场图如图3-18所示。

六、车辆检查

车辆的技术状况及乘员载重状况,与交通事故有直接关系必须认真地进行检查和鉴定。检查的内容包括转向、制动、挡位、轮胎、喇叭、灯光、后视镜、刮水器以及车辆的乘员和载重情况等。受现场勘查时条件所限,在事故车辆允许的情况下,一般进行路试检查。如果必须进行台架试检查,可由国家承认的车辆性能鉴定机构进行鉴定检查。

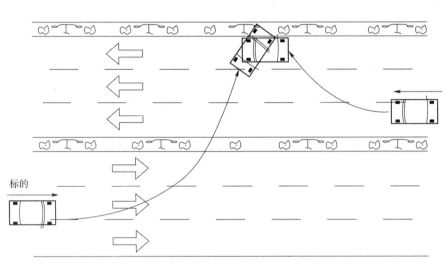

图 3-18 现场图

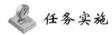

一、任务目的

(1) 能够准确完成事故现场摄影工作,要求现场照片摄影清晰、完整、规范。
(2) 能够准确完成事故查勘报告撰写工作,要求报告要素齐全、规范、无涂改痕迹。

二、计划与决策

(1) 确定分组及分工:4~6人一组,小组成员分别扮演车险查勘定损员和观察员。
(2) 场地设施:理赔整车实训场地、多媒体教室。
(3) 车险查勘工作要求车险查勘定损员按照车险查勘流程操作规范标准,还应具备专业的查勘技术能力、对事故发生风险的敏锐观察力及证据收集能力。

三、实施与控制

(1) 小组根据任务描述中的案例信息,设置具体的细节内容,布置事故现场场景。
(2) 现场摄影应准备的设备有:_____
在摄影前应做好的设备调试工作有:_____
_____
(3) 以小组为单位完成事故现场摄影工作,观察员观察并查看拍摄照片,做好记录工作。
①全景照拍摄情况及不规范部分描述:_____
_____
②车身照拍摄情况及不规范部分描述:_____
_____

③VIN 码拍摄情况及不规范部分描述：_____
_____

④损失局部照拍摄情况及不规范部分描述：_____
_____

⑤损失细目照拍摄情况及不规范部分描述：_____
_____

⑥隐损照拍摄情况及不规范部分描述：_____
_____

⑦单证照拍摄情况及不规范部分描述：_____
_____

⑧其他照片拍摄情况及不规范部分描述：_____
_____

操作提示：在事故现场摄影过程中遵循现场摄影拍摄原则，既要求拍摄照片的完整性，也要求其清晰、规范，能够反映事故发生的过程及造成的损伤情况。

（4）查勘报告是指查勘定损员在接到车险报案，到达现场后通过对事故现场的勘查，客户及周围群众的询问、走访，了解案件真实发生情况后，根据现场调查取证情况对于案件的真实性进行判断、损失情况进行汇总记录的报告。查勘报告的功用共有 3 个，分别是：_____
_____

（5）以小组为单位撰写查勘报告，观察员观察并记录。
①标题具体要求：_____
_____

完成不规范部分：_____
_____

②基本信息具体要求：_____
_____

完成不规范部分：_____
_____

③案情描述具体要求：_____
_____

完成不规范部分：_____
_____

④报告结论具体要求：_____
_____

完成不规范部分：_____
_____

四、总结与评价

综合评价表见表 3-8。

综合评价表   表3-8

综合考评		自我评价	小组互评	教师评价	企业导师评价
素质考评(40分)	能保持干净整齐的个人仪容仪表,保持良好仪态(8分)				
	能正确遵守服务礼仪(8分)				
	与客户交谈的语气、语速、语调恰当(8分)				
	能保持诚实、耐心和热情(8分)				
	团结协作,积极为团队献策,善于倾听他人意见,调解团队争议(8分)				
技能考评(60分)	任务方案完整可行(10分)				
	实施过程完整流畅,操作规范(10分)				
	完成结果照片要素齐全、完整、质量良好;报告要素齐全,数据文字及填写方法正确(20分)				
	能正确运用理论知识回答客户咨询(10分)				
	能积极查找和调用相关资源(5分)				
	工作过程中有创新服务(5分)				
本次得分(总分100分)					
最终得分(平均得分)					

子任务3 新能源汽车事故查勘

李明先生驾驶自己的迈腾车在南熏大道与一比亚迪车相撞,李明先生已经报保险公司,经询问发现第三者车是比亚迪新能源汽车,查勘定损员在进行事故查勘作业时工作内容会不同吗?对新能源汽车查勘时重点查勘哪些地方呢?

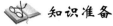
知识准备

一、查勘准备

1. 确认被保险人车辆基本信息

在接收保险信息后,首先需要通过报案抄单了解车辆基本情况,包括厂牌型号、车牌号码、使用性质、使用年限、保险期限等信息。可根据车辆的厂牌型号、车牌号码预先判断出险车辆是否为新能源汽车。

2. 了解事故状态信息

确认被保险人车辆信息后,如出险车辆是新能源汽车,应及时向出险驾驶人了解事故状态信息,主要包括车辆能否正常行驶,仪表盘有无故障显示,车辆电池包是否受损、是否有漏液现象,高压部件是否受损,气囊是否引爆,是否存在人员伤亡等信息。

3. 做好查勘前预案

根据已经了解的事故损伤情况,预先做出现场查勘预案,携带好必备的查勘工具和救护用具,为现场查勘做好充分准备。

特别提示:在进行新能源事故车辆现场查勘前,务必穿戴好防护装备,在查勘过程中,如遇起火冒烟等特殊情况,请勿靠近。

二、现场查勘

1. 信息核对

查勘定损员到达事故现场后,需要查验事故车辆是否属于承保标的车辆、是否存在第三者损失、出险车辆与现场是否吻合等。同时,要对出险车辆行驶证、驾驶证相关信息进行验证。

2. 查勘基本流程

由于新能源汽车碰撞事故存在极大的理赔风险与安全风险,所以针对新能源汽车事故现场的查勘,查勘定损员需要按照相关要求进行查勘,以规避理赔风险和避免安全事故的发生。现场查勘工作可参照以下基本流程操作:

(1)在车辆周围设置警示标识。

(2)进行外观查验,判断车辆损伤部位和损伤程度是否涉及高压部件。

(3)使用试电笔、万用表检查车辆损坏部位附近位置裸露金属部位(如轮毂)是否带电。

(4)在确认安全的情况下,检查仪表盘信息,主要包括故障信息、行驶里程、电池剩余电量(SOC值),并拍照记录。常见高压系统故障指示灯见表3-9。

常见高压系统故障灯　　　　　　　　　　表3-9

序号	故障指示灯名称	图　示	备　注
1	动力故障		此故障灯提示动力系统故障,通常会和其他故障灯一起亮,有时也会单独亮起
2	电量不足		此故障灯提示电动车电量不足,应及时进行充电
3	高压断开故障		此故障灯提示车辆内部的高压电断开,部分车型可能表示为12V蓄电池充电故障

续上表

序号	故障指示灯名称	图示	备注
4	动力蓄电池内部故障		此故障灯提示动力蓄电池包的内部发生了故障,车辆无法正常行驶。少数情况下,车辆还可以限速行驶
5	动力蓄电池包漏电		此故障灯提示动力蓄电池包漏电
6	动力蓄电池包高温		此故障灯提示动力蓄电池处于高温状态。充电也可能导致动力蓄电池处于高温状态
7	电机温度过高		此故障灯提示电动机温度过高

(5)对于不能行驶的车辆,应尽快拆卸12V蓄电池负极。条件允许时,断开维修开关。

(6)拍照记录车辆所有损伤情况。

(7)协助将车辆移至维修厂。

(8)如车主手机能够收到远程故障信息,应及时拍照保留证据。

3. 查勘操作要求

查勘要点及注意事项:在碰撞事故中最容易遭受损失的电动汽车部件有充电口、电机控制器等。

特别提示:如动力蓄电池包、高压部件外壳有损伤,可能存在绝缘失效漏电,需注意人员安全,建议联系专业人员处理。

三、特殊事故查勘

1. 托底事故

托底事故(图3-19)通常包含在碰撞类事故中,但电动汽车托底主要损伤为动力蓄电池,且事故损失赔付较高,风险较大,因此,了解此类事故查勘要点非常重要。应重点了解以下内容:

图3-19 托底事故

(1)动力蓄电池外观检查。可根据事故现场碰撞物体形状、材质,地面是否存在电池漏液等现象判断动力蓄电池损伤程度。如动力蓄电池有漏液现象,需远离车辆,及时呼叫专业救援;动力蓄电池无漏液现象,仅外壳轻微损伤,可进行后续检查。

(2)漏电检查。使用万用表进行检查。

(3)仪表盘检查。重点检查以下信息:车辆行驶里程;电池剩余电量(SOC值),或剩余续航里程;高压系统故障灯是否点亮;其他故障灯是否点亮。

(4)视情况拆卸12V蓄电池负极并断开维修开关。

(5)其他高压部件检查。检查驱动电机、电机控制器是否损伤,高压线束是否破皮、铜线裸露。如果任一高压部件存在损伤,可能会导致高压漏电。

2. 水淹事故

水淹事故现场往往是一个变化的事故场景,需注意现场查勘的时效性。动力蓄电池的绝缘状态是保证车辆安全的重要前提。当车辆遭遇水淹或涉水行驶时,如图3-20所示,会因高压系统绝缘等级下降导致车身带电,因此,在水淹事故现场查勘时,尤其要注意避免触电事故。应重点了解以下内容:

(1)穿戴好防护用具,如绝缘手套和绝缘鞋,有条件的需穿好绝缘服。

(2)注意查看车内是否有受困人员,可协助施救。

(3)在事故现场设置警示标识。

图3-20 车辆涉水行驶

(4)测量车辆浸水高度,拍照车身水位线痕迹,主要包括:车身表面的浸水高度;驾驶室的浸水高度;动力蓄电池是否全部浸入水中;高压部件浸水高度,并拍照驱动电机、电机控制器、高压线束、接插件等。

(5)确认水淹时间及水质情况。

详细询问车辆水淹时间并做好现场笔录,水淹时间对于新能源高压部件的损坏程度是一个很重要的判断依据。查看水质情况,不同水质对高低压部件的腐蚀是有区别的,注明水质状况,如城市污水、雨水、海水等。

当车辆出现漏电或者车辆不能行驶的情况,应尽快联系道路救援。如果判断水淹程度较轻,在确保安全的情况下可进行下一步操作。

(6)检查仪表信息。

重点检查仪表盘以下信息:车辆行驶里程,电池剩余电量(SOC值),剩余续航里程,高压系统故障灯是否点亮以及其他故障灯是否点亮。如果高压故障灯点亮,需拆卸12V蓄电池负极并断开维修开关(若维修开关壳体有水渍,请勿操作)。

3. 火灾事故

(1)火灾现场查勘。

在查勘火灾事故前,应先明确保险标的。到达事故现场应询问、观察、判断起火原因,尽快理清保险责任。

(2)起火原因分析。

新能源汽车起火的直接原因大部分是动力蓄电池的热失控,间接原因可能是动力蓄电池过充、电池受到外界冲击、使用环境温度过高、线路短路等,也有可能是外部火源导致车辆起火燃烧。新能源汽车起火原因分为以下几种:

①自燃。在没有外界火源的情况下,由于本身的低压电控系统、动力蓄电池、高压电控系统、混动车型的供油系统等发生故障,或所载货物自身原因及车内放置的打火机、摩丝、瓶装矿泉水或其他易燃易爆物引发的燃烧。

②引燃。因外部火源导致车辆发生燃烧,如鞭炮、电焊或人为点燃。

③碰撞起火(含托底)。发生碰撞后造成高、低压线路短路,动力蓄电池内部短路、漏液等情况,导致起火。

④雷击。雷雨天气,雷电产生的高压电流击穿汽车高、低压电器或易燃物引起燃烧。

(3)现场查勘事项。

新能源汽车业起火事故的处理方法大致一致,以下主要以新能源汽车电气系统起火事故为例对现场查勘事项进行叙述。

①穿戴好防护用具,如绝缘手套、绝缘鞋,有条件的需穿好绝缘服。

②注意查看车内是否有受困人员,可协助施救并呼叫消防救援。

③在事故现场设置警示标识。

④查看车辆外观,根据起火状态判断起火原因,确定燃烧位置。重点查看充电口是否烧损,动力蓄电池是否冒烟、起火,并及时对其状态进行拍照。

⑤对于火势较重车辆,需详细拍摄损坏部件,为车辆损失评估做准备。需重点拍摄高压线束、电机控制器、驱动电机、高压配电单元以及动力蓄电池等部件外观的过火状态。

⑥对于火势轻微且未涉及动力蓄电池的车辆,灭火后及时将12V蓄电池负极及维修开关断开,并等待10分钟以上。

⑦消防队灭火后,索要起火原因证明。

⑧因火灾事故的特殊性,可在灭火后补充查验车辆信息及驾驶人信息。

⑨根据需要协助施救车辆进行拖车。

(4)现场查勘灭火注意事项。

新能源汽车一旦起火,用传统隔绝空气的办法很难灭火。这是因为电池内部发生的化学反应会瞬间产生大量的气体,导致气压升高、电池破裂;而对于三元锂离子电池,其内部的化学反应还会产生助燃剂,使得灭火更加困难。目前,对电动汽车起火事故,最有效的灭火方法是使用大量的水覆盖进行降温阻燃,只有使电池包的核心温度完全降下来,才能有效防止复燃。现场查勘中常见的灭火注意事项主要有以下几点:

①若车辆发生未涉及动力蓄电池的火灾,可使用汽车常用灭火器进行灭火。

②若车辆动力蓄电池着火或受热,甚至出现弯曲、破裂、损坏,请使用大量的水或水混合泡沫灭火剂对动力蓄电池进行降温,直至将电池温度控制在安全温度范围内。

③施救过程中,由于使用喷水灭火可能导致高压部件绝缘失效,请务必在保证人身安全的前提下进行查勘。

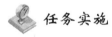

一、任务目的

能够准确完成一般事故新能源汽车事故查勘,要求操作安全、规范。

二、计划与决策

（1）确定分组及分工：4~6人一组，小组成员分别扮演车主、车险查勘定损员和观察员。

（2）场地设施：理赔整车实训场地。

三、实施与控制

（1）小组根据任务描述中的案例信息，设置具体的细节内容，布置事故现场场景。

（2）查勘准备是保证查勘定损员能够顺利完成查勘的前提条件，由于新能源汽车存在高压漏电情况，所以新能源汽车现场查勘准备尤为重要，查勘前应检查是否做好新能源汽车现场查勘准备。

○是

○否，需要改进内容：_____

_____

（3）信息核对。

查勘定损员到达事故现场后，按照服务礼仪要求贴心接待客户，与客户及时沟通并核对信息。观察员进行检查记录，观察查勘定损员的信息核对是否完成以及服务意识是否体现在礼仪规范中。

①标的车辆信息核对具体要求：_____

_____

完成不规范项：_____

_____

②第三者车辆信息核对具体要求：_____

_____

完成不规范项：_____

_____

③现场环境信息核对具体要求：_____

_____

完成不规范项：_____

_____

④行驶证信息核对具体要求：_____

_____

完成不规范项：_____

_____

⑤驾驶证信息核对具体要求：_____

_____

完成不规范项：_____

_____

⑥服务礼仪具体要求：_____
_____

完成不规范项：_____
_____

(4) 漏电确认。

新能源汽车碰撞事故存在完全风险，在进行查勘前需要确认事故是否涉及高压部件、是否存在漏电情况。请通过小组讨论，完成以下方案并实施。

涉及高压部件：_____
高压部件损伤部位：_____
漏电检查工具：_____
判断漏电方法：_____

操作提示：在进行漏电检查前，查勘定损员需要采取哪些安全防护措施？如何检查安全防护工具的可靠性？

具体包括：检查万用表的内阻以及_____
_____
_____

(5) 断开维修开关。

在确认安全的情况下，选择断开新能源汽车维修开关非常重要。新能源汽车维修开关切断后，高压电将不能输出。请通过小组讨论，完成以下方案并实施。

①维修开关类型：_____
断开维修开关的方法：_____
注意事项：_____
②维修开关类型：_____
断开维修开关的方法：_____
注意事项：_____
③维修开关类型：_____
断开维修开关的方法：_____
注意事项：_____

比亚迪秦汽车维修开关断开方法：首先拆卸蓄电池负极_____
_____

(6) 新能源汽车的特殊事故查勘与一般事故查勘有哪些不同？又有哪些注意事项呢？

①托底事故。

不同点：_____
_____

注意事项：_____
_____

②水淹事故。

不同点：_____

_____

注意事项：_____

_____

③火灾事故。

不同点：_____

_____

注意事项：_____

_____

④_____事故。

不同点：_____

_____

注意事项：_____

_____

四、总结与评价

综合评价表见表3-10。

综合评价表 表3-10

综合考评		自我评价	小组互评	教师评价	企业导师评价
素质考评 (40分)	能保持干净整齐的个人仪容仪表，保持良好仪态(10分)				
	能正确遵守服务礼仪(10分)				
	与客户交谈的语气、语速、语调恰当(10分)				
	能保持诚实、耐心和热情(10分)				
技能考评 (60分)	能正确核实客户信息、车辆信息(15分)				
	能正确选择合适的安全防护工具(15分)				
	能正确运用工具进行电池漏电检查(15分)				
	能正确运用理论知识完成特殊事故查勘(15分)				
本次得分(总分100分)					
最终得分(平均得分)					

知识拓展——新能源汽车查勘的主要风险

一、高压部件损伤概率高

新能源汽车上配备有大量的高压部件,高压部件配件价格昂贵且修复成本较高。目前大部分新能源汽车高压部件在车辆上布置不合理。在混合动力汽车上,由于存在传统的动力源,部分新能源汽车只能将高压部件布置于发动机舱内的角落;如图3-21所示,车辆电机控制器布置于车辆左前照灯后方,事故中非常容易受损;如图3-22所示,新能源汽车充电插口布置于车辆的前格栅等位置,大大增加了由于碰撞等原因造成损坏的风险。损伤发生后,无论损伤轻重,车辆高压配件厂家不提供单独可供更换的零件,只能更换总成,导致维修成本大幅度增加。

图3-21 高压部件布置于前照灯支架后方

图3-22 充电插口位于高碰撞风险位置

二、动力蓄电池易损伤

新能源汽车动力蓄电池价格昂贵。以荣威为例,不计补贴费用,动力蓄电池评价占比超过了车辆价值的30%(图3-23)。因此,在车辆遭受托底事故时,动力蓄电池的损失可能性较大。

目前大多数新能源汽车动力蓄电池布置于车辆底盘位置,如图3-24所示,与传统车辆相比,托底事故将对新能源汽车造成更严重的损失。如图3-25所示,很多车辆动力蓄电池最低点位置低于车辆两侧底大边,且电池箱体强度不够,造成动力蓄电池损伤风险较高。很多新能源汽车在动力蓄电池前端副车架位置增加"保护横梁",但是"保护横梁"由较脆弱的金属材料制成,对动力蓄电池的保护作用较小。

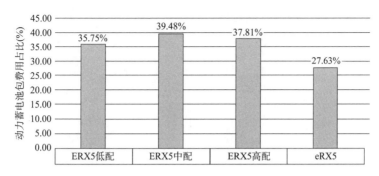

图 3-23 荣威汽车动力蓄电池包费用占比

图 3-24 动力蓄电池位置

图 3-25 动力蓄电池低于车辆下裙边

三、高压部件高度集成化

由于技术的不断发展与更新,新能源汽车的技术发展趋势之一是对整车高压部件进行高度集成化,将主要的高压部件电机控制器、DC-DC 交换器、高压配电单元等部件集成在一个总成内,如图 3-26 所示,所以新能源汽车一旦发生碰撞,若高压部件受到损伤,赔付成本会大大增加。

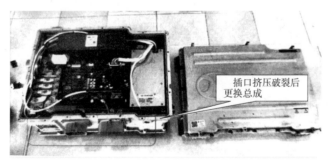

图 3-26 高压部件集成化

四、新能源汽车安全隐患大

新能源汽车发生碰撞事故后,车辆可能存在漏电风险。因此,在针对新能源汽车进行查勘或定损时更要注意安全。个别品牌新能源汽车的快充充电口在不充电的状态下,依然存在高压电,如图 3-27 所示。有的新能源汽车充电口在前中网处,位于防撞的前部,发生碰撞事故时极易出现漏电的情况,从而造成车辆受损和人员伤害。因此,新能源汽车查勘定损的安全隐患大。

图3-27 充电口带电

学习任务4 事故定损

 **任务描述**

　　李明先生的迈腾轿车由于雨天路滑,制动时失控,与前方的比亚迪轿车相撞。当日查勘定损员及时赶到事故现场,并完成了事故现场查勘工作。现在车主急需对受损车辆进行定损,查勘定损员需快速准确地按规定程序完成车损零部件的确认,并确定进行更换还是维修,同时完成登记任务,并将车损零部件更换和维修清单整理成册。

　　现场查勘结束后,查勘定损员应会同被保险人一起进行车辆损失的确定,制作定损单。如果涉及第三者车辆损失的,还应包括会同第三者车损方进行定损。车辆的定损涉及车主利益,同时也是保险公司车险理赔中最复杂的环节,在实际运作的过程中,经常存在车主与保险公司在定损范围与价格上存在严重分歧的现象,车主总是希望能够得到较高的赔付价格,而保险公司则正好相反。因此,只有坚持定损原则,使定损的流程更加规范、合理,才能有效化解车险服务中的矛盾。

 学习目标

知识目标

1. 能描述线上、线下定损流程。
2. 能描述车险定损作业的基本原则。
3. 能描述车险定损中零件的修换原则。
4. 能描述一般案件损失费用的构成。

技能目标

1. 能完成事故车线上定损工作,并做好沟通协调工作。
2. 能完成事故车线下定损工作,并做好沟通协调工作。
3. 能运用定损原则、车身零部件修换原则制作双车事故定损方案。
4. 能完成新能源汽车的事故定损。

素质目标

1. 在履行工作职责、服务客户环节，具有质量意识、规则意识、环保意识、安全意识、精益求精的工匠精神、创新思维。

2. 完善自我管理能力，培养集体意识、团队协作精神，能够积极沟通，严于律己。

3. 具有规范、严谨的工作习惯，穿着得体，使用适合工作场所的语言和礼仪，保持良好的个人卫生，坚守职业规资格准则，正直、可靠。

建议学时：8 学时。

子任务1　事故定损流程

> 李明先生驾驶自己的迈腾车在南熏大道与一比亚迪新能源汽车相撞，查勘定损员到现场进行查勘后，告知李明先生：该起事故车的损失无法在现场确定，需要到4S店定损。接下来的工作将是怎样的呢？如果李明先生打电话咨询，假如你是服务顾问，你该如何向客户解释接下来的工作并给客户提出建议呢？

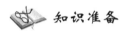

知识准备

一、事故车辆的定损的模式

常见的定损方式有协商定损、公估定损、聘请专家定损等。

1. 协商定损

协商定损是由保险人、被保险人以及第三方协商确定保险事故造成的损失费用的过程。

2. 公估定损

公估定损是由专业的公估机构负责对保险事故造成的损失进行确定的过程，保险公司根据公估机构的检验报告进行赔款理算。这种引入由没有利益关系的第三方负责定损核损工作的模式，能更好地体现保险合同公平的特点，避免合同双方的争议和纠纷。

3. 聘请专家定损

聘请专家定损是对于个别技术性、专业性要求高的案件，聘请专家进行定损，以保证全面、客观、准确地确定保险事故造成的损失费用，维护合同双方的合法权益。

目前，在车险实务中通常采用协商定损的定损方式。

二、汽车保险定损流程

车辆定损是指保险公司进行事故查勘后，与被保险人确定损失金额的过程。目前定损一般分为线上定损和线下定损两种。不同案件的定损流程会有所不同，通常有如下步骤，如图3-28所示。

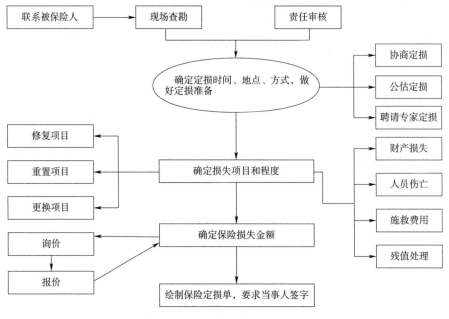

图 3-28 车辆定损流程图

1. 线上定损工作流程

线上查勘结束后即可直接进入定损环节。如车辆属于轻微的外部损伤，现场与客户协商后，客户对定损项目及定损金额没有异议的，可直接线上现场定损。如车辆损伤较为严重，甚至需要进行拆检定损的，则无法现场线上定损，需去修理厂进行定损；同时车主如对现场定损项目或定损金额存在异议，要求修理厂或4S店定损，也需维修店定损。

（1）线上查勘定损员确认事故车辆的损失部位，对非本次事故造成的损失要剔除，向顾客做出解释。

（2）确认事故车辆的车型、年款、产地，受损部件是否为加装件，对标的车的受损加装件要予以剔除（未有新增设备损失险的）。

（3）确认受损部位的相关部件是否受损，如相关部位有受损，但无法确认损失大小需拆检确认时，则无法现场定损，需修理厂定损。

（4）确认受损部件能否修复及如何修复，确认需要更换的部件的名称或零件编号，确认受损部件修复所需工时费用。与客户确认对定损项目及定损金额是否满意，如无异议则线上签字确认，提供被保险人身份证、银行卡即可及时获取理赔款，车主自行修车即可。

（5）对于双车事故，需询问第三者车车主车辆在哪里维修，与其协商车辆定损金额，如第三者车车主对定损金额无异议，则可直接将赔款赔付给三者车车主。

（6）车主不满意现场定损金额或执意要求去修理厂定损的，需由车主将车辆开至修理厂，由修理厂的事故接待人员接洽，协商确认定损项目及定损金额。

（7）车辆如需拆检定损，则由事故接待人员拆检前先拍摄车辆损伤照片，再在拆解后拍摄车辆损失照片及受损零配件，一并上传给线上查勘定损员，由线上查勘定损员确认后，共同协商定损金额。

(8)对于轻微的人员伤亡的事故,查勘定损员要及时与事故当事人沟通,确认事故中人员伤亡的数量、伤势,协商医疗赔付金额。

查勘定损员在定损时,应坚持一次定损原则。如线上定损过程中发现车损有异常情况时,需转为线下定损。

2. 线下定损工作流程

1)接受定损调度

(1)接受客服中心定损调度时,查勘定损员在不影响安全的前提下,记录事故发生地点、客户姓名、联系电话、车牌号码、车架号码及报案号,并了解该案简单事故经过、有无现场查勘、有无非事故造成损失、案件负责人是谁、是否为大客户等案件相关信息。及时与修理厂联系,告知客户或修理厂预计到达时间。

(2)当查勘定损员正在处理现场案件时接到定损任务,如果现场案件能在短时间内处理完毕,并预计能够按时或稍晚些时候赶到修理厂,应及时与客户或修理厂有关人员电话联系说明情况,告知预计到达时间。

(3)接受客服中心定损调度时,查勘定损员正在其他修理厂定损过程中,如果该案件可以一次定损完毕,应及时与修理厂有关人员联系,告知预计到达时间。

如此时正在处理的事故现场还需较长时间才能处理完毕,或道路严重堵塞,或查勘车发生故障导致在约定的时间内不能到达修理厂,而客户或修理厂又急于定损,查勘定损员应礼貌、耐心地向客户或修理厂解释,争取得到客户或修理厂的谅解。或者查勘定损员向客服中心反映,取得客服中心的支持,另行调度。

(4)对于车损较大,需二次或多次定损的,查勘定损员应拍全事故车辆损失照片,对外观件先行定损,并告知客户或修理厂有关人员相关后续事宜,然后赶赴下一个修理厂进行定损,定损工作处理完后再安排时间返回该修理厂继续定损。

2)预约定损安排

接到定损调度后,在5分钟内查勘定损员应与客户约定时间进行定损,以下情况需通知当事人或标的车到场:

(1)事故中对方负全责或主要责任的;

(2)损失严重,责任未分的;

(3)有较多隐损,需拆检定损的;

(4)对方车主对损失有争议的。

3)到达定损点定损

(1)到达定损点后,积极、主动地向修理厂相关人员和车主、被保险人、驾驶人详细了解事故经过、车辆损坏的部位及施救过程。

(2)对车辆发动机号码、车架号码、行驶证、保险单及交警出具的事故认定书和车辆碰撞痕迹进行核对。根据所了解的情况,分析碰撞痕迹是否吻合、判断事故的真实性、判断是否本次事故造成的损失。

(3)根据现场查勘定损员核实的事故经过,仔细分析车辆受损的原因,并确定如下事项:确定事故车辆的车型、年款、产地;确定受损部位的相关部件是否受损;确定部件受损是否由事故造成,非事故造成的损失,要予以剔除;确定受损部件是否为加装件,对标的车的受损加装件要予以剔除(未有新增设备险的);确定受损部件能否修复及如何修复;确定需要更换的部件的名称或零件编号;确定受损部件修复所需工时费用。

(4)常用零部件修换原则:不影响使用性能及外观质量的,或修后能达到相应的技术要求和标准的,应修复;以二类维修企业技术水平无法修复或在工艺上无法保证修理质量的配件,应更换。

(5)查勘定损员查勘定损时,应坚持一次定损原则,对确实需要拆检、复查或经试车确认的隐损件,必须粘贴"核损待检封",并签署查勘定损员姓名、查勘日期、车牌号码,以便复查。对需要回收的部件,也需粘贴"核损待检封",以便回收人员核实、回收。

(6)查勘定损员查勘定损时,如遇到受损车辆安全气囊爆出,定损人员必须第一时间再安全气囊上签署姓名、日期,检查气囊是否拆检过,必要时用检测仪调出故障码核对。

(7)查勘定损员查勘定损时,发现车损有异常情况,必须明确要求修理厂不得拆检或修理受损车辆,并立即向相关案件负责人汇报,在得到案件负责人的明确指示后,方可按案件负责人的指示继续查勘定损。

(8)查勘定损员在初步核定维修方案后,必须明确告知修理厂待保险公司将价格核定后方可修车,避免产生差价纠纷,特别是一些高档车的维修厂家。

4)定损完成后的事项

(1)查勘定损员在查勘定损完毕后,要对本次事故的真实性、碰撞痕迹以及是否有损失扩大等做出总结,并填写查勘定损工作日志。

(2)应在要求的时限内将损失照片和定损单上传理赔系统,并转入核价审核平台。查勘定损员在理赔系统上输入定损单时,配件名称必须标准、规范。必要时,须注明零件编码或指明安装位置及作用。查勘定损员在理赔系统上做定损备注时,必须完整、规范、明确。定损中心界面如图3-29所示。

图3-29 定损中心界面

(3)定损完毕后,修理厂要求增补配件及工时项目的,查勘定损员应要求承修厂出具书面增补报告。查勘定损员收到书面增补报告后,核实增补项目是否受损以及是否属于本次事故造成的损失,核定增补项目或工时后,报案件负责人审核,再补录到理赔系统中。

 任务实施

一、任务目的

能够独立完成事故车辆的定损工作,要求流程完整、准确。

二、计划与决策

(1)确定分组及分工:4~6人一组,小组成员分别扮演李明先生、车险查勘定损员和观察员。

(2)场地设施:理赔整车实训场地、系统实训室。

(3)不同的案件,定损的流程会有所不同,查勘定损员应根据定损事故车实际损伤情况机动灵活地完成定损工作。

三、实施与控制

(1)定损前应准备的工具及资料有:_____
_____

(2)以小组为单位,对标的车主李明先生的事故车辆完成定损,观察员做好记录工作。
①接受定损调度,查询案件信息。
完成情况:_____
缺失项目:_____
②联系客户,预约定损安排。
完成情况:_____
缺失项目:_____
③到达定损点,确认定损车辆信息。
完成情况:_____
缺失项目:_____
④拍摄定损照片。
完成情况:_____
缺失项目:_____
⑤确认本次事故标的车损伤情况。
完成情况:_____
缺失项目:_____
⑥确认标的车维修方案。
完成情况:_____

缺失项目：_____

⑦定损完成后资料上传理赔系统。

完成情况：_____

缺失项目：_____

⑧查勘定损员定损工作流程是否完整。

完成情况：_____

缺失项目：_____

⑨查勘定损员定损工作过程中沟通是否顺畅。

完成情况：_____

缺失项目：_____

操作提示：为更方便、快捷地为客户服务，查勘定损员定损时应坚持一次定损原则，对确实需要拆检、复查或经试车确认的隐损件，必须_____
_____

(3) 事故车拆检定损和现场定损有哪些不同？

① _____

② _____

③ _____

④ _____

⑤ _____

⑥ _____

四、总结与评价

综合评价表见表3-11。

综合评价表　　　　　　　　　　　表3-11

综合考评		自我评价	小组互评	教师评价	企业导师评价
素质考评（40分）	能保持干净整齐的个人仪容仪表；眼神、手势等肢体语言恰当；使用恰当称呼和礼貌用语；正确穿着工作装（10分）				

续上表

综合考评		自我评价	小组互评	教师评价	企业导师评价
素质考评 (40分)	具有良好的沟通能力,目光、语言、动作表现自信;语速、语调恰当;语言清晰、流畅,浅显易懂,有亲和力;注意倾听,不随意打断顾客谈话(10分)				
	具有较好的团队协作能力,积极为团队献策;善于倾听他人意见、调解团队争议(10分)				
	能保持诚实、耐心和热情(10分)				
技能考评 (60分)	能正确选择定损所需的工具、单证(10分)				
	能完整、正确完成定损流程(20分)				
	能正确使用相机拍摄事故的定损照(10分)				
	能正确填写表单,字迹清晰、语句通顺,无错别字、无涂改痕迹(10分)				
	具有资料信息查询能力(5分)				
	服务中有创新(5分)				
本次得分(总分100分)					
最终得分(平均得分)					

子任务2 事故定损原则与方法

李明先生的迈腾车经4S店检查,有多处损伤,李明先生想知道自己车辆受损的零部件能否都换新的、保险公司是如何确定事故中各项损失的赔偿费用的等一系列问题,你能给李明先生解释一下吗?

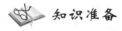知识准备

一、事故车辆定损原则

保险公司在对机动车进行定损时,一般依照以下原则进行:
(1)修理范围仅限于本次事故中所造成的车辆损失。
(2)能修理的零部件尽量修复,不要随意更换新的零部件。

(3)能局部修复的,不能扩大到整体修理(主要针对漆面修复)。

(4)能更换零部件的,坚决不能更换总成件。

(5)根据修复工艺难易程度,参照当地工时费用水平,准确确定工时费用。

(6)准确掌握汽车零配件价格。配件价格必须按本公司或各保险公司相关规定上报核价,配件费遵循"有价有市"和"报供结合"的原则。管理费、残值要参照当地汽修市场行情和保险同业的标准确定,更换配件的管理费率一般不得超过15%。残值应与被保险人或维修厂协商处理,并从总维修费中扣除,保险人收回的配件残值不再在总维修费中扣除。

(7)确保车辆根据修理方案修复后,能够基本上恢复到原有的技术性能状态。

二、事故车辆定损方法

在实际运作过程当中,经常存在这样的问题,被保险人与保险人在定损范围与价格上存在严重分歧,被保险人总希望能得到高的赔付价格,而保险人则正好相反。另外,在保险业,特别是机动车辆保险业,经常有骗保案件发生。因此,为避免上述情况发生,查勘定损员应掌握正确的定损方法。

1. 损伤鉴定

(1)确定出险车辆的性质,确认是否属于保险赔付范围。

根据有关机动车辆保险条款的解释及事故现场的情况,验明出险车辆号牌、发动机号、车架号是否与车辆行驶证及有关文件一致,验明驾驶人身份,驾驶证准驾车型是否与所驾车形相符,如驾驶出租车,是否有行业主管部门核发的出租车准驾证,确认是否属于保险赔付范围及是否有骗保行为。

(2)对现场及损伤部位照相。

按事故查勘定损照相的要求,对现场及车辆损伤部位拍照,必须清晰、客观、真实地表现出事故的结果和车辆的损伤部位。

(3)对事故车辆损伤部位进行查勘,确定损伤程度。

在对外部损伤部位照相的基础上,对车辆损伤部位进行细致查勘,对损伤零件逐个进行检查,即使很小的零件也不要漏掉,以确定损伤情况。如对车身及覆盖件查验,应注意测量、检查损伤面积、塑性变形量、凹陷深度、撕裂伤痕的大小,必要时应测量、检查车身及车架的变形,以此确定零件是否更换或进行修理所需工时费用。对于功能件,应检验其功能损失情况,确定其是否更换或修理方法及费用。

(4)对不能直接检查到的内部损伤,应进行拆检。

如车辆发生强度较大的正面碰撞,在撞击力的作用下,除车身及外覆盖件被撞损坏以外,还会造成一些内部被包围件的损坏。如转向机构、暖风及空气调节装置等的损伤情况,就需要解体检查。所以发生碰撞事故后,应根据实际情况确定是否需要解体检查,以确认被包围件的损伤情况。

(5)确定损伤形成的原因。

零部件及总成损伤形成的原因,可能是事故,也可能是其他原因,不能一概而论。

2. 维修费用评估

在对车辆进行损伤鉴定之后,应比较仔细地分析出各个维修项目,做出需要维修或更换的评价,并制订修理计划,根据修理计划完成修理费用的评估。

维修计划包括的内容一般有需要维修或更换的项目、维修工位、需要采购或外协加工的项目、维修时间等。无论保险公司的定损还是承修厂家的费用估价,都应该根据当地和厂家的实际情况进行统筹安排。尽量缩短维修的时间,充分利用人员和设备等资源,最大限度地完成维修工作。一般的碰撞损伤维修工作可由框图表示。制订维修计划后,要根据计划给出维修工时的估算。

3. 定损核价应注意的几个问题

(1) 本次事故造成的损失和非本次事故造成的损失的界限。

区分时一般根据事故部位的痕迹进行判定。对于本次事故的碰撞部位,一般有脱落的漆皮痕迹和新的金属刮痕;对于非本次事故的碰撞部位,一般有油污和锈蚀。

(2) 事故损失和机械损失的界限。

保险人只赔偿条款载明的保险责任所导致的事故损失。因制动失灵、机械故障、爆胎以及零部件的锈蚀、老化、变形、发裂等造成的汽车本身损失不应负责赔偿。但因这些原因造成的保险事故,可赔偿事故损失部分,非事故损失部分不予赔偿。

(3) 汽车保险事故损失和产品质量或维修质量问题引发事故损失的界限。

由产品质量或维修质量引发的车辆损毁,应由生产厂家、配件供应厂家、汽车销售公司或汽车修理厂家负责赔偿。汽车质量是否合格,保险人不好确定,如对汽车产品质量问题有怀疑,可委托相关鉴定部门进行鉴定。

(4) 过失行为引发事故损失与故意行为引发事故损失的界限。

过失行为引发的事故损失属于保险责任,故意行为引发的事故损失属于责任免除。

(5) 车辆送修规定。

①受损车辆未经保险人同意而自行送修的,保险人有权重新核定修理费用或拒绝赔偿。

②经定损后,被保险人要求自选修理厂修理的,超出定损费用的差价应由被保险人自行承担。

③受损车辆解体后,如发现尚有因本次事故造成损失的部位没有定损的,经查勘定损员核实后,可追加修理项目和费用。

三、事故车辆定损项目的修换原则

事故车辆定损时,除了坚持"以修为主,能修不换"的总原则外,在实际的定损中,对不同的部件或材料的修换原则又有差异。查勘定损员若能掌握正确的定损项目的修换原则,既能避免不法分子利用机动车骗保,又能保护广大车主的正当利益。

1. 修换的通用原则

事故车辆损失应掌握"以修为主,能修不换"的总原则,但在实际定损过程中应掌握以下

通用原则:

(1) 不影响使用性能又不影响外观质量,且利用简单工艺即可恢复的,应以修复为主。

(2) 以二类以上维修企业技术水平无法修复或在工艺上无法保证修后质量的,应更换。

(3) 受损配件修复后使用可能影响车辆安全及性能时,应考虑更换;若维修能够达到相应的技术要求和标准,从常规和技术的角度考虑,则不必进行更换,应坚持以修为主的原则。

(4) 当配件修复费用超过或等于该配件更换费用时,应更换;当配件修复费用超过或等于该配件更换费用的70%时,可以更换;但若该配件价格昂贵且在市场上难以采购时,应协商修理,其修理费用可以依实际情况依照相应的比例进行上浮。

(5) 所有更换件定损规格不得高于原车事故前装配的品牌、规格。

2. 结构钣金件定损的修与换

车身结构钣金件是指通过点焊或激光焊接工艺连在一起,构成一个高强度的车身箱体的各组成件,通常包括纵梁、横梁、减振器塔座、前围板、散热器框架、车身底板、门槛板、立柱、行李舱底板等。

车身结构钣金件碰撞受损后修复与更换的判断原则是"弯曲变形就修,折曲变形就换"。

零件发生弯曲变形,其特点是:损伤部位与非损伤部位的过渡平滑、连续;通过拉拔矫正可使其恢复到事故前的形状,而不会留下永久的塑性变形。

零件发生折曲变形,其特点是:变形剧烈,曲率半径小于3mm,通常在很短长度上弯曲可达90°以上;矫正后零件上仍有明显的裂纹或开裂,或者出现永久变形带,不经调温加热处理不能恢复到事故前的形状。

结构钣金件受损如图3-30所示。

图3-30 结构钣金件受损

3. 非结构钣金件定损的修与换

非结构钣金件又称车身覆盖钣金件,它们通过螺栓、胶粘、铰接或焊接等方式覆盖在车体表面,起到密封车身、减小空气阻力、美化车辆的作用。承载式车身的覆盖钣金件通常包括可拆卸的前翼子板、车门、发动机盖、行李舱盖和不可拆卸的后翼子板、车顶等。

(1) 发动机盖和行李箱盖。

绝大多数汽车的发动机舱盖和行李舱盖,是用两个冲压成型的冷轧钢板经翻边胶粘制成的。

判断碰撞损伤变形的发动机舱盖或行李舱盖,应看其是否要将两层分开进行修理。如果不需将两层分开,应考虑不予更换。若需将两层分开整形修理,应首先考虑工时费加辅料与其价值的关系,如果工时费加辅料接近或超过其价值,则应考虑更换;反之,应考虑修复。

发动机舱盖受损如图 3-31 所示。

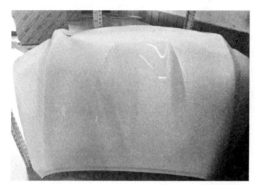

图 3-31 发动机舱盖受损

(2)前翼子板。

损伤程度没有达到必须将其从车上拆下来才能修复,如整体形状还在,只是中间局部凹陷,一般不考虑更换。

损伤程度达到必须将其从车上拆下来才能修复,并且前翼子板的材料价格低廉、供应流畅,材料价格达到或接近整形修复的工时费,可以考虑更换。

如果每米长度超过 3 个折曲、破裂变形,或已无基准形状,应考虑更换(一般来说,当每米折曲、破裂变形超过 3 个时,整形和热处理后很难恢复其尺寸)。

如果每米长度不足 3 个折曲、破裂变形,且基准形状还在,应考虑整形修复。

如果修复工时费明显小于更换费用,应考虑以修复为主。

前翼子板受损如图 3-32 所示。

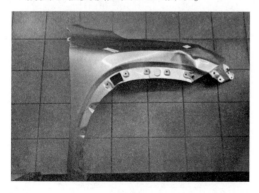

图 3-32 前翼子板受损

(3)车门。

如果门框产生塑性变形,一般来说是无法修复的,应考虑更换。

许多车的车门面板是作为单独零件供应的,损坏后可单独更换,不必更换总成。其他同前翼子板。

车门受损如图 3-33 所示。

图 3-33 车门受损

(4)不可拆卸件。

碰撞损伤的汽车中最常见的不可拆卸件就是三厢车的后翼子板,由于更换需从车身上将其切割下来,而国内绝大多数汽车维修厂在切割和焊接上满足不了制造厂提出的工艺要求,从而造成车身结构方面新的修理损伤。所以,在国内现有修理行业的设备和工艺水平条件下,后翼子板只要有修理的可能都应采取修理的方法修复,而不像前翼子板一样存在值不值得修理的问题。

4. 塑料件定损的修与换

随着汽车工业的发展,车身各种零部件越来越多地使用各种塑料,特别是在车身前端(包括保险杠、格栅、挡泥板、防碎石板、仪表工作台、仪表板等)。许多损坏的塑料件可以经济地修理而不必更换,如划痕、擦伤、撕裂和刺穿等。此外,由于某些零件更换不一定有现货供应,修理往往可迅速进行,从而缩短维修工期。

不同车型、不同部位所用塑料材料不尽相同,即使是同一款汽车或同一部件,也有可能使用不同的塑料材料。这通常是因为汽车制造厂更换了配件供应商,或者是改变了设计或生产工艺而致。

塑料件受损如图 3-34 所示。

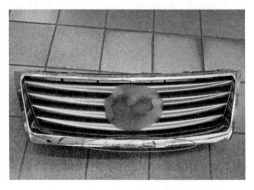

图 3-34 塑料件受损

塑料件的修与换应从以下几个方面考虑：

(1) 对于燃油箱及要求严格的安全结构件,必须考虑更换。

(2) 整体破碎以更换为主。

(3) 价值较低、更换方便的零件应以更换为主。

(4) 应力集中部位,应以更换为主。

(5) 基础零件尺寸较大,受损以划痕、撕裂、擦伤或穿孔为主,这些零件拆装麻烦、更换成本高或无现货供应,应以修理为主。

(6) 表面无漆面的、不能使用氰基丙烯酸酯黏结法修理的、且表面光洁度要求较高的塑料零件,由于修理处会留下明显的痕迹,一般考虑更换。

5. 玻璃制品定损的修与换

(1) 前、后风窗玻璃及附件。

风窗玻璃因撞击而损坏时基本以更换为主。

前风窗玻璃胶条有密封式和粘贴式,密封式无须更换胶条,粘贴式必须同时更换。粘贴在前风窗玻璃上的内视镜,破损后一般更换。

需注意的是,后风窗玻璃为带加热除霜的钢化玻璃,价格可能较高。有些汽车的前风窗玻璃带有自动灯光和自动刮水功能,价格也会偏高。

风窗玻璃受损如图 3-35 所示。

图 3-35　风窗玻璃受损

(2) 天窗玻璃。

天窗玻璃破碎时,一般需更换。

(3) 照明及信号灯。

现代汽车灯具的表面多为聚碳酸酯或玻璃制成。常见损坏形式为调节螺栓损坏,需更换,并重新校光。

表面由玻璃制成的,破损后有玻璃灯片供应的,可考虑更换玻璃灯片;若为整体式的结构,只能更换总成;若只是有划痕,可以考虑通过抛光去除划痕;对于疝气前照灯,需要注意更换前照灯时,疝气发生器是无须更换的;价格昂贵的前照灯,只是支撑部位局部破损的,可采取塑料焊接法修复。

照明及信号灯受损如图 3-36 所示。

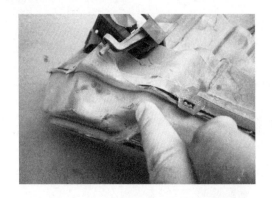

图 3-36　照明及信号灯受损

6. 车身内外装饰定损的修与换

(1) 仪表板及中央操纵饰件。

仪表台因正面或侧面撞击常造成仪表台整体变形、皱折和固定爪破损。整体变形在弹性限度内,待骨架校正后重新装回即可。皱折影响美观,对美观要求较高的新车或高级车最好更换。因仪表台价格较贵,老旧车型更换意义不大。少数固定爪破损常以焊修为主,多数固定爪破损以更换为主。

左右出风口常在侧面撞击时破碎,右出风口也常因二次碰撞被副驾驶人右手支承时压坏。

左右饰框常在侧面碰撞时破损,严重的正面碰撞也会造成支爪断裂,以更换为主。

杂物箱常因二次碰撞被副驾驶人膝盖撞破,一般以更换为主。

严重的碰撞会造成车身底板变形,车身底板变形后会造成过道罩破裂,以更换为主。

仪表板及中央操纵饰件受损如图 3-37 所示。

(2) 橡胶及纺织品。

汽车上的纺织品、橡胶很多(如内饰、坐垫、轮胎等)。发生碰撞时,纺织品的损坏形式一般是漏油污染、起火燃烧、撕裂等。只要纺织品受到损坏,一般需更换,个别污染不太严重的,可通过清洗等方式予以恢复。

橡胶具有良好的耐磨性、柔性、不透水性、不透气性及电绝缘性等,主要用作轮胎、垫圈、地板等,起到耐磨、缓冲、防尘、密封等作用。汽车上的橡胶制品损坏形式一般为老化、破损、烧损等。损坏后,无法修复或没有修复价值的,只能更换。

(3)柱类零件。

货车的驾驶室、客车的车身一般都有立柱。在轿车车身上,左右侧自前至后均有3个立柱,依次为前柱(A柱)、中柱(B柱)、后柱(C柱),它们除了起支撑作用外,也起到门框的作用。

汽车的柱类结构件在发生碰撞、翻滚、倾覆等故障时,一般会发生扭曲、弯曲、变形、折断等,直接影响汽车的美观和使用,必须立即修复。修复时可以采用整形、焊接等方式使其外形恢复,损坏严重的需要更换。

柱类零件受损如图3-38所示。

图3-37 仪表板及中央操纵饰件受损

图3-38 柱类零件受损

(4)车身地板。

车身地板常因撞击造成变形,以整修方式修复,对于整修无法修复的车身地板,基于现有修复能力,建议更换车身总成。

(5)车顶及内外饰件。

车顶损坏时,只要能修复,原则上不予更换。

内饰的修复同车门内饰。

落水槽饰条为铝合金外表烤漆,损伤后一般予以更换。

7. 事故造成发动机损伤的修与换

汽车发生一般事故时,大多不会使发动机受到损伤。只有比较严重的碰撞、发动机进水、发动机托底时,才可能导致其损坏。

1)发动机及其附件碰撞损坏的认定及修复

(1)发动机附件。

发动机附件中正时轮及附件因撞击破损和变形以更换修复为主。

油底壳轻度变形(划伤)一般无须修理,放油螺栓处碰伤及中度以上的变形以更换为主。

发动机支架及胶垫因撞击破损和变形以更换修复为主。

进气系统因撞击破损和较大变形以更换修复为主。

排气系统中最常见的撞击损伤形式为发动机移位及尾部受撞击造成的排气管变形。如果只是轻微变形,可以进行校正修复,但变形较为严重的通常无法修复。消声器吊耳因变形超过弹性极限破损,也是常见损坏现象,应更换修复。

发动机附件受损如图3-39所示。

(2)水箱及附件。

水箱及附件包括水箱、进水管、出水管、副水箱等。

现代汽车的水箱基本上是铝合金的,铜质水箱由于造价过高,基本不再使用。判断水箱的修与换,基本与冷凝器相似。所不同的是水箱常有两个塑料水室,水室破损后,一般需更换,而水室在遭受撞击后也最易破损。

水管的破损一般以更换方式修复。

图3-39 发动机附件受损

水泵皮带轮是水泵中最易损坏的零件,变形后通常以更换为主,较严重的会造成水泵前段轴承处的损坏,一般更换水泵前段即可,不必更换水泵总成。

散热器受损如图3-40所示。

图3-40 散热器受损

(3)风扇及附件。

风扇护罩轻度变形一般以整形校正为主,严重变形常常采取更换的方法修复。

主动风扇与从动风扇常为风扇叶破损,但部分车型由于风扇叶是不可拆卸式,也无风扇叶购买,所以风扇叶破损后需要更换总成。

风扇皮带在碰撞后一般不会损坏,由于其正常使用的磨损也会造成损坏,拆下后如果需要更换,应确定是否为碰撞原因所致。

风扇受损如图3-41所示。

(4)制冷系统。

空调系统由压缩机、冷凝器、干燥瓶、膨胀阀、蒸发箱、管道及电控元件等组成。

汽车空调冷凝器均采用铝合金制成,中低档车的冷凝器一般价格较低,中度以上损伤一般采用更换法处理,高档车的冷凝器一般价格较高,中度以下损伤常可采用氩弧焊修复。

图3-41 风扇受损

注意：冷凝器因碰撞变形后虽未漏冷媒，但拆下后重新安装时不一定不漏冷媒。

储液罐（干燥器）因碰撞变形一般以更换为主。如果系统在碰撞中以开口状态暴露于潮湿的空气中时间较长，干燥器也会损坏，造成空调系统工作时的"冰堵"。

汽车空调管有多根，损伤的空调管一定要注明是哪一根，常用×××-×××加以说明。

汽车空调管有铝管和胶管两种。铝管因碰撞常见的损伤有变形、折弯、断裂等，变形一般采用校正的方法修复，价格较低的空调管出现大折弯、断裂时一般采取更换的方法修复；价格较高的空调管折弯、断裂一般可采取截去折弯、断裂处，再接一节用氩弧焊接的方法修复。胶管的破损一般采用更换的方法修复。

汽车空调蒸发箱通常由蒸发箱壳体、蒸发器和膨胀阀等组成。最常见的损伤多为蒸发箱壳体破损。蒸发箱壳体大多用热性塑料制成，局部破损可用塑料焊焊接修复，严重破损一般需更换，决定更换时一定要考虑有无壳体单独更换。蒸发箱换与修基本同于冷凝器。

膨胀阀因碰撞损坏的可能性极小。

空调系统中的压缩机是由发动机通过电磁离合器驱动的。在离合器接通和断开的过程中，由于磁场的产生和消失，形成了一个脉冲电压，这个脉冲电压会损坏精密的电脑模块。为了防止出现这种情况，在空调电路中接入一个分流二极管，这个二极管阻止电流沿有害方向流过。当空调系统发生故障时，分流二极管有可能被击穿。如果不将被击穿的二极管换掉，可能会造成空调离合器不触发，甚至损坏电脑模块。

制冷系统受损如图 3-42 所示。

图 3-42　制冷系统受损

2）发动机托底

(1) 发动机托底的形成原因及规避方法。

现在的汽车，尤其是小轿车，为了降低空气阻力，一般采用低车身的结构。采用低车身结构的汽车，最小离地间隙往往较小，这就导致汽车的通过性能下降。

汽车发动机在以下几种情况下易导致"托底"：

通过坑洼路段时，可能会因为颠簸而使位于较低部位的发动机油底壳与路面相接触，从而导致"发动机托底"；汽车在坑洼程度并不严重的路段行驶，由于速度偏高，遇到坑洼时上下颠簸厉害，也可能导致"发动机托底"；汽车在路面状况良好的路段行驶，没有察觉前车坠落的石块，有可能导致"发动机托底"；汽车不慎驶入坑洼路段，被石头垫起，造成托底。

避免发动机托底的方法:

一是在行车过程中密切关注路面情况,遇到不明物体时一定要躲避行驶;二是在通过坑洼路时要放低车速,慢慢通过;三是在长途行车归来后,仔细检查汽车是否有托底现象;四是一旦发现汽车托底,要立即熄火、停车,认真检查,此时发动机内部机件一般不会损坏,要认真检查托底造成的损失是否会影响汽车的继续行驶,如果发现有机油泄露等影响继续行驶的现象,绝对不能继续行驶,要立即进行修复作业。

（2）发动机托底后的损坏范围。

发动机托底后,往往会对机件造成一些损失,这些损失可以划分为直接损失和间接损失。

①直接损失。发动机托底后,会造成油底壳部分的凹陷变形;如果程度较重,还可能使壳体破损,导致机油泄漏;如果程度严重,甚至会导致油底壳内的机件变形、损坏,无法工作。

②间接损失。发动机托底后,如果驾驶人没有及时熄火,油底壳内的机油将会大量泄露,导致机油泵无油可用,使发动机的曲轴轴瓦、连杆轴瓦得不到机油的充分润滑和冷却,轴瓦很快从干磨到烧蚀,然后与曲轴、活塞抱死。另外,由于机油压力的降低,发动机的凸轮轴、活塞和汽缸缸筒也会因缺油而磨损。

③发动机进水后的损坏分析。

四冲程发动机的工作循环,包括进气行程、压缩行程、做功行程、排气行程。当处于压缩行程时,进排气门关闭,活塞上行,压缩的是汽油与空气所组成的可燃混合气。当发动机被水淹后,水会顺着进气管进入某个气门开启的汽缸内并囤积起来,且进气总管都有存水。如果此时再进行二次启动的话,由于起动机转速很高,产生的转矩也很大,强行带动发动机运转,而该进水汽缸马上进入压缩行程,进排气门关闭,活塞将在曲轴的带动下压缩密闭缸内的水,由于水不可被压缩,此举势必导致发动机的损坏,轻则该连杆弯曲、折断,重则曲轴弯曲、缸壁破损、发动机彻底报废等。

对于进水且没有再次启动的发动机,只需要将发动机完全拆解,各部件清洗干净,更换机油、机油格、空气格、汽缸垫等,再进行组装即可,这样的维修成本不高。

而对于进水并再次启动造成顶缸的发动机,则需要完全拆解、清洗、更换已损部件,如活塞连杆组、曲轴、中缸体,甚至整个发动机,维修的成本远远大于前者,并且保险公司对此是免赔付的。另外,更换缸体、发动机还需要到车管所变更信息记录。

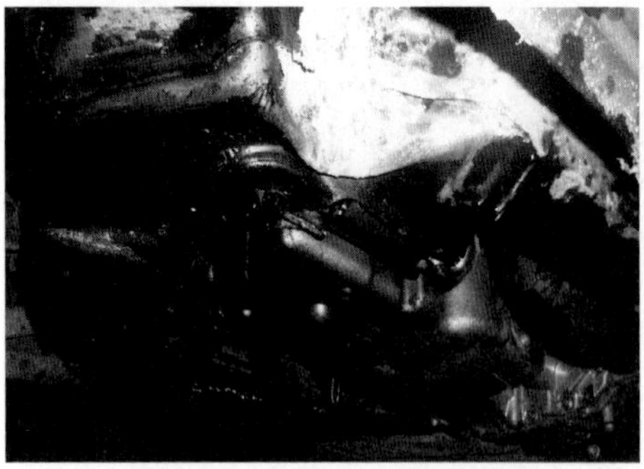

图 3-43　发动机底部受损

发动机底部受损如图 3-43 所示。

3）非保险责任的发动机损坏

由于发动机维护不当,可能会造成机油减少、油道堵塞、连杆螺栓松动等现象。这样,在运转过程中,连杆轴瓦就会烧蚀、磨损,增大了连杆瓦座间的冲击力,最后将连杆螺栓冲断或造成螺母脱落,导致瓦盖与连杆脱开,使其固定作用消失。这样一来,当活塞下行时,连杆冲向缸体,造成捣缸。发动机的这种损坏情况不属于保险责任,查勘定损员必须严格掌控。如客户有异议,可以要求保存、保护损坏的发动机零件及油底中的遗留物,以供分析原因之用。

个别汽车发动机在捣缸时,连杆瓦座与瓦盖脱开的瞬间,向下的冲击作用会将瓦盖击向油底壳,将油底壳打漏造成机油泄漏,油底壳破损处向外翻起。这种损坏情况,如不仔细观察,会感觉与发动机托底事故非常相似,区别就在于破损处内凹或外翻,凡属于托底的故障,破损处一定内凹。处理此类问题时,要通过仔细分析,找出损坏原因来确定是否属于保险责任,同时也可以有力地说服客户。

8. 底盘定损的修与换

1)悬架的定损

悬架是汽车的车架与车桥或车轮之间的一切传力连接装置的总称,其作用是传递作用在车轮和车架之间的力和力扭,并且缓冲由不平路面传给车架或车身的冲击力,并衰减由此引起的振动,以保证汽车能平顺地行驶。前悬挂系统及相关部件主要包括悬挂臂、转向节、减振器、稳定杆、发动机托架、制动盘等。

前悬挂系统及相关部件中制动盘、悬挂臂、转向节、稳定杆、发动机托架均为安全部件,发现有撞出变形均应更换。

减振器主要鉴定是否在碰撞前已损坏。减振器是易损件,正常使用到一定程度后会漏油,如果外表已有油泥,说明在碰撞前已损坏。如果外表无油迹,碰撞造成弯曲变形,应更换。

对于承载式车身的汽车,前纵梁及悬挂座属于结构件,按结构件方法处理。

2)转向、制动系统

转向、制动系统各部件遭撞击损坏后,从安全角度出发,多以更换修复为宜。

安装有安全气囊系统的汽车,驾驶人气囊都安装在转向盘上,当气囊因碰撞引爆后,不仅要更换气囊,通常还要更换气囊传感器与控制模块等。

3)变速器及离合器的定损

变速器及离合器总成与发动机组装成一体,并作为发动机的一个支撑点固定在车架(或车身)上,变速器及离合器的操纵机构又都布置在车身底板上。当车辆发生严重的碰撞事故时,由于波及和诱发等原因,会造成变速器及离合器的操纵机构受损、变速器支撑部位壳体损坏、飞轮壳断裂损坏。

这些损坏的鉴定,需要将发动机拆下进行检查。

(1)变速器主要构成件的碰撞损坏认定及修复。

①传动轴及附件。

中低档轿车多为前轮驱动,碰撞常会造成外侧等角速万向节(俗称球笼)破损,常以更换方式修复,有时还会造成半轴弯曲变形,也以更换修复为主。

②变速器。

手动变速器主要由变速器壳体、齿轮组、挂挡轴、拨叉组、换挡拉杆等组成。手动变速器损坏以后,其内部的机件基本都可以独立更换。对变速器齿轮、同步器、轴承等部件的鉴定,碰撞后只有断裂、掉牙才属于保险责任,正常磨损不属于保险责任,在定损中要注意界定和区分。变速操纵系统遭撞击变形后,轻度的损坏常以整修修复为主,中度以上的以更换修复为主。

(2) 自动变速器托底。

对于自动变速器,从保险的角度看,主要的损失形式是托底。自动变速器发生托底碰撞后,应按照以下流程进行检测与修复处理:

① 报案告诫。

接到自动变速器托底碰撞的报案后,立即通知受损车辆就地熄火停放,请现场人员观察自动变速器下面是否有红色的液压油漏出(大部分自动变速器液压油为红色,个别车型为棕色、绿色)。不允许现场人员移动车辆,更不允许任何人擅自启动发动机。

② 根据查勘结果救援。

根据查勘定损员的现场查勘结果,分别采取不同的救援处理方案。

方案一:假如认定自动变速器油底壳只有变形而没有漏油时,可将受损车辆牵引到附近汽车修理厂。进行受损汽车的牵引时,距离原则上不要超出 3km,变速器应处于空挡位置,车速也不得大于 10km/h。

方案二:假如认定自动变速器油底壳已经漏油或虽然没有漏油但离汽车修理厂路途较远时,不允许直接牵引,要采用可以将受损车辆驮走的拖车,将其驮运到汽车修理厂。

③ 修复处理。

自动变速器箱体损坏后,一般情况下,只需更换箱体。但有时候,汽车零配件市场上可能只有自动变速器总成而没有单独的箱体。

4) 车轮损坏检测认定及修复

车轮由轮毂、轮胎和轮罩等组成。其遭受撞击后通常会产生变形、爆胎及破损,一般不能继续使用或者继续使用会有安全隐患,所以一般需更换。

9. 电气设备定损的修与换

汽车上的电气设备品种繁多,评估时应根据相关件的特点以及可能遭遇到的情况,分门别类地进行。

(1) 蓄电池。

蓄电池的损坏多以壳体 4 个侧面破裂为主,应更换。

(2) 发电机。

发电机常见撞击损伤为皮带轮、散热叶轮变形,壳体破损,转子轴弯曲变形等。皮带轮变形应更换,散热叶轮变形可校正,壳体破损、转子轴弯曲以更换发电机总成为主。

(3) 刮水器系统。

刮水片、刮水臂、刮水器电动机等,因撞击损坏以更换为主。而固定支架、联动杆等,中度以下的变形损伤以整形修复为主,严重变形需更换。储液罐只有在较严重的碰撞中才会损坏,损坏后以更换为主。洗涤器电动机、喷水管和喷水嘴被撞坏的情况较少,若撞坏以更换为主。

(4) 仪表类。

一旦碰撞导致仪表损坏或者疑似损坏,由于一般的修理厂都没有检测的手段,并且仪表也不容易检测,因此,只要发现有明显的损伤、破损,都应该予以更换。

更换时,假如是可以单独更换的仪表,就不要更换总成;若遇到某些整个仪表都安装在一起的仪表台破损,需要更换整个仪表台。

需要注意的是,在检测仪表的工作状态以判别其是否损坏时,不能单纯看仪表自身是否有所反应,还要充分注意相关传感器工作是否正常、线路中的保险是否短路、开关工作是否灵敏。

(5)收音机、DVD 或 CD。

在比较大的碰撞事故中,收音机、DVD 或 CD 一般会有所损坏,但损失一般不大,只是损坏旋钮、面板等。汽车音响设备在各地都有特约维修点,可以定点选择维修点,同时对损坏设备可以商定零部件的换修价格,而不是一律都交给汽车修理厂去"更新"。一般来说,收音机、DVD 或 CD 的修理价格都在新件的 15%~40%。

(6)汽车电脑。

汽车电脑价值较高,设计时充分考虑了其防振、防撞性能,一般的碰撞不会导致损坏。假如怀疑或者修理人员言称损坏了,可以采用"比较法"判别,即:

第一,在其他所有零部件均不改变的前提下,将库存的新电脑装到车上,看是否可以恢复正常工作。

第二,将怀疑损坏了的电脑装到同类型的其他车上,看是否可以正常工作。

假如通过以上比较,发现电脑确实坏了,再做更换。

(7)安全气囊。

安全气囊遭到撞击损伤后,从安全角度出发,应更换。安装有安全气囊系统的汽车,驾驶人气囊都安装在转向盘上,气囊因碰撞引爆后,不仅要更换气囊,通常还要更换气囊传感器与控制模块等。需要注意的是,有些车型的碰撞传感器是与汽车安全气囊系统(SRS)/电子控制单元(ECU)装在一起的,要避免维修厂重复报价。安全气囊系统的控制电脑,假如发生气囊爆开的碰撞故障,一般需要更换,以免在以后的碰撞事故中,万一气囊没有打开造成乘员受伤,引发法律诉讼。

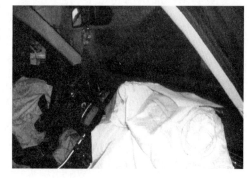

安全气囊受损如图 3-44 所示。

图 3-44　安全气囊受损

(8)电气设备保护装置。

有些电气件在遭受碰撞后,外观虽无损伤,却停止工作,表明"坏了",其实这有可能是假象。如果电路过载或短路会出现大电流,导致导线发热、绝缘损伤,可能酿成火灾。因此,电路中必须设置保护装置。熔断器、熔丝链、大限流熔断器和断路器都是过流保护装置,它们可单独使用,也可配合使用。碰撞会造成系统过载,相关保护装置会因过载而停止工作,出现断路、短路,导致相关电气装置无法工作。此时只需更换相关的熔断器、熔丝链、大限流熔断器和断路器等即可,无须更换相连的电气件。

四、汽车保险事故损失的确定

机动车的维修费用主要有三部分,即工时费、材料费和外加工费。

1. 工时费

$$工时费 = 工时费率 \times 工时定额$$

工时费率即维修工作中每工时所需的费用价格,一般因维修项目作业和工种的不同而有所差异。

1)维修工时定额和工时费率

维修工时定额是指完成单项维修作业需要的工作时间。作为一个衡量维修作业工作量的单位,通常并不以工人工作一个小时的实际工作时间来确定,而是比较笼统地规定了该项维修所需要的工作量。

工时费率是指完成一个工时所需要的费用,即每工时收费的标准。工时费率根据工作项目、工作环境和工种等有所差异。除维修工人人力成本外,修理企业为修车所付出的仓储、管理、设备的损耗等费用,也都被算进工时费里,而这些成本费用根据各企业的情况不同,有高有低。

2)维修工时的确定

根据车损情况做出维修计划,按照每个维修项目估计确定维修工时,再根据工时定额计算出维修工时费。确定维修工时是计算维修工时费的关键。事故车辆维修中主要包含以下几种工时:

(1)拆装工时。

事故车辆的修理和正常的汽车维修不同,事故车修理中拆装工时常占有很大的比例。拆装特定零部件的工时在工时定额中有明确规定,只要按照维修要求计算即可。

拆装工时有3种形式,即显性拆装工时、隐性拆装工时和整车拆装工时。在计算工时核算时要根据实际情况分别计算。

①显性拆装工时。指修理某些零部件时,拆装该零部件所需要的工时。例如,两车门需要整形,那么拆装这两个车门所需要的工时即为显性工时。

②隐性拆装工时。维修某些零部件时,需要首先拆除不需要修理的完好部件,在修复装配时也是如此,这部分工时即为隐性工时。

③整车拆装工时。非承载式车身车辆在发生翻车和重大撞击事故时,会造成车架的严重变形。为校正或更换车架,就要拆下车体,吊下发动机、变速器、前后桥、悬架等几乎所有的车身零部件;在修复后,则按照拆卸的相反顺序逐一装复,这就是整车的拆装。

(2)换件工时。

事故车修理中,某些零部件经鉴定已经损坏,更换这些零部件所需要的工时称为换件工时。例如,轿车前部碰撞,前保险杠及保险杠衬板、散热器、散热器框架、灯具、翼板需要更换。更换这些零部件所需要的工时,计算为换件工时。

(3)整形工时。

事故车辆的钣金件因碰撞而变形,对其整形修理所需要的工时称为整形工时(钣金工时)。整形工时的定额根据车辆的钣金件部位和损伤程度等有很大的区别,一般按照钣金件的损伤程度将其分为轻度、中度和重度损伤三类。

轻度损伤的:局部的、小范围的、不影响整车安装的轻度变形。其钣金修理的工时费用为新件价格的 10%~20%，如轿车的前翼板、车门的轻微碰撞变形等。

中度损伤的：局部框架的变形或板件中等程度的损伤。中度程度的校正需要局部拆开进行整形操作，其钣金修理的工时费用为新件价格的 20%~35%，如轿车的前门立柱、中柱等钣金修理。

重度损伤：板件或结构件已经整体变形，需要全部拆开进行整形矫正操作。其钣金整形工时费用为新件价值的 35%~50%，如平头货车的前门立柱、前围板、车门和驾驶室总成等。

损伤部位不同，其钣金整形的工时费用也有所差异，比较重要的结构性部件和外观要求比较高的外观钣金件，其工时定额要高一些。

(4) 机修工时。

事故车辆维修中，对机械部分进行的检查、调整、修理所需要的工时称为机修工时。在事故车损伤维修中，机修工时与总成大修或维修作业是相同的，可参考汽车修理工时定额进行计算，但有时应相应增加拆装工时。

(5) 电工工时。

包括对电气设备的修理和配合其他工种作业进行的灯具拆装、线路的更换或修整，仪表台及仪表的拆装，蓄电池的电解液补充和充电，仪表传感器等的拆装，发动机起动机的检修等，可参照工时定额确定。

(6) 调整工时。

包括总成机件检修的调试、磨合及制动、转向、离合器、四轮定位等修整后的路试检验，以及所有修理部位的检查等所需要的工时。

(7) 其他工时。

汽车维修中还有外协加工工时和辅助工时等。一般的维修企业如安装玻璃、修焊散热器、玻璃钢或铝合金修焊等，需要到专门的专业加工厂完成。此外，外协加工工时费用应根据实际发生费用估算。有些大型修理厂，其专业分工细致，专有缝工、轮胎工等，如有这些工种的参与，也应将其工时计算在内。

(8) 特种车辆的维修工时。

特种车辆类型繁多，批量较小，发生事故的概率也比较低。这类车型一般都附加有其他的机械设备，且价格都很高。如消防车、冷藏车、大型起重机、重型自卸汽车、豪华大型轿车等，这些车一旦发生事故，损失都比较大，而且有的还需要到原制造厂或专业厂维修。此类修理工时没有可以参照的资料，确定起来有一定的困难，在定损时需要参考制造厂家或专业修理厂的标价进行。

2. 材料费

材料费是指维修工作中所需更换的零件费用和使用的材料费用，如涂料及其配套固化剂、稀释剂等需要添加的运行材料费用。一般汽车修理所需的消耗，如零件清洗用品、钣金维修所需的氧气、乙炔气、普通砂纸和水、电消耗，等不应包含在其中，这部分费用在工时费中已经包含了。但是，如果一辆事故车需要更换多种配件时，会有一些小件和塑料件、橡胶件、螺栓、垫圈、电线及插头等损坏或丢失，这些零件价值不高，但数量众多，计算起来比较麻烦,此时可凭经验适当增加辅料费用,计算到工时费中。

3. 外加工费

外加工费是指维修过程中因厂家条件所限或某些必须专项修理的项目(也包含为降低维修成本而需要的专项修理)需要外协加工和专项修理的实际费用。这部分费用应按实际发生进行估算,不得再行加价。

做好车辆碰撞的定损工作,准确地判定所需要维修费用,除了必需的专业技能外,还要借助很多资料,这些资料可以帮助查勘定损员更好地把握维修费用的定损。常用的资料除了车辆维修手册外,还有零配件价格表和维修工时定额等。

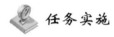
任务实施

一、任务目的

能够运用定损原则、修换原则独立完成事故车辆的定损工作。

二、计划与决策

(1)确定分组及分工:4~6人一组,小组成员分别扮演李明先生、车险查勘定损员和观察员。

(2)场地设施:理赔整车实训场地、系统实训室。

(3)据保险公司统计,车险理赔中配件赔款的金额占纯车损60%的,占车险总赔款的40%,所以减损工作一直是理赔工作的重点,在遵循定损原则的基础上,如何判断配件的修换是查勘定损员的重要工作技能。

(4)对损失配件进行修复,不仅可以节省大量资源,而且可以降低因随意更换配件导致配件遗弃造成的环境污染,查勘定损员在定损过程中在保证事故车辆维修质量的同时也应具有环保意识。

三、实施与控制

(1)小组根据任务描述中的案例信息,设置具体的细节内容,制订实施计划。
(2)应准备的工具、资料有:＿＿＿＿＿＿＿＿＿＿＿＿＿＿＿＿＿＿＿＿＿＿＿＿＿＿＿
＿＿
(3)遵循定损原则、修换原则,确认受损零部件维修方案。
①受损零部件:＿＿＿＿＿＿＿＿＿＿＿＿＿＿　○修　○换
原因:＿＿＿＿＿＿＿＿＿＿＿＿＿＿＿＿＿＿＿＿＿＿＿＿＿＿＿＿＿＿＿＿＿＿＿＿

②受损零部件:＿＿＿＿＿＿＿＿＿＿＿＿＿＿　○修　○换
原因:＿＿＿＿＿＿＿＿＿＿＿＿＿＿＿＿＿＿＿＿＿＿＿＿＿＿＿＿＿＿＿＿＿＿＿＿

③受损零部件：_____　○修　○换
原因：_____

④受损零部件：_____　○修　○换
原因：_____

⑤受损零部件：_____　○修　○换
原因：_____

⑥受损零部件：_____　○修　○换
原因：_____

(4)查勘定损员对李明先生的右前翼子板定损为修复，但李明先生认为翼子板坏了就应该更换，请你编制一段沟通话术向李明先生做好解释工作。

_____
_____
_____

如果受损的是车辆后翼子板，则沟通话术是：_____
_____
_____
_____

注：对损失配件进行修复，不仅可以节省大量资源，而且可以降低因随意更换配件导致配件遗弃造成的环境污染，还可以降低保险公司的赔付成本，是一举多得的处理方式。

四、总结与评价

综合评价表见表3-12。

综合评价表　　　　　　　　　　　　　　　　表3-12

	综合考评	自我评价	小组互评	教师评价	企业导师评价
素质考评（40分）	能保持干净整齐的个人仪容仪表；眼神、手势等肢体语言恰当；使用恰当称呼和礼貌用语；正确穿着工作装(10分)				
	专业术语运用恰当；语速、语调恰当；语言清晰、流畅、浅显易懂，有亲和力；注意倾听，不随意打断顾客谈话(10分)				

续上表

综合考评		自我评价	小组互评	教师评价	企业导师评价
素质考评 (40分)	具备团队协作能力,积极为团队献策;善于倾听他人意见、调节团队争议(10分)				
	态度积极认真,服务客户耐心、热情(10分)				
技能考评 (60分)	能正确选择及使用工具、单证(10分)				
	能正确运用定损原则确定事故车辆损伤项目(15分)				
	能正确运用修换原则完成相关部件的定损(15分)				
	能正确完成事故车的损失确定(10分)				
	具有资料信息查询能力(5分)				
	服务中有创新(5分)				
本次得分(总分100分)					
最终得分(平均得分)					

子任务3　新能源汽车事故定损

李明先生驾驶自己的迈腾车在南熏大道与一比亚迪新能源汽车相撞,查勘定损员已完成现场查勘,现第三者车车主打电话给保险公司要求定损,请问新能源汽车定损与一般燃油车定损一样吗?定损时应重点关注哪些部件呢?

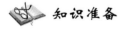
知识准备

一、动力蓄电池定损

1. 碰撞损伤

1)确定车辆故障码信息

在条件允许的情况下,读取并打印车辆故障检测报告,或者截屏拍照,确定车辆故障码发生时间、行驶公里数等信息。

2)动力蓄电池包定损

动力蓄电池包碰撞损伤一般可分为 3 种类型,即外壳轻微划痕(或仅造成绝缘涂层破损)、箱体轻微凹陷和箱体严重凹陷以及破裂。

(1)轻微划痕。

动力蓄电池包箱体轻微划痕或涂层轻微受损,目测金属箱体在没有变形、气密性检测正常的情况下,可判断内部的模组及其他部件未受影响。建议对箱体涂层进行修复处理。

(2)轻微凹陷。

仅造成动力蓄电池包壳体轻度变形的情况下,需对动力蓄电池包进行气密性、绝缘值及相关故障检测。经检测,如果动力蓄电池包的气密性、绝缘值及各项参数均正常,可判断电池模组及其他部件未受损伤。建议对动力蓄电池包箱体进行修复或更换。

(3)严重凹陷以及破裂。

如果动力蓄电池包壳体出现严重凹陷或破裂,多数情况下会影响到电池模组,还可能影响动力蓄电池包的气密性及绝缘值。定损时,需首先检查绝缘值是否正常。在确保安全的前提下,对动力蓄电池包开箱检修,视壳体损伤程度进行修复或更换。如果动力蓄电池包内部模组损伤数量较多,综合考量维修成本及更换费用等因素,可采取更换动力蓄电池包总成的方法处理。

2. 水淹损伤

动力蓄电池具备一定的防水能力,短暂的涉水行驶不会造成动力蓄电池包内部进水。但遭遇水淹事故时,由于水淹时间较长,可能导致内部进水,进而造成气密性和绝缘性能失效。在处理这种水淹事故时,首先应对动力蓄电池的绝缘性能进行检测,穿戴好防护装备,在确保人身安全的情况下,开始进行损伤确认工作。

(1)外观检测。

水淹事故导致动力蓄电池包进水的途径通常有以下几个:

①高压线束插接口;

②低压线束插接口;

③冷却水管接合处;

④单向阀或通气孔;

⑤箱体接合部位。

同时,在对动力蓄电池包水淹事故定损中,应重点检查上述部位的水渍或污染状态。

(2)动力蓄电池性能检测。

动力蓄电池进水会使绝缘性能下降,导致内部短路,造成人身伤害。对于水淹后的电池,可通过检测绝缘值及气密性判断内部是否进水。

(3)动力蓄电池包未进水判断。

经过外观检查,高压插接件接线柱、低压线束接线端子干燥清洁,各接合位置及密封垫状态正常,且经性能检测各项指标未见异常,可判断动力蓄电池包内部没有进水。

(4)动力蓄电池包进水判断。

经过外观检查,如果出现高压插接件接线柱、低压线束接线端子以及接合位置存在水渍痕迹,建议采取开箱检查的方式确定内部进水状态,根据内部损伤程度确定损失范围。如模组、线束、控制器等部件多处浸水或存在锈迹,根据维修报价,综合考虑维修成本,可采取更换模组或更换总成的方法分别处理。

二、充电口定损

新能源汽车的充电口分为快充口和慢充口两种,如图 3-45 所示。充电口总成由插接件、线束和支架组成,大部分安装于车辆前中网和行李舱盖位置,由于位置特点在碰撞事故中很容易损坏,因此成为定损环节关注的重点部件。

图 3-45 新能源汽车充电口

1. 充电口碰撞损伤

1)充电口及线束检查及处理方式

(1)如果充电口座损伤或破裂,建议单独更换充电口座。

(2)如果高压线束受到挤压发生破皮、断裂,可予以更换。

2)检查充电口支架

新能源汽车充电口支架通常使用塑料和金属两种材质,塑料材质的支架一般予以更换,金属材质的支架可根据损坏情况采取修复或更换。

3)检查故障码记录

碰撞事故如果导致充电口损坏及线束断路或短路,车辆会报出相应的故障码,定损时应注意采集相关数据。

2. 充电口水淹损伤

1)充电口检查及处理方式

(1)充电口插孔内有明显水渍、泥沙等痕迹,建议清洁、烘干处理,绝缘值检测应低于直流 $100\Omega/V$(快充口)、交流 $500\Omega/V$(慢充口)。

(2)充电口插孔内有明显锈蚀的,建议更换。

(3)充电口支架存在锈蚀的,建议清洁除锈。

2) 检查故障码记录

水淹事故可能导致充电口短路或通信错误,车辆会报出相应的故障码,定损时应注意采集相关数据。

三、高压线束定损

新能源汽车高压线束均为橙色线束,由插接件、线束绝缘层(屏蔽线)、线芯束、固定支架(卡箍)几部分组成,如图 3-46 所示。

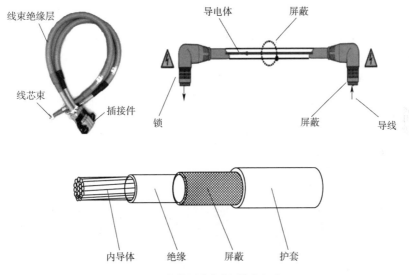

图 3-46 新能源汽车高压线束组成

1. 高压线束碰撞损伤

1) 高压线束检查处理方式

(1) 线束插接件固定爪折断或外壳发生轻微破裂,如图 3-47 所示,线束未损伤的,建议采取修复处理。

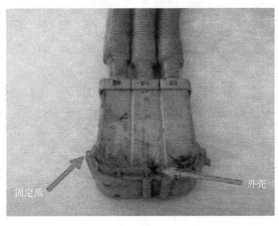

图 3-47 线束外壳轻微受损

(2) 线束绝缘层破损的,建议采取修复处理。

(3)线束固定支架(线芯)损坏的,予以更换。
2)检查故障码记录

碰撞事故导致线束及插接件损坏时,可能会出现线束短路、断路,造成通信错误,车辆会报出相应的故障码,定损时应注意采集相关数据。

2. 高压线束水淹损伤

1)高压线束检查及处理方式

(1)高压线束插孔内有明显水渍、泥沙等痕迹,建议清洁、烘干处理,绝缘值检测应低于直流 100Ω/V(快充口)、交流 500Ω/V(慢充口)。

(2)高压线束插孔内有明显锈蚀的,建议更换高压线束插头。

(3)高压线束支架存在锈蚀的,建议清洁除锈。

2)检查故障码记录

水淹事故可能导致高压线束短路或通信错误,车辆会报出相应的故障码,定损时应注意采集相关数据。

四、其他高压部件定损

新能源汽车的高压部件除了上述介绍的以外,还有高压控制部件及执行元件,主要包括:电机控制器、车载充电机、DC-DC 变换器、高压分配单元/高压配电箱、驱动电机、高压空调系、正温度系数(Positive Temperature Coefficient)热敏电阻电加热器。随着技术的不断更新,新能源汽车上的高压部件大多采用二合一或多合一的方式集成在一起,如图 3-48 所示。例如,比亚迪秦或唐插电混合动力车型的电机控制器和 DC-DC 变换器为二合一方式;北汽 EU260 的高压配电箱、电机控制器、DC-DC 变换器和车载充电机为四合一方式,称为动力电子单元总成(PEU)。

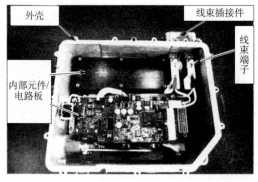
a)比亚迪唐二合一

b)比亚迪K8多合一

图 3-48 高压部件集成

1. 高压控制部件碰撞损伤

新能源汽车高压控制部件一般由外壳、线束端子、插接件和内部元件组成,下面以比亚迪唐插电混合动力车型电机控制器和 DC-DC 变换器二合一总成为例介绍高压控制部件的定损。

1)外壳检查及处理办法

(1)外壳破裂变形。

外壳材质大部分为铝合金,上下盖板材质为铝合金或者钢板件,如事故仅造成外壳轻微损伤,比如局部断爪、铝壳轻微破裂,内部无其他损伤,建议采取外修局部铝焊修复处理。

(2)线束插接件变形、破损断裂。

线束插接件外壳大多为塑料材质,如外壳出现轻微破裂或断爪,建议采取外修塑焊修复或更换处理。

(3)内部元件/电路板变形、破裂。

内部元件和电路板损伤时,可交由具有修复能力的外修更换内部元件处理。

2)检查故障码记录

碰撞事故造成高压控制部件损伤,通常会出现车辆无法行驶、充电功能失效、仪表故障灯点亮等现象,车辆会报出相应的故障码,定损时应注意采集相关数据。

2. 高压控制部件水淹损伤

目前大多数高压控制部件的插接件连接处均具备一定的防水功能。水淹事故应重点检查通气孔、高低压插接件插孔、上下壳体接合处等部位的密封状态。如检查中发现以上部位有水渍时,需进一步检查内部元件是否进水。

(1)高压控制部件密封状态检查处理。

经检查,如发现高低压连接插孔干燥无水渍、上下壳接合处密封状态良好,绝缘值检测符合标准(直流不低于100V,交流不低于500V),可判断密封状态正常。

(2)高压控制部件开盖检查。

经检查,如果发现插接件存在水渍、泥沙等痕迹,无论绝缘值是否在标准范围内,均需开盖检查。如果内部元件无水渍、无泥沙,建议对插接件进行清洁干燥处理;如果内部有轻微水渍、无锈蚀,建议清洁干燥处理并进行绝缘值测定;如果高压控制器内部进水较多或有锈蚀,建议更换总成。

(3)检查故障码记录。

高压控制部件受水淹事故影响,通常会造成绝缘性能失效、车辆无法行驶、仪表故障灯点亮等现象,车辆会报出相应的故障码,定损时应注意采集相关数据。

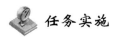

任务实施

一、任务目的

能够独立完成新能源汽车的事故定损工作,要求安全、专业。

二、计划与决策

(1)确定分组及分工:4~6人一组,小组成员分别扮演查勘定损员和观察员。

(2)保险服务人员留给客户的第一印象将在很大程度上决定能否与客户建立融洽的沟通氛围,赢得客户的信任。所以,保险服务人员需要有一个良好的职业形象,包括外在形象和内涵素养。本子学习任务中,首先需要结合专业特点明确查勘定损员的专业技能和职业素养。

(3)要为客户提供专业服务,切忌盲目主观臆断,需要有详细的调查、分析、判断和建议的过程,需要了解事故发生的基本情况,利用所学的理论知识进行归纳总结和分析,本着对客户负责的态度,实事求是地完成车辆定损。

三、实施与控制

(1)漏电确认。

新能源汽车发生事故后存在漏电风险,在进行车辆定损前需要确认事故是否涉及高压部件,是否存在漏电情况。请通过小组讨论,完成以下方案并实施。

高压部件:_____

漏电检查工具:_____

判断漏电方法:_____

带电高压部件:_____

不带电高压部件:_____

(2)高压部件损伤形式确认。

新能源汽车的高压部件集成化高,价格相对昂贵,查勘定损员在完成漏电确认后,需要确认高压部件的损伤形式,以便准确定损,从而维护客户与公司间的利益,查勘定损员需要做到专业、诚信、细致、公正。通过小组讨论,观察员进行检查记录,观察查勘定损员的部件损伤形式确认是否完成。

①高压部件:_____

损伤部位:_____

损伤程度:_____

损伤形式:_____

存在影响:_____

②高压部件:_____

损伤部位:_____

损伤程度:_____

损伤形式:_____

存在影响:_____

③高压部件:_____

损伤部位:_____

损伤程度:_____

损伤形式:_____

存在影响:_____

（3）高压部件定损。

在确认高压部件损伤形式后，查勘定损员在综合考虑维修成本级更换费用等因素后，需要对相关零部件给出定损意见。请通过小组讨论，完成以下方案并实施。

①高压部件：_____

维修成本：_____

更换费用：_____

修换原因分析：_____

修换方案确定：○修　○换

②高压部件：_____

维修成本：_____

更换费用：_____

修换原因分析：_____

修换方案确定：○修　○换

③高压部件：_____

维修成本：_____

更换费用：_____

修换原因分析：_____

修换方案确定：○修　○换

（4）如果查勘定损员面对的是新能源汽车特殊事故定损，相对一般事故定损而言，他将面临哪些不一样的要求？你能给他提供哪些查勘建议？

①托底事故。

损失特点：_____

_____

查勘注意事项：_____

_____

②水淹事故。

损失特点：_____

_____

查勘注意事项：_____

_____

③火灾事故。

损失特点：_____

_____

查勘注意事项：_____

_____

四、总结与评价

综合评价表见表3-13。

综合评价表　　　　　　　　　　表 3-13

综合考评		自我评价	小组互评	教师评价	企业导师评价
素质考评 (40 分)	能保持干净整齐的个人仪容仪表,保持良好仪态(10 分)				
	能正确遵守服务礼仪(10 分)				
	与客户交谈的语气、语速、语调恰当(10 分)				
	能保持诚实、耐心和热情(10 分)				
技能考评 (60 分)	能正确进行漏电检查(15 分)				
	能正确确认零部件损伤形式(15 分)				
	能正确确定零部件的修与换(15 分)				
	能正确运用理论知识完成特殊事故定损(15 分)				
本次得分(总分 100 分)					
最终得分(平均得分)					

知识拓展——水淹车事故查勘定损

一、水淹车事故查勘

车辆涉水行驶或被淹后,由于处理或操作不当,极易造成发动机内部损坏。而这些内部损坏一般都是除外责任内的损失。而且车辆被水浸泡后,其电子元器件极易遭到腐蚀、氧化,导致损失扩大。水淹事故现场的查勘,除了按现场查勘的基本流程操作外,还要特别注意以下要求:

(1)接到报案后,联系客户:"请问您的车被水浸泡了多长时间?水位有多高?您是否重新启动过?"如客户未重新启动,则告知"请您千万不要打火启动车辆,避免扩大损失,我们将马上赶到现场协助您处理"。

(2)到达现场后,快速进行处理,拍摄现场照片。必须拍出水淹的水线位置,确定车辆被浸泡的高度,了解受损的大概情况。

(3)拍摄完现场照片后,应协助客户积极联系施救厂,并协助客户将水淹车辆推(拖)出水淹现场。

(4)查勘水淹车事故现场时,查勘定损员必须填写现场询问笔录,就车辆水淹后如何熄火、熄火后有没有再次点火、点火多少次等问题要求事故车辆驾驶人做出明确答复。

(5)查勘水淹车事故现场时,查勘定损员必须现场检查发动机进气口是否进水、空气滤清器芯是否被水浸湿,并拍照存档。如果空气滤清器芯没有浸湿,则可以排除发动机内部进水的可能性。

水淹车事故现场如图 3-49 所示。

图 3-49 水淹车事故现场

二、水淹车事故定损

通过对大量的水淹车进行损失评估后发现,水淹高度及时间决定了汽车的损失程度,在大面积水灾时,迅速对受损汽车出具损失评估单,是减少损失和减少理赔矛盾的有效办法。

(1) 大面积的水灾发生时,以当地气象部门正式公布的报告为准,当地新闻媒体予以正式刊登的,可以作为依据,不必另由气象部门出具气象证明。

(2) 立即会同修理厂对水淹车进行处理,检查车损情况。注意发动机及变速箱有无进水,拔下火花塞或喷油嘴,摇动发动机,查看有无进水的迹象。千万不可随便启动发动机,否则仍易造成损失扩大。

(3) 确认水灾中车辆的直接损失,若只淹到驾驶室内而发动机、变速箱等未进水(中档车以下),拆装座椅及内饰,进行清洗烘干;中档车以上,则尚需检查电气部分,如发动机电脑、变速器电脑、防抱死制动系统(Antilock Brake System,ABS)电脑等。若已淹到了发动机,则须对机油、变速器油进行更换,同时,需对该车的"三滤"进行更换,并对电子风扇、起动机、空调压缩机等电气设备进行维护作业。

(4) 对扩大损失的车辆进行分单处理,直接损失部分现场核损,扩大损失部分先定损,再向相关负责人汇报,不要耽误修车。

学习任务 5 核 损

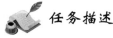 **任务描述**

由于雨天路滑,李明先生的迈腾轿车制动时与前方的比亚迪轿车相撞。李明先生将车开至 4S 店进行维修,并联系保险公司人员进行定损,查勘定损员及时赶赴 4S 店完成了定损工作。李明先生认为保险公司既然已经完成定损,没必要再核损了,这样既浪费时间也多花成本,对保险公司和客户都不利。你认为呢?

核损是继查勘定损完成后核损员根据查勘定损员事故查勘的情况、估损单、损失照片等,初步核实事故的真实性和发生过程,核定车损和相关物损情况,确定车辆更换部件、维修工时、相关物损赔偿费用、施救费用的过程。同时核损兼负查勘的管理监督工作、复勘工作、旧件处理等,是车险理赔的风险控制核心环节。

学习目标

知识目标
1. 能描述核损的内容流程。
2. 能描述不同损失的核损要求。

技能目标
1. 能在车险理赔系统中完成案件的核损工作。
2. 能对核损有疑问的案件做出处理意见说明。

素质目标
1. 遵守法律、法规和保险行业相关规定,正确分析和处理汽车保险服务工作的同时,强化法制意识、规则意识。
2. 具有社会责任感和社会参与意识。
3. 具备团结协作意识,积极沟通,善于协调。
4. 具备严谨的工作作风,严格执行工艺流程,培养精益求精的工匠精神。

建议学时:2 学时。

> 李明先生认为保险公司既然已经完成定损,没必要再核损了,这样既浪费时间也多花成本,对保险公司和客户都不利。你认为呢?

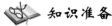

一、核损工作流程

核损的主要任务是审核车损、物损和人伤的查勘定损情况,判断事故的真实性(防止保险欺诈),判断损失的可信度,判断估损价格的合理性(包括施救费用),核定公估费用等。网上核损的主要工作流程如下:

1. 选择核损案件

打开车险理赔系统(车险理赔系统包括报案、查勘、定损、核价、核损、缮制、核赔、结案、支付等环节),进入核损平台,查找核损案件,找到待核损案件。

2. 进入核损案件

点击案件"报案号",即可进入待核损案件主页面(图 3-50)。

在核损主页面可以看到车辆基本信息、车辆承保信息、报案基本信息、事故损失信息等,进入核损主页面后正式审核案件。

图 3-50　核损中心界面

3. 查看报案信息

点击"报案信息",进入报案中心界面(图 3-51)。

图 3-51　报案中心界面

报案信息主要包括：出险时间、报案时间、出险地点、出险经过、损失程度、报案人、报案电话、报案地点、出险驾驶员等。在报案信息中,可以第一时间发现案件风险点,这对核赔在整个案件审核中极为重要。

4. 查看保单信息

点击"保单信息",进入查勘中心界面(图 3-52)。

在保单信息中,应着重关注以下内容：

(1)车辆信息：主要包括车牌号码、车架号码、厂牌车型、使用性质和车辆初次登记时间。

图 3-52 查勘中心界面

(2) 承保信息：主要包括保险价值与保险金额对比，看是否足额投保；车损绝对免赔率、三者绝对免赔率、绝对免赔额；是否指定驾驶人驾驶；此次事故是否属于投保险种范围；若属于玻璃单独破碎险，且已投保玻璃单独破碎险，明确投保的是国产玻璃还是进口玻璃；若出险次数超过 3 次，应认真分析出险经过及出险原因，看有无骗保的可能。

5. 查看查勘信息

(1) 标的车辆行驶证：行驶证年检是否合格；基本信息是否与保单一致；临时牌照是否在有效期内。

(2) 出险驾驶人驾驶证：核对出险驾驶人与报案驾驶人姓名是否相符；核实准驾车型与实际驾驶车辆是否相符；核实驾驶证有效期。

(3) 车辆验标及损失图片：核对车架号码、车牌号码是否与保单行驶证等相关信息吻合；看整体损坏照片、撞击部位、碰撞痕迹、受损程度，分析出险经过是否与客户描述相符，判断事故的真实性；看损坏部位照片，判断是否与本次事故有关联；审核车损照片与更换项目及修理项目是否对应，以及是否符合标准。

6. 审核查勘或复勘意见

审核定损损失录入，着重关注：配件更换项目是否与车损一致，配件价格是否符合当地价格标准；维修项目是否与车损一致，工时费是否符合当地工时标准。

审核查勘记录，着重关注：查勘信息中对出险经过的真实描述或补充，相对于出险通知书和报案信息内容来说更可信；复勘信息，是指复勘人员对复勘结果的反应，一般以复勘报告的形式体现。

7. 查勘历史出险记录

历史出险记录是反映同一标的的历次出险信息的记录。重点核实本次损失是否在历次事故中有重复，避免多次索赔。结合历史出险记录可以综合反映案件风险。

8. 录入核损意见

如对事故无疑问,同意定损价格,则在核损平台录入核损意见,核损通过,点击"确认",核损结束;如有疑问,则把案件退回查勘定损或发起调查。

如何判断事故损失是否属于保险责任,应采用因果关系中的近因原则来进行判定。

二、不同损失的核损要求

1. 车辆损失核损的要求

(1)审核提交的查勘和调查资料是否规范。

及时审核各项单证材料,通过仔细核对确定事故是否真实,有无保险欺诈的可能,对有疑问的案件及时与查勘定损员沟通,督促其及时进行复勘和调查。

及时审核定损资料,包括是否规范缮制《车辆损失确认书》,是否按要求逐项列明维修、换件项目及工时和价格;是否按要求拍摄损失照片,损失照片是否清晰、完整地反映了车辆损失确认书上列明的损失情况;是否按保险公司规定执行报价程序。如发现不合格项目,应及时通知查勘定损员重新提供清晰完整的定损资料;核损时发现报价错误的,应与保险公司报价人员沟通并及时更正。

(2)审核损失情况是否准确。

对照损失照片及现场记录等,核对出险原因、经过及大概损失情况是否相符,有无扩大损失部分。

对照损失照片,目测碰撞位置、碰撞方向,判断碰撞力大小、方向,初步确定事故车辆损失范围,并估计可能有的损伤。

确定损伤是否限制在车身范围内,是否包含功能部件、元件或隐藏件,根据碰撞力传导范围、损伤变形情况和损失配件拆解照片区分事故损伤与拆装损伤。

对照损失照片及《车辆损失确认书》,审核换件项目是否合理,维修项目及维修工时费是否合理,对不合理的部分提出剔除或修改意见。

审核换件项目是否存在新车出厂时标准配置以外的零部件。

(3)委托案件的核损。

涉及异地承保车辆在本机构管辖范围内出险的,核损原则上按出险地赔偿标准确定,对于车辆损失出险地修复标准明显高于承保公司所在地标准的,如果客户同意车辆拖回承保公司所在地修复的,由承保公司对事故进行重新定损、审核。

(4)反馈核损意见。

核损工作完成后,应将核损结果马上反馈给查勘定损员,由查勘定损员及时通知被保险人,和修理厂。

2. 物损的核损要求

保险事故导致的财产损失,除了事故车辆本身的损失外,还可能涉及第三者的财产损失。第三者财产损失主要包括:第三者车辆所载货物、道路、道路安全设施、房屋建筑、电力和水利设施、道路旁的树木花卉、道路旁的农田庄稼等的损失。可见,第三者的财产涉及范围较大,所以,对于第三者财产的核损要比车辆核损难得多。

第三者财产的核损要对其损失项目、数量、损失单价及维修方案合理性和造价进行审核。

3. 施救费的核损要求

施救费用是指发生保险事故时,被保险人或其代理人、雇员等为了防止或减少保险车辆的损失所支付的必要的、合理的费用。

施救费用应是直接的、必要的,并符合国家有关政策规定的。包括保险车辆出险后,雇用起重机和其他车辆进行抢救的费用,以及将无法正常行驶的出险车辆拖运到就近的停车场所或修理厂的运输费用,但必须严格按照当地物价部门颁布的收费标准予以负责。

在抢救保险标的的过程中,因抢救而损坏他人的财产,如果应由被保险人承担赔偿责任的,可酌情予以赔偿。但抢救人员个人物品的丢失,保险人不予承担。

抢救车辆在拖运受损保险车辆途中发生意外造成保险车辆的损失扩大部分和费用支出增加部分,如果该抢救车辆是被保险人自己或他人义务派来抢救的,应予赔偿;如果该抢救车辆是有偿的,则不予赔偿。

保险人只对保险车辆的施救费用负责。保险车辆发生保险事故后,涉及两车以上的,应按责任分摊施救费用;受损保险车辆与其所装货物同时被施救,其救货的费用应予以剔除,如果它们之间的施救费用分不清楚,则应按保险车辆与货物的实际价值进行比例分摊赔偿。

保险车辆为进口车或特种车,在发生保险事故后,当地确实不能修理,经保险公司同意后去外地修理的移送费,可予以负责。但护送保险车辆者的工资和差旅费,不予负责。

保险车辆在发生火灾时,被保险人或其允许的合格驾驶人使用他人的消防设备,施救保险车辆所消耗的合理费用及设备损失,保险人应当赔偿。

保险车辆出险后,被保险人或其允许的驾驶人或其代表奔赴肇事现场处理相关事务所支出的费用,保险人不予负责。

强制保险中,受害人财产损失需要施救的,财产损失赔偿与施救费累计不应超过财产损失赔偿限额。

车辆损失险的施救费用是一个单独的保险金额,保险车辆损失赔偿及施救费用分别以不超过车损险的保险金额为限;但商业第三者责任险的施救费用不是一个单独的责任限额,第三者责任险的施救费用与赔偿第三者损失金额相加不得超过商业第三者责任险的责任限额。

施救费用的赔偿应根据保险车辆的事故责任、相对应险种的有关规定扣减相应的免赔率。

4. 人员伤亡费用的复核

对于医疗费,根据国务院卫生主管部门组织制定的《道路交通事故受伤人员临床诊疗指南》和国家基本医疗保险的标准,结合保险条款的约定进行复核。对于误工费、护理费、住院伙食补助费、营养费、残疾赔偿金、残疾辅助器具费、丧葬费、死亡补偿费、被扶养人生活费、交通费、住宿费、被保险人依照法院判决或调解承担的精神损害抚慰金等,根据《最高人民法院关于审理人身损害赔偿案件若干问题的解释》的规定进行复核。审核中应注意:

(1)残疾赔偿金、丧葬费、死亡补偿费、被扶养人生活费、交通费、住宿费等赔偿项目,按照事故发生地的标准进行计算。

(2)残疾赔偿金、死亡补偿费、被扶养人生活费等赔偿项目,按照当事人是城镇居民或农村居民区别计算。

(3)对被保险人提供的有关单证的真实性进行重点审核。

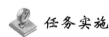 任务实施

一、任务目的

能够按照核损流程完成事故案件的审核工作。

二、计划与决策

(1)确定分组及分工:4~6人一组,小组成员中1人扮演保险公司核损人员,其他人为观察员。

(2)场地设施:多媒体教室。

(3)核损需要对查勘、定损等赔案处理过程和环节进行审核和监控,通过对前期理赔流程中的信息进行审核并给出意见,是保车险理赔的风险控制核心环节。

三、实施与控制

(1)请根据实训项目列举出所需资料和设备。

_____

_____

(2)以小组为单位完成角色扮演,核损人员按照核损流程完成案件的审核工作,观察员做好记录工作。

在核损过程中,要求核损人员认真、细致地查看理赔系统信息,并对有疑问的图片或处理意见作出审核及判定。

①选择并进入核损案件。

工作要求:_____

失误点:_____

②判断事故的真实性。

工作要求:_____

失误点:_____

③判断事故及损失的可信度。

工作要求:_____

失误点:_____

④核准更换、维修项目,核定修复费用。

工作要求:_____

失误点:_____

⑤核定施救费用。

工作要求:_____

失误点:_____

⑥核定赔偿费用。

工作要求:_____

失误点:_____

(3)对于任务描述中李明先生认为保险公司既然已经完成定损,没必要再核损这一问题,请你以保险理赔工作人员的身份向李明先生做出解释。

_____

_____

_____

四、总结与评价

综合评价表见表3-14。

综合评价表　　　　　　　　　　　　　　　　表3-14

综合考评		自我评价	小组互评	教师评价	企业导师评价
素质考评 (40分)	仪容仪表恰当得体(5分)				
	沟通表达能力较强,专业术语运用恰当;语速、语调恰当;语言清晰、流畅,浅显易懂,有亲和力(10分)				
	具有团队协作精神,积极为团队献策;善于倾听他人意见、调节团队争议(10分)				
	安全操作(10分)				
	态度积极认真(5分)				
技能考评 (60分)	工具、资料选择使用完整准确(10分)				
	能完整完成核损流程(15分)				
	审核信息、资料无遗漏(10分)				
	能正确判断事故及损失的可信度(10分)				

续上表

综合考评		自我评价	小组互评	教师评价	企业导师评价
技能考评 (60分)	能准确核定各项损失及费用(10分)				
	服务中有创新(5分)				
本次得分(总分100分)					
最终得分(平均得分)					

知识拓展——近因原则

所谓近因原则,是指判明危险与保险标的损失之间因果关系的准则,是确定保险赔偿责任的一项基本原则。保险标的遭受损失时,是否应由保险人承担赔偿责任,须判明导致损失结果的原因是否属于保险风险。如果保险财产的损失由多个原因引起,有的原因属于保险责任范围,有的原因则不属于保险责任范围,这就要求保险人找出导致损失发生的近因,如果近因属于保险责任范围,保险人应负赔偿责任;反之,则不负责。

近因,并不是指在时间或空间上与损失结果最为接近的原因,而是指对损失结果的酿成起着直接的、决定性作用的原因。如果损失由一个原因造成,毫无疑问该原因就是近因;如果损失由多个原因造成,则须判定哪个原因是对损失的发生有支配力、起决定性作用的因素。从理论上说,近因的判定很清楚,但在保险实践中,当损失的原因有多个时,何为近因,何为远因,其判定则往往是件较为复杂的事情。从近因的判定看,可能会有以下几种情况:

1. 损失由单一原因引起

这是最简单的情况。如果这一原因属于保险风险,保险人应承担赔偿责任;反之,则应拒赔。

2. 损失由多种原因引起

根据引起损失方式的不同,可分为以下3种情况:

(1)损失由多种原因同时发生所引起,各个(多种)原因对损失结果的形成都有直接与实质的影响效果,那它们都是损失的近因。

(2)损失由多种原因连续发生所引起,各原因之间的因果关系没有中断。如果所有连续发生的原因均为保险风险,毫无疑问,保险人应予赔付。如果连续发生的原因中,保险风险和不保风险共存,前因是保险风险,后因是除外风险,而后因是前因的必然结果,这种情况保险人也应赔付。如果连续发生的原因中,前因是除外风险,后因是保险风险,而后因是前因的必然结果,则保险人不予赔付。比如仓库投保火灾保险,敌机投弹燃烧引燃仓库,仓库因火灾而受损。此种情况,尽管仓库受损的直接原因是火灾,但火灾是由敌机投弹所造成的,因为敌机投弹不属于火灾保险的承保风险,所以保险人不承担赔付责任。

(3)由多种原因间断发生所引起,损失的原因有多个,但前因与后因之间不相关联。后因并非前因的直接结果,而是由另一个完全独立的原因所引起。如果这一完全独立的原因是保险风险,保险人应赔付损失。如果这一完全独立的原因不是保险风险,则保险人不予赔付。

学习任务6 赔款理算

任务描述

李明先生的车发生事故后,交警判定其负主要责任,对方负次要责任。李明先生的车定损维修费用8000元,比亚迪秦车定损维修费用18000元,双方车辆都买了交强险、机动车损失险、第三者责任险100万元、车上人员责任险全座1万元等险种。另外,李明先生还购买了所有主险的附加绝对免赔率10%特约条款。请问双方交强险、商业险分别应该怎么赔?

一般汽车保险理赔工作往往是从接到客户报案开始,而查勘定损的完成并不代表保险公司承诺赔付,汽车损失最终能否获得赔偿,取决于其投保的汽车保险以及损失是否属于保险责任。所以,接下来保险公司将进行赔款的理算以及全面审核。

赔款理算工作是保险公司按照法律和保险合同的相关规定,根据查勘定损结果及核损核定的保险事故损失情况,计算并核定应向被保险人赔付金额的过程。在理算过程中,保险合同起重要的指导作用。

学习目标

知识目标

1. 能描述交强险、商业险各险种的赔偿处理。
2. 能描述交强险各分项赔偿限额。
3. 能描述各商业险赔款理算公式。

技能目标

1. 能进行汽车保险交强险的赔款理算。
2. 能进行汽车保险商业险的赔款理算。
3. 能为客户解释保险赔付中遇到的问题,并积极沟通协调,运用专业知识和沟通技巧帮助客户解决问题。

素质目标

1. 具备遵纪守法意识,具有社会责任感和社会参与意识。
2. 具有质量意识和一丝不苟的工作态度。

建议学时:2学时。

对于李明先生此次驾车发生的碰撞事故,假设交警判定李明先生主责,对方次责。李明先生及对方车辆分别定损 3650 元和 5800 元,对方车上有人伤,医疗费用为 15000 元,请问双方交强险、商业险分别应该怎么赔?

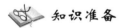

一、交强险的赔款理算

《机动车交通事故责任强制保险条例》第二十三条规定:"机动车交通事故责任强制保险在全国范围内实行统一的责任限额。责任限额分为死亡伤残赔偿限额、医疗费用赔偿限额、财产损失赔偿限额以及被保险人在道路交通事故中无责任的赔偿限额。"

《中华人民共和国道路交通安全法》第七十六条规定:"机动车发生交通事故造成人身伤亡、财产损失的,由保险公司在机动车第三者责任强制保险责任限额范围内予以赔偿。"也就是说,交强险的赔偿计算分有责和无责的情况,只是限额不同。

在对第三者进行人身和财产损失赔偿时,采用"先交强后商业"的原则。交强险具体赔偿办法如下:

(1)保险人在交强险各分项赔偿限额内,对受害人人身伤亡、财产损失分别计算赔偿。各分项核定损失金额超过各分项赔偿限额的,按各分项赔偿限额计算赔偿。

总赔款 = 受害人死亡伤残赔款 + 受害人医疗费用赔款 + 受害人财产损失赔款

各分项损失赔款 = 各分项核定损失金额

(2)当保险事故涉及多个受害人时,各分项损失赔款为各受害人分项核定损失承担金额之和。

基本计算公式中的相应项目表示为:

各分项损失赔款 = Σ 各受害人各分项核定损失承担金额

即:

死亡伤残费用赔款 = Σ 各受害人死亡伤残费用核定承担金额

医疗费用赔款 = Σ 各受害人医疗费用核定承担金额

财产损失赔款 = Σ 各受害人财产损失费用核定承担金额

各受害人各分项核定损失承担金额之和超过被保险机动车交强险相应分项赔偿限额的,各分项损失赔款等于交强险各分项赔偿限额。各受害人在被保险机动车交强险分项赔偿限额内,应得到的赔偿为:

被保险机动车交强险对某一受害人分项损失的赔偿金额

= 交强险分项赔偿限额 × 事故中某一受害人的分项核定损失承担金额 ÷

Σ 各受害人分项核定损失承担金额

【例 3-1】 A 车肇事造成两行人甲、乙受伤,甲医疗费用 15000 元,乙医疗费用 5000 元。计算 A 车交强险对甲、乙的赔款。

解:因 A 车交强险核定损失赔款 = 甲医疗费用 + 乙医疗费用 = 15000 + 5000 = 20000(元),

大于适用的交强险医疗费用赔偿限额,赔付 18000 元。所以,

　　甲获得的交强险赔偿为:18000×15000÷(15000+5000)=13500(元)

　　乙获得的交强险赔偿为:18000×5000÷(15000+5000)=4500(元)

　　(3)当保险事故涉及多辆肇事机动车时,各被保险机动车的保险人分别在各自的交强险各分项赔偿限额内,对受害人的分项损失分摊赔偿。

　　①各方机动车按其适用的交强险分项赔偿限额占总分项赔偿限额的比例,对受害人的各分项损失进行分摊。即:

$$某分项核定损失承担金额 = 该分项损失金额 \times 适用的交强险该分项赔偿限额 \div \sum 各致害方交强险该分项赔偿限额$$

　　注:1.肇事机动车中的无责任车辆,不参与对其他无责车辆和车外财产损失的赔偿计算,仅参与对有责方车辆损失或车外人员伤亡损失的赔偿计算。

　　2.无责方车辆对有责方车辆损失应承担的赔偿金额,由有责方在本方交强险无责任财产损失赔偿限额项下代赔。

　　一方全责,一方无责的,无责方对全责方车辆损失应承担的赔偿金额为全责方车辆损失,以交强险无责任财产损失赔偿限额为限。

　　一方全责,多方无责的,无责方对全责方车辆损失应承担的赔偿金额为全责方车辆损失,以各无责方交强险无责任财产损失赔偿限额之和为限。

　　多方有责,一方无责的,无责方对各有责方车辆损失应承担的赔偿金额以交强险无责任财产损失赔偿限额为限,在各有责方车辆之间平均分配。

　　多方有责,多方无责的,无责方对各有责方车辆损失应承担的赔偿金额以各无责方交强险无责任财产损失赔偿限额之和为限,在各有责方车辆之间平均分配。

　　3.肇事机动车中应投保而未投保交强险的车辆,视同投保机动车参与计算。

　　4.对于相关部门最终未进行责任认定的事故,统一适用有责任限额计算。

　　②肇事机动车均有责任且适用同一限额的,简化为各方机动车对受害人的各分项损失进行平均分摊:

　　a.对于受害人的机动车、机动车上人员、机动车上财产损失:

$$某分项核定损失承担金额 = 受害人的该分项损失金额 \div (N-1)$$

　　b.对于受害人的非机动车、非机动车上人员、行人、机动车外财产损失:

$$某分项核定损失承担金额 = 受害人的该分项损失金额 \div N$$

　　③初次计算后,如果有致害方交强险限额未赔足,同时有受害方损失没有得到充分补偿,则对受害方的损失在交强险剩余限额内再次进行分配,在交强险限额内补足。对于待分配的各项损失合计没有超过剩余赔偿限额的,按分配结果赔付各方;超过剩余赔偿限额的,则按每项分配金额占各项分配金额总和的比例乘以剩余赔偿限额分摊,直至受损各方均得到足额赔偿或应赔付方交强险无剩余限额。

　　注:1.N 为事故中所有肇事机动车的辆数。

　　2.肇事机动车中应投保而未投保交强险的车辆,视同投保机动车参与计算。

　　【例3-2】　A、B 两机动车发生交通事故,两车均有责任。A、B 两车车损分别为 2000

元、5000元，B车车上人员医疗费用7000元，死亡伤残费用6万元，另造成路产损失1000元。计算A车赔偿金额。

解：A车交强险赔偿金额 = 受害人死亡伤残费用赔款 + 受害人医疗费用赔款 +

受害人财产损失赔款

= B车车上人员死亡伤残费用核定承担金额 +

B车车上人员医疗费用核定承担金额 +

财产损失核定承担金额

B车车上人员死亡伤残费用核定承担金额 = 60000 ÷ (2 - 1) = 60000(元)

B车车上人员医疗费用核定承担金额 = 7000 ÷ (2 - 1) = 7000(元)

财产损失核定承担金额 = 路产损失核定承担金额 + B车损核定承担金额

= 1000 ÷ 2 + 5000 ÷ (2 - 1) = 5500(元)

财产损失核定承担金额超过财产损失赔偿限额，按限额赔偿，赔偿金额为2000元。

A车交强险赔偿金额 = 60000 + 7000 + 2000 = 69000(元)

其中：

A车交强险对B车车损的赔款 = 财产损失赔偿限额 × B车损核定承担金额 ÷

(路产损失核定承担金额 + B车损核定承担金额)

= 2000 × [5000 ÷ (1000 ÷ 2 + 5000)]

= 1818.18(元)

A车交强险对路产损失的赔款 = 财产损失赔偿限额 × 路产损失核定承担金额 ÷

(路产损失核定承担金额 + B车损核定承担金额)

= 2000 × [(1000 ÷ 2) ÷ (1000 ÷ 2 + 5000)]

= 181.82(元)

(4) 交强险的互碰自赔。

互碰自赔，简单说，就是当机动车之间发生轻微互碰的交通事故时，如果满足一定条件，各方车主可以直接到自己的保险公司办理交强险索赔手续，无须再到对方的保险公司往返奔波。采用互碰自赔前后的区别见表3-15。

互碰自赔前后的区别　　　　表3-15

项　目	互碰自赔前	互碰自赔后
查勘定损	双方约时间，在都可以的时间内	自己的时间自己来作主
	甲、乙先共同到A公司查勘定损	甲到A公司查勘定损
	甲、乙再共同到B公司查勘定损	乙到B公司查勘定损
修车和索赔	甲、乙各自修车后，各自支付自车修理费用	甲、乙各自修车后，各自支付自车修理费用
	甲、乙相互结清费用，交换修车发票	甲、乙直接向各自的保险公司索赔
	再向各自保险公司索赔	

互碰自赔需要满足如图3-53所示的条件。

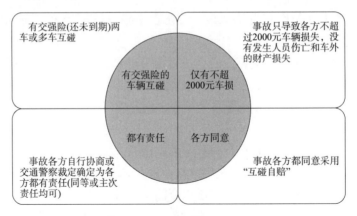

图 3-53　互碰自赔需要满足的条件

注意：互碰自赔与很多城市实行的道路交通事故快速处理办法是有区别的，互碰自赔解决的是交强险理赔流程问题，道路交通事故快速处理办法解决的是发生轻微交通事故后的处理办法，不能混淆。

（5）交强险的无责代赔。

交强险"无责代赔"，是一种交强险简化处理机制。即两方或多方机动车互碰，对于应由无责方交强险承担的对全责/有责方车辆损失的赔偿责任，由全责/有责方保险公司在本方交强险项下代为赔偿。

①"无责代赔"处理机制应同时满足以下条件：

a. 两方或多方机动车互碰，各方均投保交强险；

b. 交警认定或根据法律法规能够协商确定事故责任，"一方无责、一方全责"或"多方有责、多方无责"；

c. 无责方车号、交强险保险人明确。

②"无责代赔"赔偿处理原则如下：

a. 仅适用于对全责/有责方车辆损失部分的赔偿，对于人员伤亡损失不进行代赔。

b. 对于应由无责方交强险承担的对全责/有责方车辆损失的赔偿责任，由全责/有责方承保公司在单独的交强险无责任财产损失代赔偿限额内代赔，不占用普通的交强险赔偿限额。

事故涉及多方车辆的，代赔偿限额为无责方交强险无责任财产损失赔偿限额之和，在各有责方之间平均分配。

代赔限额 = 无责方车辆数 × 无责任财产损失赔偿限额 ÷ 有责方车辆数

交强险无责代赔限额见表 3-16。

交强险无责代赔限额　　　　　　　　　　　　　　　　　　　　　　表 3-16

事 故 类 型	代 赔 限 额
一方全责，一方无责	交强险无责任财产损失赔偿限额
一方全责，多方无责	各无责方交强险无责任财产损失赔偿限额之和
多方有责，一方无责	交强险无责任财产损失赔偿限额除以有责方车辆数
多方有责，多方无责	各无责方交强险无责任财产损失赔偿限额之和除以有责方车辆数

c. 事故涉及多个无责车辆的,所有无责方视为一个整体。

各无责方车辆不参与对其他无责车辆损失和车外财产损失的赔偿计算,仅参与对全责/有责方车辆损失或本车以外人员伤亡损失的赔偿计算。在计算各方车辆的核定损失承担金额时,应首先扣除无责代赔的部分,再对剩余部分损失进行分摊计算。

d. 无责代赔后,各保险公司之间不进行清算。

【例 3-3】 A、B、C、D 四车互碰造成各方车损,A 车主责(损失 1000 元),B 车次责(损失 600 元),C 车无责(损失 800 元)、D 车无责(损失 500 元)。计算四车赔偿金额。

解:C 车、D 车交强险共应赔付 200 元,对 A 车、B 车各赔偿 $(100+100)\div 2 = 100$(元),由 A 车、B 车保险公司在本方交强险无责任财产损失赔偿限额内代赔。

A 车交强险赔偿金额 = B 车损核定承担金额 + C 车损核定承担金额 +
　　　　　　　　　　D 车损核定承担金额
　　　　　　　　 = $(600-100) + 800\div 2 + 500\div 2 = 1150$(元)

B 车交强险赔偿金额 = A 车损核定承担金额 + C 车损核定承担金额 +
　　　　　　　　　　D 车损核定承担金额
　　　　　　　　 = $(1000-100) + 800\div 2 + 500\div 2 = 1550$(元)

二、商业险的赔款理算

1. 机动车损失险的赔款理算

(1) 全部损失

　　赔款 = 保险金额 - 被保险人已从第三方获得的赔偿金额 - 绝对免赔额

(2) 部分损失

被保险机动车发生部分损失,保险人按实际修复费用在保险金额内计算赔偿:

　　赔款 = 实际修复费用 - 被保险人已从第三方获得的赔偿金额 - 绝对免赔额

(3) 施救费用

施救费用数额在被保险机动车损失赔偿金额以外另行计算,最高不超过保险金额的数额。施救的财产中,含有本保险合同之外的财产,应按本保险合同保险财产的实际价值占总施救财产的实际价值比例分摊施救费用。

(4) 免赔额

对于投保人与保险人在投保时协商确定绝对免赔额的,保险人在依据本保险合同约定计算赔款的基础上,增加每次事故绝对免赔额。

2. 商业第三者责任险的赔款理算

对于第三者遭受人身伤亡和财产的直接损毁,依法应由被保险人承担的经济赔偿责任,保险公司对于超过交强险各分项赔偿限额以上的部分,按照保险合同的规定计算赔偿。

(1) 当(依合同约定核定的第三者损失金额 - 机动车交通事故责任强制保险的分项赔偿限额)×事故责任比例等于或高于每次事故赔偿限额时:

　　赔款 = 每次事故赔偿限额

(2)当(依合同约定核定的第三者损失金额 - 机动车交通事故责任强制保险的分项赔偿限额)×事故责任比例低于每次事故赔偿限额时：

赔款 =(依合同约定核定的第三者损失金额 - 机动车交通事故责任强制保险的分项赔偿限额)×事故责任比例

(3)保险人依据被保险机动车一方在事故中所负的事故责任比例，承担相应的赔偿责任。

被保险人或被保险机动车一方根据有关法律法规规定，选择自行协商或由公安机关交通管理部门处理事故，未确定事故责任比例的，按照表3-17的规定确定事故责任比例。

事 故 责 任 比 例　　　　表3-17

责 任 类 型	事故责任比例(%)	责 任 类 型	事故责任比例(%)
主要事故责任	70	次要事故责任	30
同等事故责任	50		

涉及司法或仲裁程序的，以法院或仲裁机构最终生效的法律文书为准。

(4)事故责任免赔率的约定与机动车损失险基本相同。

(5)第三者责任险赔款计算应注意：

①保险人按照《道路交通事故受伤人员临床诊疗指南》和国家基本医疗保险的同类医疗费用标准核定医疗费用的赔偿金额。

②未经保险人书面同意，被保险人自行承诺或支付的赔偿金额，保险人有权重新核定。不属于保险人赔偿范围或超出保险人应赔偿金额的，保险人不承担赔偿责任。

3. 车上人员责任险的赔款计算

(1)对每座的受害人，当(依合同约定核定的每座车上人员人身伤亡损失金额 - 应由机动车交通事故责任强制保险赔偿的金额)×事故责任比例高于或等于每次事故每座责任限额时：

赔款 = 每次事故每座责任限额

(2)对每座的受害人，当(依合同约定核定的每座车上人员人身伤亡损失金额 - 应由机动车交通事故责任强制保险赔偿的金额)×事故责任比例低于每次事故每座责任限额时：

赔款 =(依合同约定核定的每座车上人员人身伤亡损失金额 - 应由机动车交通事故责任强制保险赔偿的金额)×事故责任比例

(3)车上人员责任险赔款计算与商业第三者责任险一样，应注意赔偿标准及非保险人确认之项目的核定。

(4)事故责任比例和事故责任免赔率约定与第三者责任险基本相同。

4. 部分附加险的赔款计算

(1)附加绝对免赔率特约条款。

绝对免赔率为5%、10%、15%、20%，由投保人和保险人在投保时协商确定，具体以保险单载明为准。

被保险机动车发生主险约定的保险事故,保险人按照主险的约定计算赔款后,扣减本特约条款约定的免赔。

$$主险实际赔款 = 按主险约定计算的赔款 \times (1 - 绝对免赔率)$$

(2)附加车轮单独损失险。

保险期间内,被保险人或被保险机动车驾驶人在使用被保险机动车过程中,因自然灾害、意外事故,导致被保险机动车未发生其他部位的损失,仅有车轮(含轮胎、轮毂、轮毂罩)单独的直接损失,且不属于免除保险人责任的范围,保险人依照本附加险合同的约定负责赔偿,赔偿方式由保险人与被保险人协商确定;累计赔款金额达到保险金额,本附加险保险责任终止。

$$赔款 = 实际修复费用 - 被保险人已从第三方获得的赔偿金额$$

(3)附加新增加设备损失险。

保险期间内,投保了本附加险的被保险机动车因发生机动车损失保险责任范围内的事故,造成车上新增加设备的直接损毁,保险人在保险单载明的本附加险的保险金额内,按照实际损失计算赔偿,赔偿方式由保险人与被保险人协商确定。

$$赔款 = 实际修复费用 - 被保险人已从第三方获得的赔偿金额$$

(4)附加车身划痕损失险。

保险期间内,被保险机动车在被保险人或被保险机动车驾驶人使用过程中,发生无明显碰撞痕迹的车身划痕损失,保险人按照保险合同约定负责赔偿,赔偿方式由保险人与被保险人协商确定;累计赔款金额达到保险金额,本附加险保险责任终止。

$$赔款 = 实际修复费用 - 被保险人已从第三方获得的赔偿金额$$

(5)附加修理期间费用补偿险。

保险期间内,投保了本条款的机动车在使用过程中,发生机动车损失保险责任范围内的事故,造成车身损毁,致使被保险机动车停驶,保险人按保险合同约定,在保险金额内向被保险人补偿修理期间费用。

全车损失,按保险单载明的保险金额计算赔偿;部分损失,在保险金额内按约定的日补偿金额乘以从送修之日起至修复之日止的实际天数计算赔偿,实际天数超过双方约定修理天数的,以双方约定的修理天数为准。

(6)附加车上货物责任险。

保险期间内,发生意外事故致使被保险机动车所载货物遭受直接损毁,依法应由被保险人承担的损害赔偿责任,保险人负责赔偿。

被保险人索赔时,应提供运单、起运地货物价格证明等相关单据。保险人在责任限额内按起运地价格计算赔偿;赔偿方式由保险人与被保险人协商确定。

(7)附加医保外医疗费用责任险。

保险期间内,被保险人或其允许的驾驶人在使用被保险机动车的过程中,发生主险保险事故,对于被保险人依照中华人民共和国法律应对第三者或车上人员承担的医疗费用,保险人对超出《道路交通事故受伤人员临床诊疗指南》和国家基本医疗保险同类医疗费用标准的部分负责赔偿。

被保险人索赔时,应提供由具备医疗机构执业许可的医院或药品经营许可的药店出具的、足以证明各项费用赔偿金额的相关单据。保险人根据被保险人实际承担的责任,在保险单载明的责任限额内计算赔偿。

5. 赔款计算应注意的问题

(1)赔款计算依据交通管理部门出具的"道路交通事故责任认定书"以及据此做出的"道路交通事故损害赔偿调解书"。

当调解结果与责任认定书不一致时,对于调解结果中认定的超出被保险人责任范围的金额,保险人不予赔偿;对于被保险人承担的赔偿金额低于其应按责赔偿的金额的,保险人只对被保险人实际赔偿的金额在限额内赔偿。

(2)对于不属于保险合同中规定赔偿项目,但被保险人已自行承诺或支付的费用,保险人不予承担。

(3)法院判决被保险人应赔偿第三者的金额,如精神损失赔偿费等,保险人不予承担。

(4)保险人对第三者责任险事故赔偿后,对受害第三者的任何赔偿费用的增加,保险人不再负责。

(5)车辆损失的残值确定,应以车辆损失部分的零部件残值计算。

(6)诉讼仲裁费用标准应按照最高人民法院下发的有关标准执行。车损险诉讼仲裁费用计入车损险施救费,第三者责任险诉讼仲裁费用必须保险人事先书面同意。

一般规定诉讼仲裁费用按以下方式计算。

①当被保险人应承担的诉讼仲裁费用超过保险单载明的责任限额的30%时:

$$诉讼仲裁费用 = 责任限额 \times 30\%$$

②当被保险人应承担的诉讼仲裁费用低于保险单载明的责任限额的30%时:

$$诉讼仲裁费用 = 应承担的诉讼仲裁费用$$

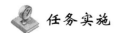

任务实施

一、任务目的

能熟练运用《中国保险行业协会机动车商业保险示范条款(2020版)》《中国保险行业协会新能源汽车商业保险专属条款(试行)》规定完成汽车保险交强险、商业险的赔款理算。

二、计划与决策

(1)确定分组及分工:4~6人一组,小组成员团体协作完成任务中的汽车保险赔款理算。

(2)场地设施:多媒体教室。

(3)车险赔款理算环节要求理算人员既要熟知各险种赔款理算计算公式,同时还应注意不同理赔案件车主有无购买绝对免赔率附加险,在进行赔款理算工作时,应做到认真、细致。

三、实施与控制

(1) 小组根据任务描述中的案例信息,设置具体的细节内容。

(2) 请根据任务列举出所需的资料。

_____

_____

(3) 小组协作完成任务中的保险赔款理算任务。

① 本学习任务中李明先生的迈腾车与对方的比亚迪秦车的损失费用赔偿会用到哪些险种?

_____

_____

② 在赔偿的顺序上:_____是第一顺位,_____是第二顺位。

③ 请一一列举出本学习任务中赔款理算所用到险种的计算公式。

_____

_____

_____

(4) 请给出李明先生车辆损失的赔款理算步骤及结果。

_____

_____

_____

(5) 请给出第三者车辆比亚迪秦车车辆损失的赔款理算步骤及结果。

_____

_____

_____

(6) 保险公司理算人员不仅要对事故损失进行理算,还需要做的工作有:

_____

_____

_____

四、总结与评价

综合评价表见表3-18。

综 合 评 价 表 表3-18

综合考评		自我评价	小组互评	教师评价	企业导师评价
素质考评(40分)	仪容仪表恰当规范(10分)				
	具有沟通表达能力,专业术语运用恰当;语速、语调恰当;语言清晰、流畅,浅显易懂,有亲和力(10分)				
	具有团队协作精神,积极为团队献策;善于倾听他人意见、调节团队争议(10分)				
	态度积极认真、细心专注(10分)				
技能考评(60分)	单证准备使用完整,设备使用安全复原到位(10分)				
	保险条款理解正确(10分)				
	理算险种准确无遗漏(10分)				
	计算公式运用正确(10分)				
	计算步骤及结果规范准确(10分)				
	理算工作理解准确(5分)				
	服务中有创新(5分)				
本次得分(总分100分)					
最终得分(平均得分)					

知识拓展——人身伤害案件赔款计算

根据《最高人民法院关于审理人身损害赔偿案件适用法律若干问题的解释》,受害人遭受人身损害,因就医治疗支出的各项费用以及因误工减少的收入,赔偿义务人应当予以赔偿。受害人死亡的,赔偿义务人除应当根据抢救治疗情况赔偿以上费用外,还应赔偿死亡补偿费及相关合理费用。受害人因伤致残的,赔偿义务人还应赔偿其因增加生活上需要所支出的必要费用以及因丧失劳动能力导致的收入损失。

交通事故人身伤害赔偿案件中,人伤赔偿主要涉及死亡伤残赔偿项下的丧葬费、死亡补偿费、受害人亲属办理丧葬事宜支出的交通费用、残疾赔偿金、残疾辅助器具费、护理费、康复费、交通费、被扶养人生活费、住宿费、误工费,被保险人依照法院判决或者调解承担的精神损害抚慰金赔偿,以及医疗费用赔偿项下的医药费、诊疗费、住院费、住院伙食补助费,必要的、合理的后续治疗费、整容费、营养费。主要赔付标准如下:

(1)死亡赔偿金,按照受诉法院所在地上一年度城镇居民人均可支配收入标准,按二十年计算。但六十周岁以上的,年龄每增加一岁减少一年;七十五周岁以上的,按五年计算。

(2)丧葬费,按照受诉法院所在地上一年度职工月平均工资标准,以六个月总额计算。

(3)被扶养人生活费,根据扶养人丧失劳动能力程度,按照受诉法院所在地上一年度城镇居民人均消费支出标准计算。被扶养人为未成年人的,计算至十八周岁;被扶养人无劳动能力又无其他生活来源的,计算二十年。但六十周岁以上的,年龄每增加一岁减少一年;七十五周岁以上的,按五年计算。

被扶养人是指受害人依法应当承担扶养义务的未成年人或者丧失劳动能力又无其他生活来源的成年近亲属。被扶养人还有其他扶养人的,赔偿义务人只赔偿受害人依法应当负担的部分。被扶养人有数人的,年赔偿总额累计不超过上一年度城镇居民人均消费支出额。

(4)精神损害抚慰金,适用《最高人民法院关于确定民事侵权精神损害赔偿责任若干问题的解释》予以确定。

(5)医疗费,根据医疗机构出具的医药费、住院费等收款凭证,结合病历和诊断证明等相关证据确定。

医疗费的赔偿数额,按照一审法庭辩论终结前实际发生的数额确定。器官功能恢复训练所必要的康复费、适当的整容费以及其他后续治疗费,赔偿权利人可以待实际发生后另行起诉。但根据医疗证明或者鉴定结论确定必然发生的费用,可以与已经发生的医疗费一并予以赔偿。

(6)误工费,根据受害人的误工时间和收入状况确定。

误工时间根据受害人接受治疗的医疗机构出具的证明确定。受害人因伤致残持续误工的,误工时间可以计算至定残日前一天。

受害人有固定收入的,误工费按照实际减少的收入计算。受害人无固定收入的,按照其最近三年的平均收入计算;受害人不能举证证明其最近三年的平均收入状况的,可以参照受诉法院所在地相同或者相近行业上一年度职工的平均工资计算。

(7)护理费,根据护理人员的收入状况和护理人数、护理期限确定。

护理人员有收入的,参照误工费的规定计算;护理人员没有收入或者雇佣护工的,参照当地护工从事同等级别护理的劳务报酬标准计算。护理人员原则上为一人,但医疗机构或者鉴定机构有明确意见的,可以参照确定护理人员人数。

护理期限应计算至受害人恢复生活自理能力时止。受害人因残疾不能恢复生活自理能力的,可以根据其年龄、健康状况等因素确定合理的护理期限,但最长不超过二十年。

受害人定残后的护理,应当根据其护理依赖程度并结合配制残疾辅助器具的情况确定护理级别。

(8)交通费,根据受害人及其必要的陪护人员因就医或者转院治疗实际发生的费用计算。交通费应当以正式票据为凭;有关凭据应当与就医地点、时间、人数、次数相符合。

(9)住院伙食补助费,可以参照当地国家机关一般工作人员的出差伙食补助标准予以确定。受害人确有必要到外地治疗,因客观原因不能住院,受害人本人及其陪护人员实际发生的住宿费和伙食费,其合理部分应予赔偿。

(10)营养费,根据受害人伤残情况参照医疗机构的意见确定。

(11)残疾赔偿金,残疾赔偿金根据受害人丧失劳动能力程度或者伤残等级,按照受诉法院所在地上一年度城镇居民人均可支配收入标准,自定残之日起按二十年计算。但六十周岁以上的,年龄每增加一岁减少一年;七十五周岁以上的,按五年计算。

受害人因伤致残但实际收入没有减少,或者伤残等级较轻但造成职业妨害严重影响其劳动就业的,可以对残疾赔偿金作相应调整。

(12)残疾辅助器具费,按照普通适用器具的合理费用标准计算。伤情有特殊需要的,可以参照辅助器具配制机构的意见确定相应的合理费用标准。辅助器具的更换周期和赔偿期限参照配制机构的意见确定。

在交通事故人伤赔偿计算中,"城镇居民人均可支配收入""城镇居民人均消费支出""职工平均工资",均按照政府统计部门公布的各省(自治区、直辖市)以及经济特区和计划单列市上一年度相关统计数据确定。

学习任务7　核赔与赔付

任务描述

李明先生的车发生事故后,交警进行了责任划分,保险公司也进行了现场查勘,并在4S店对车辆损失进行了确定,填写了定损书。但是查勘定损员告诉李明先生,定损并不等于保险公司一定会赔,此案件的索赔资料还将由保险公司进一步审核。李明先生对此很不满意,认为自己购买了保险,保险公司也确定了损失,还有什么理由不赔呢?

保险核赔是指保险公司专业理赔人员对保险赔案进行审核,确认赔案是否应该赔、应该怎样赔或应该怎样拒赔的业务行为。核赔是通过理赔过程中的定责、定损、理算等环节的审核和监控实现的。核赔管理是通过对上述过程中可能出现的偏差和风险,通过一定制度加以控制和防范,以便主动、迅速、准确、合理地处理赔案,充分发挥保险的补偿职能。

学习目标

知识目标

1.能描述汽车保险核赔的工作内容及流程。

2.能描述索赔单证审核的基本要点和方法。

技能目标

1.能独立按照核赔流程完成核赔工作。

2.能在核赔案件过程中关注到案件风险点,并具备审核判断能力。

素质目标

1.具有团结协作精神,积极沟通,善于协调。

2.具有规则意识,严格按照工作规范和流程做事,追求精益求精的工匠精神。

3.具有工作责任感和社会责任感,积极维护社会公平正义。

4.具备客户服务意识,遵守礼仪规范,诚实可靠。

建议学时:2学时。

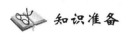知识准备

一、汽车保险核赔

1. 核赔概述

核赔是对查勘定损、理算等整个赔案处理过程和环节进行的审核和监控,包括对单证、保险责任、赔款理算等的核定,是保险公司控制业务风险的最后关口。即通过对理赔流程中的信息进行综合审核并给出赔付意见。

核赔人应按照要求进行赔案审核,核赔同意后,案件将转入支付环节,如果对案件有异议,将退回前端相应环节进行处理。

2. 车险核赔的操作流程

1)查看保单信息

(1)出险时间是否在承保有效期内。

(2)被保险人与被保险标的车辆是否具有保险利益。

2)查看报案、图片及核损信息,核定保险责任

(1)被保险人是否与索赔人相符。

(2)出险车辆的厂牌型号、车牌号码、发动机号码、车架号码是否与保险单证相符。

(3)出险原因是否为保险责任。

(4)出险日期是否在保险期限内。

(5)赔偿责任是否与保险险别相符。

(6)事故责任划分是否准确合理。

3)核定车辆损失及赔款

(1)车辆损失项目、损失程度是否准确合理。

(2)更换的零部件是否按照规定进行了咨询报价,定损项目与报价项目是否一致。

(3)换件部分拟赔款金额是否与报价金额相符。

4)核定人身伤亡损失与赔款

核赔人员根据现场勘察记录、调查证明和被保险人提供的"事故责任认定书""事故调解书"和伤残证明等材料,按照相关规定审核人员伤亡损失与赔款是否合理。应重点核定以下内容:

(1)伤亡人员数、伤残程度是否与调查情况和证明相符。

(2)人员伤亡费用是否合理。

(3)被抚养人口、年龄是否属实,生活费计算是否合理。

5) 核定其他财产损失

核定其他财产损失时,应根据照片和被保险人提供的有关货物、财产发票、有关单证,核实所确定的财产损失和损失物资残值等是否合理。

6) 核定施救费用

根据案情和对施救费用的有关规定,对涉及施救费用的有关单证和赔付金额进行审核。

7) 核定赔付计算

审核赔付计算是否准确、免赔率使用是否正确、残值是否扣除等。

8) 审核支付信息

属于本公司核赔权限的,审核完成后,核赔人员签字并报领导审批。属于上级公司核赔的,核赔人员提出核赔意见,经领导签字后,报上级公司核赔。在完成各种核赔和审批手续后,转入赔付结案程序。

车险核赔流程如图3-54所示。

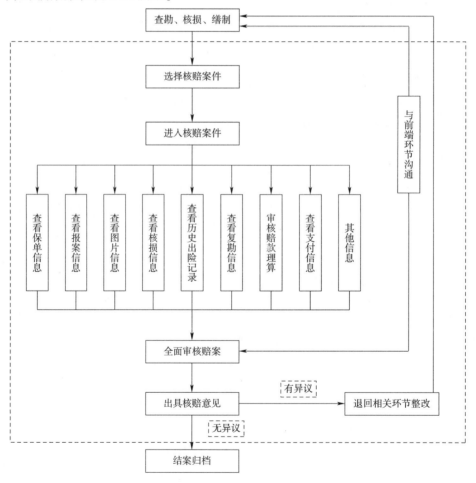

图3-54 车险核赔流程图

3. 案件核赔过程中应关注的风险点及审核要点

案件核赔过程中的风险点及审核要点见表3-19。

核赔过程中的风险点及审核要点　　　　　　　表 3-19

审核对象	风险点及审核要点
审核保单及相关单证	(1) 审核被保险人提供的单证、证明及相关材料是否齐全、有效,有无涂改、伪造等。 (2) 审核经办人员是否规范填写有关单证,必备的单证是否齐全等。 (3) 审核相关签章是否相符
标的及三者车辆	(1) 标的车:核对车牌号、车架号、发动机号,确认出险车辆为保险标的。 (2) 三者车:三者车的车辆外观、车架号、发动机号以及牌照号是否与客户报案、查勘照片、交警证明一致。 (3) 三者物:三者损失物的外观、型号、数量等是否与客户报案、查勘照片、交警证明一致
保险责任	(1) 出险时间:是否在有效保险期内。 (2) 出险地点:是否在保单载明的形式范围内。 (3) 出险原因:是否承保相应险种,是否属于保险事故;判断原则为近因原则。 (4) 驾驶人及驾驶资质。 (5) 车辆性质:车辆合法性、年审情况及使用性质。 (6) 保单特别约定:是否符合保单特别约定中明示的责任、义务
事故真实性	(1) 事故要素齐全。 (2) 事故表述一致。 (3) 事故发生合理。 (4) 事故可再现
事故损失	确认车辆损失和其他财产损失
理赔单证	(1) 审核确认被保险人按规定提供的单证材料是否齐全有效,有无涂改、伪造,是否符合单证规范要求。 (2) 审核单证是否齐全
赔款计算	(1) 审核赔款理算是否正确。 (2) 审核免赔率使用是否正确。 (3) 审核查勘、核损、复勘意见中指出所需加扣的免赔
索赔人	(1) 原则上索赔人应为被保险人。 (2) 当索赔人非被保险人本人时,应持有相应法律证明(法院判决书、被保险人死亡、失踪证明)或符合法律要求的被保险人委托办理索赔的授权委托书
支付对象	(1) 根据案件实际情况,确认赔款支付对象无误。 (2) 原则上赔款只能支付给被保险人或法定受益人。 (3) 被保险人或法定受益人委托办理领款的,应提供齐全的委托手续。 (4) 某些特定的情况下,收款人也可以是交通事故受害人、医院、法院等

二、赔付结案

1. 车险赔款支付

车险核赔通过后,业务人员根据核赔的审批金额,填发《赔款通知书》及赔款收据,被保险人在收到《赔款通知书》及赔款收据后签章,财会部门即可支付赔款。

为规范车险赔款支付管理,防范理赔环节风险,严格管控代领保险赔款风险,切实保护被保险人知情权和财产安全,切实维护被保险人(或有关责任保险第三者)的合法权益,银保监部门要求保险公司实行车险赔款全额同名转账支付制度,即保险公司将车险赔款全额通过银行转账支付至被保险人的同名银行账户。符合有关条件的,保险公司可将保险赔款转账支付给被保险人以外的第三方。

在这样的管理制度下,对于一般保险事故,车主需要自己先行垫付维修资金,并自行备齐资料向保险公司索赔,而4S店、修理厂等第三方机构则没有了代为索赔的资格。但是,第三方机构也可以帮助客户递交索赔资料,所以相比以前的"代办索赔",有变化的仅是支付方式。

2. 结案登记

保险公司对被保险人进行赔付后,需进行结案登记。

对于未决赔案,即截至规定的统计时间,已经完成估损、立案,尚未结案的赔款案件,或被保险人尚未领取赔款的案件,处理的原则是,定期进行案件跟踪,对可以结案的案件,须敦促被保险人尽快交齐索赔材料,赔偿结案;对尚不能结案的案件,应认真核对、调整估损金额;对超过时限,被保险人不提供手续或找不到被保险人的未决赔案,按照"注销案件"处理。

3. 单据清分

赔付结案时,应进行理赔单据的清分。

4. 理赔案卷管理

单据清分后,对每件赔案的资料需整理归档。
理赔案卷实行分级审批、分级留存并按档案管理规定进行保管的原则。

 任务实施

一、任务目的

能够按照核赔流程完成事故案件的审核工作。

二、计划与决策

(1)确定分组及分工:4~6人一组,小组成员中1人扮演保险公司核赔人员,其他人为观察员。

(2)场地设施:多媒体教室。

(3)核赔需要对查勘定损、理算等整个赔案处理过程和环节进行审核和监控,通过对理赔流程中的信息进行综合审核并给出赔付意见,是保险公司控制业务风险的最后关口,要求核赔人员应具备规范、严谨、专业、细致的工作态度。

三、实施与控制

(1)请根据实训项目列举出所需资料和设备。

(2)以小组为单位完成角色扮演,核赔人员按照核赔流程完成案件的审核并给出赔付意见,观察员做好记录工作。

①审核单证。

工作要求:＿＿＿＿＿＿＿＿＿＿＿＿＿＿＿＿＿＿＿＿＿＿＿＿＿＿＿＿＿＿＿＿

失误点:＿＿＿＿＿＿＿＿＿＿＿＿＿＿＿＿＿＿＿＿＿＿＿＿＿＿＿＿＿＿＿＿＿

改进意见:＿＿＿＿＿＿＿＿＿＿＿＿＿＿＿＿＿＿＿＿＿＿＿＿＿＿＿＿＿＿＿＿

②确定保险责任。

工作要求:＿＿＿＿＿＿＿＿＿＿＿＿＿＿＿＿＿＿＿＿＿＿＿＿＿＿＿＿＿＿＿＿

失误点:＿＿＿＿＿＿＿＿＿＿＿＿＿＿＿＿＿＿＿＿＿＿＿＿＿＿＿＿＿＿＿＿＿

改进意见:＿＿＿＿＿＿＿＿＿＿＿＿＿＿＿＿＿＿＿＿＿＿＿＿＿＿＿＿＿＿＿＿

③核定车辆损失及赔款。

工作要求:＿＿＿＿＿＿＿＿＿＿＿＿＿＿＿＿＿＿＿＿＿＿＿＿＿＿＿＿＿＿＿＿

失误点:＿＿＿＿＿＿＿＿＿＿＿＿＿＿＿＿＿＿＿＿＿＿＿＿＿＿＿＿＿＿＿＿＿

改进意见:＿＿＿＿＿＿＿＿＿＿＿＿＿＿＿＿＿＿＿＿＿＿＿＿＿＿＿＿＿＿＿＿

④核定其他财产损失及赔款。

工作要求:＿＿＿＿＿＿＿＿＿＿＿＿＿＿＿＿＿＿＿＿＿＿＿＿＿＿＿＿＿＿＿＿

失误点:＿＿＿＿＿＿＿＿＿＿＿＿＿＿＿＿＿＿＿＿＿＿＿＿＿＿＿＿＿＿＿＿＿

改进意见:＿＿＿＿＿＿＿＿＿＿＿＿＿＿＿＿＿＿＿＿＿＿＿＿＿＿＿＿＿＿＿＿

⑤核定施救费用。

工作要求:＿＿＿＿＿＿＿＿＿＿＿＿＿＿＿＿＿＿＿＿＿＿＿＿＿＿＿＿＿＿＿＿

失误点:＿＿＿＿＿＿＿＿＿＿＿＿＿＿＿＿＿＿＿＿＿＿＿＿＿＿＿＿＿＿＿＿＿

改进意见:＿＿＿＿＿＿＿＿＿＿＿＿＿＿＿＿＿＿＿＿＿＿＿＿＿＿＿＿＿＿＿＿

⑥核定赔付计算。

工作要求:＿＿＿＿＿＿＿＿＿＿＿＿＿＿＿＿＿＿＿＿＿＿＿＿＿＿＿＿＿＿＿＿

失误点:＿＿＿＿＿＿＿＿＿＿＿＿＿＿＿＿＿＿＿＿＿＿＿＿＿＿＿＿＿＿＿＿＿

改进意见:＿＿＿＿＿＿＿＿＿＿＿＿＿＿＿＿＿＿＿＿＿＿＿＿＿＿＿＿＿＿＿＿

操作提示:核赔是保险公司控制业务风险的最后关口,核赔人员应仔细审核理赔系统,对可能出现的偏差和风险,通过一定制度加以控制和防范,以便主动、迅速、准确、合理地处理赔案,充分发挥保险的补偿职能。

(3)对于任务描述中李明先生的不满,请你以保险理赔工作人员的身份给李明先生一个合理的解释。

四、总结与评价

综合评价表见表 3-20。

综合评价表　　　　　　　　　　　　　　表 3-20

综合考评		自我评价	小组互评	教师评价	企业导师评价
素质考评 (40分)	仪容仪表恰当得体(5分)				
	具有沟通表达能力,专业术语运用恰当;语速、语调恰当;语言清晰、流畅,浅显易懂,有亲和力(10分)				
	具有团队意识,积极为团队献策;善于倾听他人意见、调节团队争议(10分)				
	安全操作(10分)				
	态度积极认真(5分)				
技能考评 (60分)	工具、资料选择使用完整准确(10分)				
	能完整完成核赔流程(15分)				
	审核单证无遗漏(10分)				
	能确定保险责任,材料完备(10分)				
	能核定各项损失及费用,条款理解正确,计算公式运用准确(10分)				
	服务中有创新(5分)				
本次得分(总分100分)					
最终得分(平均得分)					

知识拓展——《中华人民共和国保险法》关于赔付时效的规定

理赔时效是指从保险公司立案(申请人提供完整资料,正式受理)至结案的处理时间。为了约束保险公司的理赔服务,《中华人民共和国保险法》对理赔时效进行了必要的限制,要求保险公司在规定的时间之内及时理赔。具体规定如下:

(1)投保人、被保险人或者受益人知道保险事故发生后,应当及时通知保险人。故意或者因重大过失未及时通知,致使保险事故的性质、原因、损失程度等难以确定的,保险人对无法确定的部分,不承担赔偿或者给付保险金的责任,但保险人通过其他途径已经及时知道或者应当及时知道保险事故发生的除外。

(2)保险事故发生后,按照保险合同请求保险人赔偿或者给付保险金时,投保人、被保险人或者受益人应当向保险人提供其所能提供的与确认保险事故的性质、原因、损失程度等有关的证明和资料。

保险人按照合同的约定,认为有关的证明和资料不完整的,应当及时一次性通知投保人、被保险人或者受益人补充提供。

(3)保险人收到被保险人或者受益人的赔偿或者给付保险金的请求后,应当及时作出核定;情形复杂的,应当在三十日内作出核定,但合同另有约定的除外。保险人应当将核定结果通知被保险人或者受益人;对属于保险责任的,在与被保险人或者受益人达成赔偿或者给付保险金的协议后十日内,履行赔偿或者给付保险金义务。保险合同对赔偿或者给付保险金的期限有约定的,保险人应当按照约定履行赔偿或者给付保险金义务。

保险人未及时履行前款规定义务的,除支付保险金外,应当赔偿被保险人或者受益人因此受到的损失。

任何单位和个人不得非法干预保险人履行赔偿或者给付保险金的义务,也不得限制被保险人或者受益人取得保险金的权利。

(4)保险人依《中华人民共和国保险法》相关规定作出核定后,对不属于保险责任的,应当自作出核定之日起三日内向被保险人或者受益人发出拒绝赔偿或者拒绝给付保险金通知书,并说明理由。

(5)保险人自收到赔偿或者给付保险金的请求和有关证明、资料之日起六十日内,对其赔偿或者给付保险金的数额不能确定的,应当根据已有证明和资料可以确定的数额先予支付;保险人最终确定赔偿或者给付保险金的数额后,应当支付相应的差额。

(6)人寿保险以外的其他保险的被保险人或者受益人,向保险人请求赔偿或者给付保险金的诉讼时效期间为二年,自其知道或者应当知道保险事故发生之日起计算。

学习任务 8　欺诈案件处理

任务描述

某保险公司核赔人员在审核一赔案时,发现案件存在人为故意的嫌疑,经仔细查看,在报案信息中有"该报案电话在保险公司 30 张不同保单中出现"的风险提示。由于案件碰撞属实,无直接证据证明该案是人为故意,故该核赔人将该案及报案电话的风险提示信息反馈给调查人员处理。

由于保险的射幸性以及保险标的不受保险人管理和控制的原因,保险欺诈始终伴随保险业务的发展,而汽车保险一直以来都是保险欺诈案件的高发区。近年来,汽车保险欺诈现象层出不穷,手段也是越来越多样化,甚至出现一些有预谋、有组织、有分工的专业欺诈犯罪群体。根据相关媒体报道,官方统计的保险理赔假案的次数所占比例是 20% 以上。

保险欺诈是影响和制约车险健康发展的不良因素,而车险在财产保险公司内部业务结构中占比较大,多为半数以上,所以,车险欺诈对保险制度和秩序危害极大。但由于打击力度不够及手段不足等多种原因,反车险欺诈任重而道远。

学习目标

知识目标
1. 能描述保险欺诈的原因及类型。
2. 能描述车险欺诈的防范措施。

技能目标
1. 能识别常见保险欺诈案件。
2. 能在工作中利用车险欺诈的防范措施,初步预防车险欺诈。

素质目标
1. 遵纪守法,并具备主动维护法律尊严、维护社会公平正义的意识。
2. 具有社会责任感和社会参与意识。
3. 具有规范、严谨的工作习惯。

建议学时:4学时。

知识准备

保险欺诈是假借保险名义或利用保险合同谋取非法利益的行为,轻则为民事欺诈,重则为刑事犯罪,主要涉及的罪名为保险诈骗罪。

一、车险欺诈常见方式

1. 偷梁换柱

这是某些修理厂的常用手段,比如,未保险车辆肇事后在无法获得赔偿的情况下,挪用同类型保险车辆的号牌,即套牌车,或者利用旧件在同类型的未受损车辆上作假,此种诈骗行为往往属于长期作案,参与人员较多,涉案金额较大。

2. 违规后伪造

发生车险条款除外责任而引发的交通事故,主要是指酒后驾车、超载违章、维修期间出事故等情况下,由于考虑类似情况为保险责任免除,所以往往经人指点,采取制作假现场、驾驶人调包等手段骗取保险金。

3. 重复索赔

重复索赔主要有两种方式:一种是在上次已经赔付损失的基础上进一步扩大,使损失完全覆盖上次损失而再次索赔;另一种是利用拼凑事故,在三者险已赔偿的情况下再制造车损险的形式重复索赔,或者在车损险已赔偿的情况下再制造双方事故以三者险的形式重复索赔,此类情况在修理厂中比较常见。

4. 故意制造事故

受车险高额赔付的诱惑,少数驾驶人对自己的保险车辆进行焚烧、淹没水中或是蓄意制造撞车等事故假象,骗取保险公司的赔偿。某些专业实施保险欺诈的人员组成团伙,专门购置高档旧车或二手车,故意制造车辆全损或大事故,向保险公司索赔,自行通过第三方鉴定后,并走诉讼程序索赔。

二、车险欺诈原因分析

对车险欺诈常见方式进行分析,总结出常见车险欺诈原因,见表3-21。

车险欺诈原因分析　　　　　　　　　　　　　　　　　　　　　　表3-21

欺诈主体	欺诈原因
修理厂	(1)在满足客户要求的同时保证自己的利益; (2)谋取非法暴利
个人客户	(1)弥补损失; (2)谋取非法暴利
其他人员	谋取非法暴利

三、车险欺诈防范措施

1. 提高第一现场的到勘率

当保险公司接到客户的报案电话后,首先对肇事时间、地点、大概事故经过,以及车牌号、有无人员伤亡等信息尽可能地记载清楚,以便查勘定损员赶赴现场,获取第一手资料,并认真细致地作客观分析,以防保户偷梁换柱、伪造现场,感到有疑点的应做好取证工作。对那些没有保留现场的肇事者,理赔人员一定要让现场复位,查看车辆受损部位和所碰物体是否吻合,物体上是否留下痕迹等。总之,不能轻视细节。对那些单方肇事损失金额较大又无现场的案件,要深入现场向周边群众了解事故情况,确实做到心中有数。

2. 提高理赔人员的自身素质

理赔人员素质的高低直接影响到保险公司的形象和经济效益,对公司的经营起着至关重要的作用。因此,保险公司要经常组织理赔人员加强业务学习、政治学习,提高他们的业务水平和技能,提高他们的思想觉悟,养成其在金钱方面不动摇,在客户面前不吃、拿、卡、要的良好工作作风,增强他们的事业心和责任心。同时加强法律法规的培训,增强理赔人员的法律意识,做到不收受客户及汽修厂的好处和馈赠,不做超出理赔人员职业道德的事,不以身试法。

3. 严格遵守公司承保、理赔制度

(1)业务人员一定要把好承保关,防止"病从口入",特别是避免在保险竞争日益激烈的情况下,客户常利用这个心理钻保险公司的空子。因此,应坚持新车和脱保车辆见车后承保。对高保额车辆承保一定要慎重,不能轻视。另外,经常出险的客户,在其下一年承保时一定要执行费率上浮制度,严格规范承保流程。

(2)加强核对相关部门出具的证明材料的真实性,理赔工作人员除了现场查勘调查取证外,还应对客户提供的公安局、消防队以及各医院,村、镇等部门的证明的真实性进行核实,以防被保险人弄虚作假。对有疑点的应调查清楚。

4. 加强各财险公司及交警部门间的肇事理赔数据共享

车险信息共享平台是通过计算机网络和远程信息系统与公安交通管理部门、保险监管机构、保险行业协会及各省级保险公司实施车辆保险动态数据信息互联的平台,通过保险信息网建立车险信息交换,实现信息共享,是一个能满足保险业、政府和公众对保险服务需求的公共信息服务性平台。目前,上海、北京、浙江、江苏、湖南、辽宁、宁夏、河北、内蒙古、四川、吉林等已完成平台建设并投入使用。

5. 提高客户的消费道德观和法律意识

保险公司应加大对客户的宣传力度,定期或不定期地将理赔案例公布于众。用实在的案例宣传保险欺诈的后果,提高客户的法律意识,使客户明辨是非,明确保险欺诈是不道德的行为,严重者就是犯罪,从而逐渐扩大社会舆论,使客户的法律、道德意识得到提升,这也是保险理赔工作中的一部分。只有这样里外齐抓共管,才能减少骗赔案件的发生。

6. 银保监局应加强对辖区保险公司的监管力度

保险监管部门通过保险法规,要求保险公司设立保险欺诈调查机构,建立保险欺诈防范机制,对违反法律、法规的保险公司予以处罚。同时加大社会监督力度,发现保险公司违规操作应及时举报至银保监局。建立理赔人员、驾驶人、车辆、修理厂等相关黑名单制度。

7. 拓展打击车险诈骗案件的渠道

由于车险假案往往比较复杂,涉及面广,仅靠保险公司自身力量很难查破。保险公司通常联合专业打假机构或寻求社会有关部门的合作,如专业调查公司、公安经侦部门等。

8. 加大信息技术的开发,利用数据信息打击假案

对于有些车险假案,从单个案件分析,无法查找相关疑点,但当对多起类似案件进行分析时,如发现多起案件的报案电话、驾驶人驾驶证号码、修理厂名称、收款人信息等信息相同,则更容易发现疑点。对于类似案件及整个理赔风险管控来说,加大信息技术的开发是打击假案最有效的手段。保险公司通过长期积累的相关数据,可以很容易查找到案件的风险点,从而由被动打假转变为主动管控。

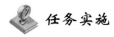 **任务实施**

一、任务目的

能够识别常见保险欺诈案件。

二、计划与决策

(1) 确定分组及分工:4~6人一组,查找1个保险欺诈案件案例,利用实训场地设备资料尽量可能复原案例现场情景,并准备好案例事故现场当事人及查勘定损员的对话脚本等相关资料,请其他小组成员完成保险欺诈案件的识别工作。

(2) 场地设施:多媒体教室、整车实训场地。

(3)保险欺诈是影响和制约车险健康发展的不良因素,而车险在财产保险公司内部业务结构中占比较大,多为半数以上,所以,车险欺诈对保险制度和秩序危害极大。虽然现在各保险公司内部都加强了对内部工作人员的管理,仍需理赔工作人员强化自身法制意识、规则意识。

三、实施与控制

(1)小组根据查找的案例信息,设置具体的细节内容,做好事故现场复原及相应人员角色扮演等工作。

(2)各小组根据自己小组查找的案例信息,列举出复原案例所需资料、工具。

_____

_____

(3)以小组为单位,一组完成保险欺诈案例复原,另外一组仔细观察,找出其中的风险点,进行详细记录,并推测案件的欺诈方式。

①保险欺诈案例风险点识别。

风险点:_____

风险判定依据:_____

是否属实:○是　○否

风险点:_____

风险判定依据:_____

是否属实:○是　○否

风险点:_____

风险判定依据:_____

是否属实:○是　○否

风险点:_____

风险判定依据:_____

是否属实:○是　○否

②通过以上风险点识别,小组讨论后推测案件的欺诈方式。

_____

_____

③对于该起保险欺诈案件,你认为可以从哪些方面做好预防工作?

_____

_____

(4)结合原保险欺诈案例,你认为复原事故现场小组是否完整、准确地展示了案例信息?

○是

○否,缺失/不准确部分有:_____

_____

四、总结与评价

综合评价表见表3-22。

综合评价表 表3-22

综合考评		自我评价	小组互评	教师评价	企业导师评价
素质考评 (40分)	具备劳动意识,能积极完成设备布置、场地清扫、工具复原等工作(5分)				
	目光、语言、动作表现准确;语速、语调恰当;语言清晰(10分)				
	具备安全操作意识,实训过程中不启动车辆,无不规范操作及危及人身安全行为(10分)				
	具备团队意识,积极完成团队分工任务;积极为团队献策;善于倾听他人意见、调节团队争议(10分)				
	学习态度认真、专注(5分)				
技能考评 (60分)	能查找到典型保险欺诈案件(5分)				
	工具选择及使用正确(10分)				
	能完整、准确复原案例(15分)				
	任务方案设计合理,实施过程完整有序(20分)				
	能积极查找和调用相关资源(5分)				
	案例复原过程中有创新(5分)				
本次得分(总分100分)					
最终得分(平均得分)					

知识拓展——保险诈骗罪

一、保险诈骗罪的定义

保险诈骗罪是指投保人、被保险人、受益人,以使自己或者第三者获取保险金为目的,采取虚构保险标的、保险事故或者制造保险事故等方法,骗取保险金,数额较大的行为。

二、保险诈骗罪的法条依据

1. 保险诈骗罪的构成

(1)投保人故意虚构保险标的,骗取保险金的;

(2)投保人、被保险人或者受益人对发生的保险事故编造虚假的原因或者夸大损失的程度,骗取保险金的;

(3)投保人、被保险人或者受益人编造未曾发生的保险事故,骗取保险金的;

(4)投保人、被保险人故意造成财产损失的保险事故,骗取保险金的;

(5)投保人、受益人故意造成被保险人死亡、伤残或者疾病,骗取保险金的。

有前款第四项、第五项所列行为,同时构成其他犯罪的,依照数罪并罚的规定处罚。

2. 保险诈骗罪的处罚

根据《中华人民共和国刑法》第 198 条的规定,犯本罪的,处 5 年以下有期徒刑或者拘役,并处 1 万元以上 10 万元以下罚金;数额巨大或者有其他严重情节的,处 5 年以上 10 年以下有期徒刑,并处 2 万元以上 20 万元以下罚金;数额特别巨大或者有其他特别严重情节的,处 10 年以上有期徒刑,并处 2 万元以上 20 万元以下罚金或者没收财产。

单位犯本罪的,对单位判处罚金,并对其直接负责的主管人员和其他直接责任人员,处 5 年以下有期徒刑或者拘役;数额巨大或者有其他严重情节的,处 5 年以上 10 年以下有期徒刑;数额特别巨大或者有其他特别严重情节的,处 10 年以上有期徒刑。

保险事故的鉴定人、证明人、财产评估人故意提供虚假的证明文件,为他人诈骗提供条件的,以保险诈骗的共犯论处。

参 考 文 献

[1] 贾喜君.汽车保险与理赔[M].哈尔滨:哈尔滨工业大学出版社,2013.
[2] 付荣辉,李丞北.中国保险原理与实务[M].北京:清华大学出版社,2012.
[3] 项俊波.保险原理与实务[M].北京:中国财政经济出版社,2013.
[4] 李景芝.汽车保险理赔[M].北京:机械工业出版社,2014.
[5] 荆叶平,王俊喜.汽车保险与公估[M].北京:人民交通出版社,2009.
[6] 黄费智.汽车评估与鉴定[M].北京:机械工业出版社,2011.
[7] 中华人民共和国公安部.道路交通事故现场图绘制:GA/T 49—2019[S].北京:中国标准出版社,2019.
[8] 李敏.汽车保险法律法规[M].北京:人民交通出版社,2008.
[9] 余义君.汽车保险与理赔实务[M].西安:西北工业大学出版社,2011.
[10] 荆叶平.事故汽车核损与理赔[M].北京:人民交通出版社,2011.
[11] 王健康,周灿.机动车辆保险实务操作[M].北京:电子工业出版社,2013.
[12] 党晓旭.机动车辆保险与理赔实务[M].北京:电子工业出版社,2011.
[13] 谭金会.汽车保险与理赔[M].北京:人民交通出版社股份有限公司,2015.
[14] 王永盛.车险理赔查勘与定损[M].北京:机械工业出版社,2008.
[15] 张洪涛,郑成功.保险学[M].3版.北京:中国人民大学出版社,2008.